本书为国家社科基金一般项目"城乡结合部社会管理路径创新"（项目批准号：2013ZZB036）的结项成果

Research on the Path Innovation of
Social Governance in the Urban-Rural Fringe

城乡结合部社会治理路径创新研究

史云贵 ◇ 著

中国社会科学出版社

图书在版编目（CIP）数据

城乡结合部社会治理路径创新研究／史云贵著．—北京：
中国社会科学出版社，2019.12

ISBN 978 - 7 - 5203 - 5496 - 7

Ⅰ.①城… Ⅱ.①史… Ⅲ.①城乡结合部—社会管理—
研究—中国 Ⅳ.①D63

中国版本图书馆 CIP 数据核字（2019）第 232247 号

出 版 人	赵剑英	
责任编辑	王 琪	
责任校对	王 磊	
责任印制	王 超	

出 版	中国社会科学出版社	
社 址	北京鼓楼西大街甲 158 号	
邮 编	100720	
网 址	http://www.csspw.cn	
发 行 部	010 - 84083685	
门 市 部	010 - 84029450	
经 销	新华书店及其他书店	

印 刷	北京明恒达印务有限公司
装 订	廊坊市广阳区广增装订厂
版 次	2019 年 12 月第 1 版
印 次	2019 年 12 月第 1 次印刷

开 本	710×1000 1/16
印 张	16.25
插 页	2
字 数	258 千字
定 价	78.00 元

序

　　社会治理是国家治理的重要领域，社会治理现代化是国家治理体系和治理能力现代化的题中应有之义。而城乡结合部社会治理又是社会治理的重要内容和关键环节。城乡结合部社会治理体系和治理能力现代化关系到整个国家和社会治理体系、治理能力现代化的成败。因此，研究城乡结合部社会治理创新对于推进国家治理体系和治理能力现代化有着重要的理论价值和现实意义。

　　作为城乡要素交汇的区域，城乡结合部的复杂情势决定着它在社会治理中的利益冲突与社会矛盾更加尖锐复杂，一直是中国特色城市化进程中一个无法绕过，无法回避的问题。有效治理城乡结合部，是政界和学界一直致力于解决，但尚未解决的问题。史云贵教授的国家社科基金项目结题成果《城乡结合部社会治理路径创新研究》一书，以不断满足人民对美好生活的需要为出发点，以公园城市为破解城乡结合部社会治理困境的顶层设计，从"打造共建共治共享社会治理共同体""社会治理质量评估""社会治理质量风险预警"等维度寻找破解城乡结合部社会治理困境的关键点、突破口和着力点，应该说为我国城乡结合部社会治理创新提供了一些新的思路与创新性路径。

　　习近平总书记"公园城市"的提出为作者和本书提供了城乡结合部社会治理创新的"顶层设计"。作者认为，必须把城乡结合部治理放在我国城乡融合与城乡一体化建设中统筹考虑，要遵循公园城市的理念，统筹规划城乡空间，保障城乡空间的正义性。

　　从解决城乡结合部社会治理的现实困境出发，作者提出应遵循党的十九大精神，将全民"共建共治共享"纳入整个城乡结合部社会治理格局中，构建一个多元主体共治的社会合作治理共同体，这是城乡结合部社会治理创新的关键点。

作者认为，在这个高质量发展的新时代，作为"质量强国"的重要内容，应以"治理质量"为重要目标，不断提升城乡结合部人民群众的安全感、获得感、归属感与幸福感。为此，以城乡结合部社会治理质量评估为抓手，构建城乡结合部社会治理质量评估指标体系是创新城乡结合部社会治理路径的重要突破口。

评估指标体系的生命在于运行。作者认为，构建和完善城乡结合部社会治理质量评估指标体系并不意味着城乡结合部社会治理创新流程的结束，还需要对城乡结合部社会治理质量风险进行评估，并根据风险等级进行有效治理，才能确保城乡结合部社会治理质量的最终提升，进而努力实现城乡结合部社会和谐与可持续发展。为此，要构建和完善包括城乡结合部社会治理质量风险防范主体、城乡结合部社会治理质量风险防范预案、城乡结合部社会治理质量风险防范流程在内的城乡结合部社会治理质量风险防范体系。应根据城乡结合部社会治理质量风险等级及其风险治理响应程度划分并实施相应的预案。

我国城乡结合部数量巨大，规模与特征各异，所处区域经济社会状况、人口构成、风俗习惯等也不尽相同。因而，各个城乡结合部所面临的社会治理问题也不尽相同，也不可能有包治百病的路径。本着高度的"问题意识"和"过程导向"，研究者在提出一个问题，并试图解决该问题的过程中，一定还会遇到这样或那样的新问题；而学术研究就是在不断解决问题的过程中不断发现新的问题并不断解决新问题，从而使自己的研究不断走向深入。

希望作者能在此研究的基础上，进一步密切追踪城乡结合部社会治理创新实践，继续深入探讨城乡结合部社会治理中的新问题。期待作者有进一步发现和更好的学术成果为有效治理城乡结合部，为加快城乡融合，全面深入推进公园城市和美丽中国建设做出新的贡献。

姜晓萍
2019 年 6 月 1 日

目　录

绪　　论

一　问题的提出与研究意义

（一）问题的提出

党的十八届三中全会提出，"全面深化改革的总目标是完善和发展中国特色社会主义制度，推进国家治理体系和治理能力现代化"①，并将社会治理作为国家治理体系的重要内容。党的十九大提出，"加强社会治理制度建设，完善党委领导、政府负责、社会协同、公众参与、法治保障的社会治理体制"，"打造共建共治共享的社会治理格局"。② 基层社会治理是国家治理的基础性工程与重要着力点。在当前形势下如何增强基层社会治理能力，提升基层社会治理质量显得尤为关键。城乡结合部作为既不同于城市又不同于农村的城乡混合区域，一直是我国基层社会治理的重点、难点与焦点区域。因此，在当前城市化快速发展的背景下，如何防范广大城乡结合部潜在的社会风险，增强广大城乡结合部基层社会治理能力，全面提升城乡结合部社会治理质量，是理论界与实践界都需要研究的重大而迫切的课题。

1. 城市化快速发展背景下的城乡结合部社会风险问题是当前社会治理关注的热点与焦点

改革开放以来，伴随着国民经济的持续高速增长，我国城市化也走上了加速发展的"快车道"。在城市化快速发展时期，无论是从横向还是

---

① 《中共中央关于全面深化改革若干重大问题的决定》，《人民日报》2013 年 11 月 16 日第 2 版。

② 习近平：《决胜全面建成小康社会　夺取新时代中国特色社会主义伟大胜利——在中国共产党第十九次全国代表大会上的报告》，人民出版社 2017 年版，第 49 页。

纵向来比较，我国不断地刷新着国内外城市化发展的纪录。但是，我国在取得快速城市化发展成绩的同时，也产生了一些发展中难题，其中尤为典型的就是城市空间扩张过程中所形成的城乡结合部问题。城乡结合部作为城市边缘地区一个相对独立的地域空间，承担着快速城市化发展所需的要素与空间扩展功能，并在经济发展形态上与传统农村地区存在显著的差异。在此复杂情势下，城乡结合部成为一个既不同于城市，又不同于农村的城乡混合区域，是快速城市化过程中较长时间内无法"消化"的特殊区域。城乡结合部最突出的特征就是快速城市化背景下，城市人口的激增及其带来的城市空间无序蔓延。城市一度无序蔓延给城乡结合部带来了一系列经济社会问题。这使得城乡结合部在快速城市化进程中的利益冲突与社会矛盾更加尖锐复杂，潜在的不和谐因素诱发社会冲突与群体性事件风险的概率更大，城乡结合部为此也成为当前社会治理中的重点、难点与焦点区域。因此，作为城市化快速发展中问题与矛盾集中的区域，城乡结合部社会治理问题就成为政府和大众普遍关注的焦点问题。

2. 创新城乡结合部社会治理路径是当前我国基层社会治理中的关键性问题

2013 年 12 月 12 日，中央城市化工作会议报告提出：要"划定生态红线，根据区域自然条件，科学设置开发强度，尽快把每个城市，特别是特大城市开发边界划定，把城市放在大自然中，把绿水青山保留给城市居民"[①]。城乡结合部作为城市的边界，如何更好地为城市提供"绿水青山"，也就成为其规划与治理中的重要议题。作为社会利益冲突与社会矛盾的焦点区域，如何维护与平衡城乡结合部居民的利益，就成为化解城乡结合部社会矛盾与冲突的核心问题。党的十八届三中全会报告明确提出，"创新社会治理，必须着眼于维护最广大人民根本利益，最大限度增加和谐因素，增强社会发展活力，提高社会治理水平"[②]。2015 年 12 月召开的中央城市工作会议指出："做好城市工作，要顺应城市工作新形势、改革发展新要求、人民群众新期待，坚持以人民为中心的发展思想，

---

① 《中央城镇化工作会议提出推进城镇化六大任务》，《城市问题》2013 年第 12 期。

② 《中共中央关于全面深化改革若干重大问题的决定》，《求是》2013 年第 22 期。

坚持人民城市为人民。这是我们做好城市工作的出发点和落脚点。"① 城乡结合部特殊的地理位置与复杂的情势，决定了城乡结合部社会治理注定是一个难啃的"硬骨头"。同时，由于我国社会治理实践始终没有走出"维稳"的怪圈，作为利益冲突与社会矛盾前沿，城乡结合部社会治理创新所面临的问题也日益严峻。针对当前城乡结合部存在的各种社会矛盾、问题，尤其是在新一轮城镇化浪潮的背景之下，如何通过城乡结合部社会治理创新路径来化解快速城市化背景下城乡结合部的社会矛盾与冲突，从而防范城乡结合部社会风险，构建健康和谐的城乡结合部社会治理格局成为我国基层社会治理的关键性问题。

3. 当前我国基层社会，尤其是广大城乡结合部区域面临提升社会治理质量的巨大压力

党的十九大提出了"质量强国"战略。但"质量强国"应不仅仅指"经济质量""产品质量"，也应包括"社会质量"，尤其是"社会治理质量"。社会治理质量是衡量一个国家和地区运用各种资源进行社会治理的能力与水平。城乡结合部特殊的地域环境、复杂的社会人口、混乱的治理结构等不和谐因素，就使得社会治理质量低下成为不少城乡结合部的社会治理常态。"中国特色社会主义进入新时代，我国社会主要矛盾已经转化为人民日益增长的美好生活需要和不平衡不充分的发展之间的矛盾。"② 这种发展的不平衡不充分，在城乡结合部区域尤为突出，已经成为制约人民实现日益增长的美好生活需要的主要因素。在中国特色社会主义新时代，解决城乡结合部区域问题的根本出路在于千方百计地提升城乡结合部社会质量，"着力解决好发展不平衡不充分问题，大力提升发展质量和效益，更好满足人民在经济、政治、文化、社会、生态等方面日益增长的需要，更好推动人的全面发展、社会全面进步"③。"全面质量管理"（TQM）为我们提升城乡结合部社会治理

---

①　《中央城市工作会议在北京召开》，《人民日报》2015 年 12 月 23 日第 1 版。

②　习近平：《决胜全面建成小康社会　夺取新时代中国特色社会主义伟大胜利——在中国共产党第十九次全国代表大会上的报告》，人民出版社 2017 年版，第 11 页。

③　同上书，第 11—12 页。

质量，走出城乡结合部社会治理困境提供了新的思路。如何在中国特色社会主义新时代、新矛盾的背景下，在城乡结合部社会治理创新中实现新作为呢？我们认为，基于全面提升城乡结合部社会质量，引入全面质量管理理念，并在此基础上构建中国特色社会治理质量概念，建构中国特色社会治理质量评估指标体系，就成为我国快速城市化背景下迫切需要解决的重大现实问题。在现实中，我国广大城乡结合部，一直没有跳出传统的"维稳"怪圈。新时代、新矛盾、新使命，迫切需要我们从提升城乡结合部社会治理质量的视角来对城乡结合部社会治理路径进行创新。本书通过借鉴西方全面质量管理理论、社会质量理论，试图构建城乡结合部社会治理质量评估指标体系与社会治理质量风险等级评估预案，从而以创新社会治理质量评估为抓手，积极探索城乡结合部社会治理路径创新，进而最大程度地增加城乡结合部和谐因素，增强城乡结合部发展活力，全面提升城乡结合部社会治理质量与水平。

（二）研究意义

1. 理论意义

在西方社会质量理论中国化的基础上，结合我国城乡结合部具体社会治理问题来构建城乡结合部社会治理质量评价指标体系与社会风险预警模型，这是本书研究创新的关键问题。该问题涉及什么是社会治理质量，社会治理质量包括哪些构成要素，哪些指标可以彰显城乡结合部社会治理质量，城乡结合部社会治理质量应该采取什么样的标准去衡量，如何构建城乡结合部社会风险预警模型，怎样才能进一步提升城乡结合部社会治理质量，等等。这些重要问题却是国内研究所欠缺的，也是本书研究所要重点解决的问题。这些研究很明显具有较强的学术价值与理论意义。具体而言，本书研究的理论意义主要有以下三方面。

第一，着力以社会治理质量为切入点，创新城乡结合部社会治理路径，有利于扩大当前我国城乡结合部社会治理的研究视角。

国内学术界研究城乡结合部社会治理质量的学者很少，即使是对社会治理质量的研究也不多见。① 本书在把西方社会质量理论、治理理论与中国特色基层社会治理实践有机结合的基础上，论述了社会治理质量的概念界定与要素构成，并在此基础上构建和完善了我国城乡结合部社会治理质量测评的三级评估指标体系。本书对城乡结合部社会治理质量概念进行了深入研究与探讨，并以社会治理质量评估创新城乡结合部治理路径，为当前我国城乡结合部治理研究提供了新的思路，拓展了我国基层社会治理研究的视野。

第二，通过城乡结合部社会治理质量评估指标体系以及社会治理质量风险等级评估和预案的构建与运行，创新当前我国城乡结合部社会治理的研究方法和路径。

当前学术界关于我国城乡社会治理的研究方法主要还是以传统的宏观研究为主，辅之以简单的案例研究，在方法上并没有实质性的创新与突破。本书在对社会治理与社会质量概念系统梳理的基础上，对中国特色社会治理质量的概念进行了界定，并在分析城乡结合部社会治理问题的基础上构建了城乡结合部社会治理质量评估指标体系与城乡结合部社会质量风险等级评估、预警模型。通过追踪研究的途径，一方面检验并完善了城乡结合部社会治理路径的研究方法，另一方面也深入探讨了如何在预防和化解社会风险的基础上，进一步提升城乡结合部社会治理质量。本书能够为城乡结合部社会治理问题研究提供新的方法与工具，从而在一定程度上弥补了学术界关于城乡结合部与基层社会治理研究方法的不足，进而拓展了研究社会治理的新方法与新路径。

第三，系统创新城乡结合部社会治理的理论与方法，有利于丰富和创新中国特色社会治理理论与和谐社会建设理论。

社会和谐是人民群众的企盼，也是党的重要奋斗目标。社会治理创新的出发点与落脚点也都是实现社会的和谐稳定，让广大人民群众能够安居乐业，并在此基础上不断满足人民群众对美好生活的需要。基层社

---

① 截至 2019 年 5 月 31 日，以"社会治理质量"作为"篇名"在"中国知网"上查找，仅获两篇——范逢春：《县级政府社会治理质量价值取向及其测评指标构建》，《云南财经大学学报》2014 年第 3 期；顾红霞：《提升新时代新疆社会治理质量的思考》，《实事求是》2019 年第 1 期。

会治理创新是增进社会治理能力、构建和谐社会的不竭动力，也是国家治理体系和治理能力现代化的有力支撑。本书在系统梳理文献与广泛调查研究的基础上，以构建城乡结合部社会治理质量评估体系与社会质量风险等级评估为抓手，通过持续追踪样本，对城乡结合部社会治理创新实践进行系统总结与深入研究，对于进一步提炼我国城乡结合部社会治理模式、丰富中国特色基层社会治理理论有着重要的理论参考价值。因此，在总结城乡结合部社会治理创新实践的基础上，通过建构中国特色社会治理质量概念与中国特色社会治理质量评估指标体系，创新城乡结合部社会治理理论，丰富中国特色基层社会治理理论体系，发展和完善中国特色社会主义和谐社会理论，进而讲好中国特色社会治理自己的故事，都具有十分重要的理论价值。

2. 现实意义

当前广大城乡结合部存在诸多亟待解决的显性与隐性矛盾，尤其是城乡结合部在快速城市化过程中所出现的失地农民保障不足、利益冲突加剧、管理体制滞后、生产安全隐患多、社会安全压力大、居民两极分化严重、文化异质性凸显等问题，已成为城乡结合部的潜在不和谐因素。这些问题如若处理不当，不仅会掣肘当前我国新一轮城市化发展，而且会对我国社会和谐稳定构成严重威胁。

第一，加强和创新城乡结合部社会治理，有利于正确引导城乡结合部社会治理主体行为，促进各社会治理主体有机衔接与良性互动，进一步提升城乡结合部社会治理质量。

社会化、规范化、科学化与民主化是城乡结合部社会治理创新迫切需要解决的现实问题。党的十八大、十八届三中全会提出，要加快形成"党委领导、政府主导、社会协同、公众参与、法治保障"的社会治理格局。在此基础上，党的十九大提出，"加强社会治理制度建设，完善党委领导、政府负责、社会协同、公众参与、法治保障的社会治理体制，提高社会治理社会化、法治化、智能化、专业化水平"[1]。中国特色基层社会治理也必须以此为参照，从我国社会治理体制的主要构成要素出发进

---

① 习近平：《决胜全面建成小康社会　夺取新时代中国特色社会主义伟大胜利——在中国共产党第十九次全国代表大会上的报告》，人民出版社 2017 年版，第 49 页。

行实践探索与路径创新。本书以城乡结合部社会治理质量为城乡结合部社会治理路径创新的抓手，通过社会治理质量评估指标体系的构建与检测，能够进一步明晰城乡结合部相关社会治理主体的责任，规范各社会治理主体的行为。通过社会治理质量评估与反馈，可以进一步优化城乡结合部社会治理结构，推动城乡结合部社会治理实践规范化、民主化、法治化、科学化，形成相关社会治理主体有机衔接与良性互动的善治局面。通过构建和完善社会治理质量评估指标体系与社会治理质量风险等级评估预案，能够有效促进城乡结合部经济与社会发展有机统一、城市发展与乡村振兴的有机融合、民主与民生的双重改善、人与自然的和谐共生，从而全面提升城乡结合部社会治理质量。

第二，以全面提升社会治理质量为突破口创新城乡结合部社会治理路径，能有效评估和密切追踪城乡结合部社会治理绩效，提升城乡结合部社会治理能力。

快速的城市化与城市的无序蔓延使得城乡结合部治理问题尤为凸显。要实现广大城乡结合部社会治理体系的有效运转，真正实现经济发展与社会和谐有机统一，关键在于弄清楚城乡结合部社会治理的问题与困境。构建和完善城乡结合部社会治理质量评估指标体系与社会治理质量风险等级评估预案的主要目的，就在于对城乡结合部社会治理的现状进行动态测评，随时发现城乡结合部社会治理中的各种潜在风险，并及时采取有效措施迅速化解各类风险。城乡结合部社会治理质量评估指标体系的主要功能在于对城乡结合部各社会治理主体所形成的社会治理格局的绩效进行考量。亦即如何在依法治理的平台上，探究党委领导得怎样、政府负责得怎么样、社会协同得怎样、公众参与得怎样。借助城乡结合部社会治理质量评估指标体系以及社会治理质量风险等级评估与预案的实施，一方面能够对城乡结合部社会治理的各方面绩效进行检测与评价，发现社会治理中存在的重点与难点问题；另一方面能够通过追踪研究引导基层党政部门完善和创新社会治理方式与内容，全面提升城乡结合部"五位一体"的社会治理能力。

第三，加强和创新城乡结合部社会治理，有利于预防与化解城乡结合部社会风险，预警城乡结合部社会群体性事件。

当前，利益冲突与社会矛盾的焦点在城乡结合部，基层社会治理的重点和难点也都在城乡结合部。城乡结合部是我国统筹城乡、加快城乡一体化进程和城乡和谐社会建设的关键点与突破口。处于现代化进程中的转型中国，城乡结合部的发展与治理始终面临着一系列的问题与风险，并成为新时代我国社会矛盾最集中的区域之一，直接关系到城乡经济发展与社会的和谐稳定。在我国快速城市化的背景下，城乡结合部社会利益格局愈加复杂，社会风险诱因不断增多，而城乡结合部传统僵化的维稳思维与维稳模式，无法适应城乡结合部日益复杂的情势与快速发展的城乡融合实践。本书针对广大城乡结合部社会治理中"重维稳管控、轻服务法治"等问题，通过构建城乡结合部社会治理质量评估指标体系及质量风险等级评估预案来规范基层权力主体的外在行为，实现城乡结合部社会治理由"维稳"向"服务"转变，逐步走出城乡结合部社会治理的"维稳"怪圈，并防范和化解城乡结合部各类社会风险，预警城乡结合部社会群体性事件，促进广大城乡结合部社会健康和谐与可持续发展。

二 国内外研究现状

（一）国外研究现状

国外研究现状可分为与城乡结合部治理路径创新直接相关的研究成果和间接相关的研究成果两个部分。直接相关的研究成果主要集中在西方学者对国外城市边缘地区（urban fringe）的研究上面；间接相关的研究成果集中在对城市化过程中的问题研究和对城乡社会治理质量的测评方法方面。

"城市边缘区"概念最初是由德国地理学家哈伯特·路易斯（Harbert Louis）在1936年提出的。哈伯特·路易斯所认为的城市边缘区是指，原属城市边界的地区，后被建成区所侵吞，成为市区的那部分。由于城乡结合部这个概念是中国所特有的界定，在国外学术研究中很难找到与城乡结合部直接相对应的译文。国外学者多用城市边缘区、城市蔓延区（urban sprawl）、城市—乡村边缘地带（rural-urban fringe）、内边缘带（the inner fringe）、外边缘带（the outer fringe）、城市边缘带（urban fringe-belt）等词来研究类似我国的城乡结合部区域。因此，对国外直接研究成果的梳理主要集中为关于城市边缘地区研究的文献梳理。

一是从城市边缘地区特殊性视角来研究其社会治理问题。一些国外学者对城市边缘地区在城市发展过程中呈现出来的特点进行了研究，这些特点与我国城市化中城乡结合部所呈现出来的特征有相似之处。如Browder 对泰国、印度尼西亚、智利等国的城市边缘地区进行了实证调研，发现城市边缘地区主要居住着中低收入、从事服务行业的人口，农业发展衰落，城市边缘地区的空间与功能已经融入了城市经济。[①] Friedberger 对 20 世纪早期美国得克萨斯州的城市边缘地区进行了分析：城市化的发展使得一个郊区与乡村相结合的新的区域——城市边缘地区形成，这一区域呈现松散、对规则漠视、机会众多、多元利益主体交织等特征。[②] Scott 认为，城市边缘地区是问题与机会并存的地方，这里体现出多功能动态环境、低密度经济活动、不整洁的自然与社会景观，同时这一地区具有土地、社会、人口、城市发展等方面急剧转型过渡的特征。[③]

二是从城市边缘区功能与定位视角来研究其社会治理问题。国外诸多学者对城市边缘区的重要功能以及自身定位进行了探讨，这些功能与定位对于城市边缘区社会问题具有重要影响。Jindrich 认为，城市边缘区的人口密度与发展包含在城市功能范围内，城市边缘区在住房、工作机会等方面对外来流动人口具有更大的吸引力。[④] Gant 等认为，城市边缘区在控制城市蔓延、建立城市扩张边界、保护生态景观、区分城市与乡村方面具有十分重要的功能与作用。[⑤] Debolini 等认为，城市边缘地区作为一个连续变化的过渡区，各种经济活动在这里并存，形成了一个复杂庞

[①] Browder J. O., Bohland J. R., Scarpaci J. L., "Patterns of Development on the Metropolitan Fringe: Urban Fringe Expansion in Bangkok, Jakarta, and Santiago", *Journal of the American Planning Association*, Vol. 61, 1995, p. 310.

[②] Friedberger M., "Development, Politics, and the Rural-urban Fringe in North Texas", *Southwestern Historical Quarterly*, Vol. 109, 2006, p. 359.

[③] Scott A. J., "Disintegrated Development at the Rural-urban Fringe: Re-connecting Spatial Planning Theory and Practice", *Progress in Planning*, Vol. 83, 2013, pp. 1 – 52.

[④] Jindrich J., "When The Urban Fringe is Not Suburban", *Geographical Review*, Vol. 100, 2010, pp. 35 – 55.

[⑤] Gant R. L., Robinson G. M, Fazal S., "Land-use Change in the 'Edgelands': Policies and Pressures in London's Rural-urban Fringe", *Land Use Policy*, Vol. 28, 2011, pp. 266 – 279.

大的系统，这个系统为城市环境与经济服务。①

三是对城市边缘地区流动人口管理与公共服务供给问题研究。由于地理位置与发展潜力等因素促使流动人口在城市边缘区域聚集，因此该地区的公共服务与人口管理问题日益严峻，引起了一些学者的关注与研究。如Liliana 等研究了罗马尼亚城市边缘地区流动人口问题：逆城市化现象使得城市上中层阶级向城市边缘地区流动；这一方面使城市边缘地区出现了经济、社会方面的异质性，另一方面也改变了城市边缘地区土地利用与公共服务的供给。② Michael 研究了澳大利亚墨尔本中心城市扩张对城市边缘地区的影响：中心城市的扩张所带动的一系列土地利用，使得城市边缘地区压力骤增，使得该地区社会问题不断涌现，城市内部与外部区域出现了分化，尤其是人口地位、成分以及公共服务呈现出了不同的差别。③

四是从社区治（管）理的视角来研究城市边缘地区。社区是城市边缘地区社会治理的基本载体，有不少学者对城市边缘地区的社区治理问题进行了专门探究。如 Bryant 分析了城市边缘地区社区发展的特征：城市边缘地区的社区不同传统城市与农村社区的精英主导，这里利益主体多元化，社区管理所面临的环境与方式也大相径庭；随着城市发展，城市边缘地区需要根据不同区位环境与文化来构建具有包容多元利益的复合型社区。④ Webb 等研究了城市边缘地区社区跨部门协同合作供给公共卫生服务的问题：通过政府、卫生部门、私人部门的密切合作可实现供给的项目化与制度化，且成效明显。⑤ Adler 等对美国俄勒冈州波特兰大都会城市边缘地区社区政治整合问题进行了研究：在系统梳理社区交通设施

① Debolini M., Valette E., Francois M., Chery J. P., "Mapping Land Use Competition in The Rural-urban Fringe and Future Perspectives on Land Policies: A Case Study of Meknes", *Land Use Policy*, Vol. 47, 2015, pp. 373 – 381.

② Liliana Guran-Nica, Michael Sofer, *Translocal Ruralism-Mobility and Connectivity in European Rural Spaces*, Netherland: Springer Netherlands, 2012, pp. 87 – 102.

③ Michael Buxton, *The Security of Water*, *Food*, *Energy and Liveability of Cities*, Netherland: Springer Netherlands, 2015, pp. 55 – 70.

④ Bryant C. R., "The Role of Local Actions in Transforming The Urban Fringe", *Journal of Rural Studies*, Vol. 28, 1995, pp. 255 – 267.

⑤ Webb K., Hawe P., Noort M., "Collaborative Intersectoral Approaches to Nutrition in a Community on The Urban Fringe", *Health Education & Behavior*, Vol. 8, 2012, pp. 306 – 319.

建设、零售店、学校、公园、新城中心的规划与实施过程所产生问题的基础上，比较深入地研究了城市边缘地区不同利益主体间的利益冲突与政治整合问题。①

五是对城市边缘地区存在的社会矛盾与问题进行系统研究。与国内一样，国外城市边缘地区也是社会矛盾活跃与聚集地带，尤其是土地问题所产生的冲突与矛盾更引起了国外学者的高度关注。Friedberger 在考察了 20 世纪后期美国城市边缘地区后认为，作为过渡区域的城市边缘地区处于向城市郊区转换的过渡时期，该地区的职业与社会结构在逐渐发生转变，土地升值潜力不在农业价值而在城市发展方面；这一时期美国诸多大城市的边缘地区都存在着公共服务贫乏、人口多元复杂、犯罪率高、环境卫生差等问题。② Pierce 认为，北美的城市边缘地区是一个有争议的农村，这里存在诸多矛盾与冲突，如土地利用与规划的冲突、需求与控制的冲突、生产与非生产价值关系的冲突，等等。③ Bunker 等在对澳大利亚悉尼与阿德莱德城市边缘地区政策制定者面临的挑战进行系统分析后认为，在城市边缘区域政策制定中面临着人口变化快、经济发展迅速、环境保护急迫、治理方式与政策工具改变等问题的挑战。④ Pacione 认为，在城市扩张过程中城市边缘地区的土地利用冲突与矛盾频发，尤其是城市边缘地区的个人利益、公共利益、团体利益相互交织，使得城市边缘地区发展的公平与可持续问题受到了高度关注。⑤

六是对城市边缘地区社会矛盾（问题）解决的路径研究。就如何解

①　Adler S.，Dobson N.，Fox K. P.，Weigand L，"Advocating for Active Living on The Rural-urban Fringe：A Case Study of Planning in the Portland，Oregon，Metropolitan Area"，J*ournal of Health Politics Policy and Law*，Vol. 33，2008，pp. 525 – 528.

②　Friedberger M.，"The Rural-Urban Fringe in The Late Twentieth Century"，*Agricultural History*，Vol. 74，2000，pp. 502 – 514.

③　Pierce J. T.，"Contested Countryside：The Rural Urban Fringe in North America"，*Land Use Policy*，Vol. 17，2000，pp. 159 – 160.

④　Bunker R.，Houston P.，"Prospects for The Rural-Urban Fringe in Australia：Observations from a Brief History of The Landscapes around Sydney and Adelaide"，*Australian Geographical Studies*，Vol. 43，2003，pp. 303 – 323.

⑤　Pacione M.，"Private Profit，Public Interest and Land Use Planning – A Conflict Interpretation of Residential Development Pressure in Glasgow's Rural-Urban Fringe"，*Land Use Policy*，Vol. 32，2013，pp. 61 – 77.

决城市边缘地区存在的各种社会矛盾与冲突问题，国外学者提出了诸如构建城市边缘地区社会资本、持续关注弱势群体、缓和国家权力与社区自治、加强公民教育等路径。如 Libby 等认为，美国城市扩张带来了一系列社会问题，尤其是在城市边缘地区的农民与市民的冲突、土地利用的冲突等，给地方政府带来了巨大挑战，可通过构建城市边缘地区的社会资本来解决城市边缘地区复杂的社会关系与利益冲突。① Sharp 等也认为，城市边缘区域地方政府需要健全农民与市民间的合作关系，通过社会资本的积累来处理城市边缘地区日渐增多的利益冲突。② Nkambwe 对博茨瓦纳首都哈博内罗城市边缘地区进行探究后认为，城市边缘地区城市化扩张的关键在于如何处理好土地问题，需要在土地问题解决中对失去土地、获得较少补偿且缺乏技能的农民进行持续关注，只有解决好了这个问题才能破除抵制城市发展的因素。③

间接相关的国外研究成果主要表现为国外城市化过程中的突出问题与城乡治理质量测评方法这两个方面。

一是国外学者城市化研究成果比较丰富，研究视角涉及城市化中的土地、规划、农业发展、社会冲突与矛盾，等等。如埃比尼泽·霍华德（Ebenezer Howard）的《明日的田园城市》（*Garden Cities of To-motrow*）④、布赖恩·贝利（Brian J. L. Berry）的《比较城市化——20 世纪的不同道路》（*Comparison of Urbanization*：*Different Road in Twentieth Century*）⑤、戴维·哈维（David Harvey）的《叛逆的城市：从城市权利到城市革命》

---

① Libby L. W., Sharp J. S., "Land-use Compatibility, Change, and Policy at The Rural-urban Fringe：Lnsights From Social Capital", *American Journal of Agricultural Economics*, Vol. 85, 2003, pp. 1194 – 1200.

② Sharp J. S., Clark J. K., "Between the Country and The Concrete：Rediscovering The Rural-urban Fringe", *City & Community*, Vol. 7, 2008, pp. 61 – 79.

③ Nkambwe M., "Contrasting Land Tenures-Subsistence Agriculture Versus Urban Expansion on The Rural-Urban Fringe of Gaborone, Botswana", *International Development Planning Review*, Vol. 25, 2003, pp. 391 – 405.

④ ［英］埃比尼泽·霍华德：《明日的田园城市》，金经元译，商务印书馆2010 年版，第9 页。

⑤ ［美］布赖恩·贝利：《比较城市化——20 世纪的不同道路》，顾朝林等译，商务印书馆2010 年版，第5 页。

（*Rebel Cities*：*From the Right to the City to the Urban Revolution*）①、索尔德（Sold）的《理性增长——形式与后果》（*Rational Growth - Form and Consequence*）②、路易斯·霍普金斯（Lewis D. Hopkins）的《都市发展：制定计划的逻辑》（*Urban Development*：*The Logic of Making Plans*）③。他们的主要代表性观点如下：霍华德认为，城市是人类文明的标志，乡村是上帝爱世人的标志；城市与乡村应有机结合，这种结合将会带来新的希望、新的生活、新的文明；同时他也对城市发展中存在的种种问题表达了充满预见性的忧虑。贝利把不同国家与地区的城市化进行比较研究后认为，尽管各国的城市化存在着诸多共性，但城市化具体道路却不尽相同，这主要源于各国不同的文化背景与不同的发展阶段。哈维将城市置于资本和不同阶层之间争夺资源斗争的中心，对城市权利、资本主义危机的城市根源、地租的艺术、资本主义斗争的城市、占领华尔街等话题进行了探讨。索尔德通过研究"二战"后美国城市的蔓延，试图揭示城市发展的形式、后果与所采取行动间的逻辑关系密切相关，并在此基础上讨论了未来城市的发展道路。霍普金斯认为，随着规划在形塑都市及郊区景观方面的重要性凸显，社区问题的产生多因为"不良的规划"；他从完善都市发展计划来处理社区棘手的问题，并提出了何时及如何制订计划的指导方针。

　　二是西方运用社会测评手段提升社会质量的研究方法可为本书研究提供方法借鉴。如美国学者汉厄在 20 世纪 60 年代就提出了"富兰德指数"——社会评价指标；Beck 等④和 Gordon⑤ 试图通过"社会质量"（Social Quality）评估来推进社会治理创新，以缓和政府与社会间的张力。

---

①　［美］戴维·哈维：《叛逆的城市：从城市权利到城市革命》，叶齐茂等译，商务印书馆2014 年版，第 1—6 页。

②　［美］T. S. 索尔德、A. 卡伯内尔：《理性增长——形式与后果》，丁成日、冯娟译，商务印书馆 2007 年版，第 3—12 页。

③　［美］路易斯·霍普金斯：《都市发展：制定计划的逻辑》，赖世刚译，商务印书馆 2009 年版，第 1—10 页。

④　Beck W. , Der Maesen, L. van , Thomese, F. Walker A. , "Social Quality：A Vision for Europe", *The Hague*：*Kluwer Law International*, 2001, p. 341.

⑤　Gordon D. , "Editorial：Indicators of Social Quality", *European Journal of Social Quality*, Vol. 5, 2005, pp. 1 - 7.

在 2005 年的加拿大会议上，西方学者又试图把"国民幸福指数"作为社会测评的指标体系。城乡结合部社会治理路径创新的目的也就是提升城乡结合部社会质量，并在此基础上提升城乡结合部居民幸福指数。但西方学者在以何种社会测评工具推进社会治理创新的问题上还存在着不少分歧。

（二）国内研究现状

据课题组可查阅到的资料，截止到 2017 年 5 月底，国内专门研究城乡结合部的学术专著计有 11 部，以政治学、社会学、管理学学科视角研究城乡结合部的国家社科基金课题共计 10 项。以"城乡结合部"为标题的学术论文计有 1097 篇。相关研究成果主要分布情况如下（见表 0－1、表 0－2、表 0－3、表 0－4）。

表 0－1　　　　　　　　　专著研究分类情况

分类	土地利用	社会治（管）理	规划发展	经济发展
数量	3	5	2	1

表 0－2　　　　　　　　国家社科基金课题研究分类情况

分类	社区治理	治理模式	社会样态	社会治（管）理	土地利用
数量	2	1	1	5	1

表 0－3　　　　　　　　　期刊研究分布情况（一）

期刊种类	普通期刊	核心期刊	CSSCI 来源期刊
数量	655	287	155

表 0－4　　　　　　　　　期刊研究分布情况（二）

研究主题	社会治理			土地利用	环境卫生	教育	公共服务	其他
	体制机制	路径	犯罪					
数量	35	10	130	126	170	207	107	312

总体而言，我国在城乡结合部社会治理研究方面已具有一定的基础。

当前国内姚永玲、余钟夫、冯晓英、谢宝富等学者在城乡结合部治理方面有着比较深入的研究。冯晓英在《由城乡分治走向统筹共治：中国城乡结合部管理制度创新研究——以北京为例》一书从管理制度视域研究了城乡结合部问题。作者在对城市化理论、博弈理论、制度变迁理论系统论述的基础上，从城乡结合部政治、经济、社会、环境等多重视角，观察与分析影响城乡结合部管理体制改革的八大因素及其相互联系，提出了城乡结合部管理制度创新的基本思路。姚永玲在《北京市城乡结合部管理研究》一书中以北京市为例分析了北京城乡结合部在城市化过程中存在的各种社会矛盾与问题，深入剖析了城乡结合部各种利益关系纠结的实质。杨晓东在《城乡结合部地区一体化发展新思路》一书中分析了我国城乡结合部在城乡一体化发展实践中存在的社区管理、农村居民就业、社会保障、社会管理与公共服务、基础设施建设以及生态环境等方面的问题，并在系统探究问题背后成因的基础上，提出了进一步完善城乡结合部区域一体化发展的政策建议。谢宝富在对城乡结合部全面系统研究的基础上认为，健全"一元兼顾""小而强"的管理体制、重建社区管理与服务机构等，是破解城乡结合部社会治理困境的管理创新之路。①

具体而言，与本书直接相关的国内研究成果主要涉及对城乡结合部个案城市、土地诱因、体制机制、社会风险、基层党建、社区治理、流动人口等方面的研究。

一是不少学者以典型城市为例对城乡结合部存在的社会治理问题进行了综合性研究。一些学者通过实地调研个案城市地区的城乡结合部，系统分析了这些城市城乡结合部存在的各种社会问题，并在此基础上提出了相应的治理对策。除姚永玲、余钟夫、冯晓英、谢宝富等代表性学者对以北京为代表的城乡结合部治理进行系统而深入的研究外，以典型城市为研究对象对城乡结合部进行案例研究的还有：傅新云以广州市城乡结合部作为实证调研对象分析了广州市城乡结合部布局混乱、违章搭建、环境脏乱差、基础设施滞后、社会治安严峻、管理体制不顺、制度

---

① 谢宝富：《中国城乡结合部地区政府管理体制创新初探》，《政治学研究》2010 年第1 期。

不健全等问题，并提出了提高认识、加强规划、提高农民素质、完善农村股份合作制、加强法制建设等完善城乡结合部社会治理的对策。① 董万好在对上海市城乡结合部调查研究的基础上，提出了上海市城乡结合部普遍存在着人口和职业形态复杂、社区形态多样、民生基础设施分布不均、教育问题尴尬、就业渠道狭窄、社区融合程度低、居民与政府互动少等社会治理瓶颈问题，并从财政政策视角提出了完善城乡结合部社会治理的对策建议。②

二是从土地利益诱发社会问题的视角来研究城乡结合部社会治理问题。土地问题是城乡结合部社会治理的重点与难点所在。城乡结合部由于其特殊的区域位置使得土地问题成为各种矛盾、利益纠纷的导火索。为此，国内许多学者围绕土地问题所引起的城乡结合部社会管（治）理问题进行了深入探究。其一是关于城乡结合部土地征用、拆迁所产生的社会管（治）理问题的研究。李宝祥等从开发商、村民利益、社会效益等方面分析了城乡结合部和谐拆迁的可行性，并对房屋拆迁过程中存在的难点以及相应的对策进行了深入探讨。③ 潘佳瑭对城乡结合部房屋拆迁政策所引发的社会问题进行了系统研究，总结出当前我国房屋拆迁政策普遍存在着诸如政策不统一、补偿欠公平等问题，认为这些问题处理不好极易引发社会利益冲突，并提出了完善城乡结合部拆迁政策的原则、思路及建议。④ 其二是关于城乡结合部失地农民所引发的社会矛盾问题研究。王娟等认为，失地农民是城乡结合部社会矛盾冲突的重要主体，政府是保障农民利益的主要责任主体；失地农民与地方政府的利益关系是城乡结合部最重大的利益关系，政府应平衡好与失地农民的利益关系。⑤ 陈纵对城乡结合部失地农民就业问题进行了较为深入的研究，认为失地农民处于耕田无地、上班无岗、收入无来源、生活无保障的"四无"困境；失去土地的农民收入不固定，他们的医疗、养老、就业等将会成为

---

① 傅新云：《城乡结合部：城市管理要超前》，《城市研究》1999 年第 6 期。
② 董万好：《上海城乡结合部社会管理现状调查及财政政策建议》，《地方财政研究》2013 年第 8 期。
③ 李宝祥、陶志明：《城乡结合部房屋拆迁浅论》，《中国房地产》1998 年第 11 期。
④ 潘佳瑭：《城乡结合部宅基地房屋拆迁政策研究》，《中国房地产》2009 年第 10 期。
⑤ 王娟、常征：《中国城乡结合部的问题及对策》，《经济社会体制比较》2012 年第 3 期。

沉重的社会问题，也是社会不稳定的重要因素。① 崔波对城乡结合部的空间感知与身份认同进行了探讨，认为城乡结合部空间失序是影响城乡结合部失地农民身份认同的主要因素；而要重构城乡结合部失地农民身份认同，关键在于调整城乡结合部的空间秩序。② 刘爱君等对城乡结合部失地农民的利益保障问题进行了深入研究，认为在城市化进程中，城乡结合部农村集体土地被大量征用，多数农民沦为失地农民；他在剖析失地农民利益受损现状的基础上，提出了切实完善城乡结合部失地农民利益保障的对策建议。③

三是对城乡结合部社会治（管）理体制或制度进行系统而深入的研究。我国长期的二元分治模式使得城乡结合部形成了典型的二元社会管理体制。国内许多学者从宏观理论综述与微观实证分析的角度对城乡结合部社会管理体制、制度进行了系统研究。庞永师等从宏观视角论述了我国城乡二元管理体制形成的特点、二元体制的积极与消极功能，以及二元社会管理体制对城乡结合部城市化的制约，并在此基础上提出了要进一步构建城乡一体化的制度环境。④ 张桂兴、刘君德、陈怡、冯晓英等从微观实证的角度研究了城乡结合部社会管理体制与制度。如张桂兴在对北京二元管理体制下城乡结合部存在的突出问题进行系统分析的基础上，提出了改革行政管理体制、推行行政区划改革的对策。⑤ 刘君德等以上海市城乡结合部为研究对象，对该地区城乡结合部管理体制进行了探究，分析了二元管理体制下上海城乡结合部存在的各种管理矛盾，提出了创新管理体制的三种模式，即镇（乡）管社区模式、街道管乡村模式、街道、镇（乡）并存模式。⑥ 陈怡等以广州城乡结合部为研究对象，分析了城乡结合部管理体制存在着诸如管理任务繁重、职能偏转、机构重叠

---

① 陈纵：《城乡结合部失地农民就业问题研究》，《山东社会科学》2008 年第 10 期。

② 崔波：《城市化中失地农民空间感知与身份认同——以西安城乡结合部被动失地农民为例》，《城市观察》2010 年第 5 期。

③ 刘爱君、赵诤：《失地农民利益保障问题研究》，《人民论坛》2010 年第 11 期。

④ 庞永师、陈继勇、王学通：《二元体制对城乡结合部城市化的影响及对策研究》，《湘潭大学学报》2003 年第 2 期。

⑤ 张桂兴：《积极稳妥地推进城乡结合部行政区划改革》，《城市问题》1993 年第 5 期。

⑥ 刘君德、宋迎昌、刘宇辉：《论制度创新与可持续发展》，《城市规划汇刊》1998 年第 4 期。

等问题，并针对上述问题提出了属地化管理的应对之策。① 冯晓英以北京市城乡结合部为例分析了该地区城乡结合部矛盾叠加背后是二元社会所产生的制度缺陷，认为不冲破"二元社会"管理体制的桎梏，城乡结合部治理就不会有根本性的改观。② 他在此基础上提出，通过完善街（乡）行政组织变革，在"二元管理"转化为"一元管理"的基础上，可最终完成由农村管理向城市管理的社会变迁。③

四是对城乡结合部社会治（管）理机制问题进行深入研究。从现有的文献来看，学术界主要从保障机制、管理（治）机制、民主参与机制等方面对城乡结合部社会治理问题进行探讨。许尔君等、北京市委党校中青班课题组、肖湘雄从保障机制方面对城乡结合部社会问题进行了研究：许尔君等提出了建立城乡结合部农民权益保障的长效机制，包括优化组合机制、思想工作机制、配套制度机制、社会保障体系机制以及法律服务机制。④ 北京市委党校中青班课题组提出了构建四位一体的城乡结合部农民权益保护机制，具体包括建立就业保障机制、资产保障机制、社会保障机制以及组织保障机制，这也是衡量城乡结合部社会治（管）理是否成功的根本标准所在。⑤ 肖湘雄等提出了构建城乡结合部社会协同保障机制。他在分析湘潭市城乡结合部传统社会协同保障机制存在缺乏长效性、能动性与衔接性的基础上，提出了要从人力、物力、财力、技术、信息、组织、制度等方面完善城乡结合部社会保障机制的对策建议。⑥

五是对城乡结合部社会治（管）理风险问题进行系统而深入的研究。城乡结合部在经济发展、人口结构、区域位置方面有着特殊性，诸多问题与矛盾在这里聚集、交汇，这使得城乡结合部无疑成为城市化过程中

---

① 陈怡、潘蜀健：《广州城乡结合部管理问题及对策》，《城市问题》1999 年第 5 期。

② 冯晓英：《"二元社会"：必须破解的制度性难题》，《城市问题》2002 年第 4 期。

③ 冯晓英：《城乡结合部问题的根源及解决途径》，《城乡建设》2006 年第 2 期。

④ 许尔君、袁凤香、马全：《城乡结合部失地农民安置及权益保护长效机制问题研究》，《小城镇建设》2008 年第 3 期。

⑤ 北京市委党校中青班课题组：《城乡结合部建设中农民利益保障机制研究》，《前线》2010 年第 8 期。

⑥ 肖湘雄、傅宅国：《城乡结合部治理中社会协同保障机制研究——以湖南省湘潭市城乡结合部为例》，《湘潭大学学报》（哲学社会科学版）2012 年第 5 期。

风险高发的区域。迟兴臣、袁振龙、刘伟、李建超、史云贵等学者对城乡结合部社会风险问题进行了比较深入的探究。迟兴臣从和谐稳定视角来研究城乡结合部治安稳定问题，他认为制度矛盾、经济矛盾、利益冲突等问题让城乡结合部成为各种矛盾、风险的高发地，严重影响着城市的和谐稳定，并针对这些问题提出了进一步促进城乡结合部和谐稳定的系列举措。① 袁振龙认为，城乡结合部社会风险扩大的原因在于社会资本的降低，城市化打破了城乡结合部秩序，"流动人口"与"相对集中"要素叠加，再加上管理滞后等因素使得城乡结合部社会资本受阻、治安状况恶化，社会风险增大。② 刘伟认为，基于制度创新与治理模式转型基础上的城乡结合部社会风险复合治理框架是城乡结合部社会管理创新的基本路径。③ 李建超提出"处理好城市发展与经济发展、农村发展、人的发展、发展质量、城市布局、利益群体等 6 个方面的均衡"是有效化解城乡结合部社会稳定风险，进而实现城乡结合部社会和谐治理的基本策略。④ 史云贵等在对城乡结合部社会风险进行系统分析的基础之上，科学设置了城乡结合部社会风险预警指标，并在完善警源、警兆、警情的基础上，划分了城乡结合部社会风险等级，构建了我国城乡结合部社会风险预警指标体系。⑤

六是对城乡结合部以党建创新带动社会治（管）理路径创新问题进行深入研究。基层党组织是城乡结合部社会治理的核心力量。城乡结合部党建在快速城镇化过程中呈现出角色上的过渡性、工作上的复杂性、发展上的动态性、形态上的多样性等多种特征。如何做好城乡结合部党建工作关乎城乡结合部经济发展与社会稳定大局。李伟征、杨帆、鲍雪松、曲庆彪、杨德山等学者对城乡结合部党建问题进行了专门性探究。李伟征认为，城乡结合部党建面临着诸如优秀基层党组织负责人匮乏、

① 迟兴臣：《区域中心城市城乡结合部稳定和谐研究》，《山东社会科学》2005 年第 7 期。
② 袁振龙：《社会资本与社会安全——关于北京城乡结合部地区增进社会资本促进社会安全的研究》，《中国人民公安大学学报》（社会科学版）2007 年第 3 期。
③ 刘伟：《论城乡结合部的潜在风险与治理对策》，《天府新论》2007 年第 5 期。
④ 李建超：《当前我国城乡结合部的政府风险与对策》，《江汉论坛》2008 年第 3 期。
⑤ 史云贵、赵海燕：《我国城乡结合部的社会风险指标构建与群体性事件预警论析》，《社会科学研究》2012 年第 1 期。

党组织任务重、党员队伍建设薄弱、社区（村）管理事务复杂等问题，这些问题严重影响了城乡结合部的社会稳定与发展；他提出要加强党建分类指导、党建工作坚持责任原则、目标原则等创新城乡结合部的党建路径。① 杨帆从分析城乡结合部基层党组织执政能力对于城乡结合部经济社会的重要意义入手，从观念、队伍结构、经济发展等方面对城乡结合部党组织存在的治理问题进行了系统分析，在此基础上从干部队伍、运行机制等方面提出了完善城乡结合部社会治理的对策建议。② 鲍雪松等提出通过探索城乡结合部党建规律、推进城乡结合部党建理论创新、完善城乡结合部党建工作制度、创新城乡结合部党建方法，来不断提升城乡结合部党的建设科学化水平。③ 曲庆彪等在统筹城乡视域下分析了城乡结合部党建问题，提出了理念要先行，组织设置及工作机制是关键，充分发挥党的组织功能等党建思路。④ 杨德山在对北京市城乡结合部党建问题进行调研分析的基础上，发现城乡结合部党建工作存在诸如政策理解不到位、领导班子素质差、支部活动枯燥乏味等问题，并从法规、培训等方面提出了提高城乡结合部党建工作高质量开展的对策建议。⑤

七是对我国城乡结合部社区治理问题进行系统研究。城乡结合部社区是社会矛盾与冲突的主要聚集地，也是化解社会问题与矛盾冲突的基本载体。沈孔忠、谢宝富、徐力均、周大鸣、李伟梁、冯晓英等是以社区为载体研究城乡结合部社会治理的代表性学者。沈孔忠分析了城乡结合部社区性质与特点以及影响城乡结合部社区向城市社区转型的动因，提出了有效促进城乡结合部社区转型的对策建议。⑥ 谢宝富在分析北京城市化进程中城乡结合部社区特征、角色的基础上，提出了在城市化进

---

① 李伟征：《城乡结合部社区党建工作探析》，《中共郑州市委党校学报》2002 年第 2 期。

② 杨帆：《城乡结合部基层党组织执政能力建设的思考》，《唯实》2010 年第 1 期。

③ 鲍雪松、苑晓杰：《提升城乡结合部党的建设科学化水平》，《理论探索》2010 年第 6 期。

④ 曲庆彪、许兆滨、马桂萍：《城乡统筹视阈中的城乡结合部基层党建工作创新研究》，《前沿》2011 年第 1 期。

⑤ 杨德山：《北京城乡结合部党建工作调研报告》，《新视野》2011 年第 2 期。

⑥ 沈孔忠：《城乡结合部农村社区转型与城乡协调发展》，《人文地理》1999 年第 4 期。

程中进一步完善城乡结合部社区建设的对策建议。① 徐力均以杭州城郊留下镇为调查基点，通过实证性探讨，揭示了杭州城郊社区管理的格局、内涵、途径和方式，论述了杭州城乡结合部社区管理经历的巨大变革及存在的问题。② 周大鸣等通过对广州市南景村这样一个典型城乡结合部社区的变迁进行追踪研究，向人们展示了整个广州城乡结合部变迁的大体过程，并论述了城乡结合部社区变迁中的普遍性问题。③ 李伟梁认为，随着城乡结合部社区发展，居民间的初级分化必然向次级分化演进并为次级分化最终取代；并在此基础上提出了加强户籍制度改革、土地制度改革、管理体制创新等完善城乡结合部社区阶层结构的对策建议。④ 冯晓英以北京市城乡结合部为例，论述城乡结合部社区建设应从建立以同质性人口为主体的"多元化"社区入手，将村居体制转换与基层政府行政管理体制改革和农村集体经济转制有机结合起来，同步推进。⑤

八是系统研究我国城乡结合部流动人口治理问题。流动人口管理是城乡结合部社会治（管）理的重点与难点问题，也是城乡结合部社会问题与社会风险产生的主要因素。学界对城乡结合部流动人口治理的研究成果并不少见。谢宝富、姚妮、杨晓东等从公共服务视角探讨了城乡结合部流动人口问题。谢宝富对城乡结合部流动人口教育问题进行了研究。李锡伟、陈艳、杜萱等对城乡结合部流动人口犯罪问题进行了探究。黄公元从综合的角度分析了城乡结合部的结构、特征、双重效益，提出了消除流动人口所产生的消极影响，强化流动人口正面影响的对策。⑥ 谢宝富对北京市流动人口子女义务教育问题进行了追踪研究，强调地方政府要从完善学校修建、入学制度、财政支付政策等方面来妥善解决流动人

① 谢宝富：《城市化进程中城乡结合部农村社区建设问题研究》，《安徽师范大学学报》2014 年第 1 期。
② 徐力钧：《城乡结合部社区建设的新探索》，《浙江学刊》1995 年第 4 期。
③ 周大鸣、高崇：《城乡结合部社区研究——广州南景村 50 年的变迁》，《社会学研究》2001 年第 4 期。
④ 李伟梁：《论城乡结合部社区的居民分化》，《广西社会科学》2002 年第 6 期。
⑤ 冯晓英：《北京城乡结合部社区建设浅议》，《前线》2003 年第 11 期。
⑥ 黄公元：《城乡结合部的流动人口》，《杭州师范学院学报》1998 年第 1 期。

口子女属地化入学问题。① 姚妮等从体制、管理对策、流动人口本身特性、流动人口生活质量等方面分析了北京市流动人口属地公共服务存在的问题，提出了完善流动人口管理模式、理顺条块关系等对策建议。② 杨晓东等从住房保障、就业政策、医疗卫生、子女教育等角度分析了北京城乡结合部流动人口属地化服务存在的问题，提出了进一步完善北京市城乡结合部流动人口社会管理和公共服务的政策建议。③ 李锡伟在总结城乡结合部流动人口犯罪具有犯罪空间大、犯罪职业化、团伙化等特点的基础上，分析了城乡结合部犯罪的主要成因。④ 陈艳等从犯罪主体、客体、类型等方面总结了北京市城乡结合部流动人口犯罪的特点，从文化、心理、生存状态、地理等因素分析了城乡结合部犯罪原因，并从观念、教育、法治等方面提出了对策建议。⑤

此外，迟兴臣、周筱芳、代金明、姜爱华、马静、干科淇等还分别从社会治安、环境卫生、文化体育、社会保障、公共服务均等化、居民满意度等视角探究了城乡结合部社会治（管）理问题。

最后，需要说明的是，以林卡、张海东为代表的国内学者对西方社会治理质量及其本土化问题的研究，对本书建构社会治理质量理论和构建城乡结合部社会治理质量评估指标体系有着重要的理论参考与方法借鉴的意义。

（三）国内外研究现状评述

通过对国内外既有相关研究成果的系统梳理，可以看出，国内外相关研究成果为我国城乡结合部社会治理路径创新提供了非常有益的借鉴

---

① 谢宝富：《城市化进程中流动人口随迁子女义务教育问题研究——以北京市城乡结合部城市化改造为例》，《北京社会科学》2013 年第 1 期；谢宝富：《城乡结合部流动人口子女属地化教育问题的思考——以北京市城乡结合部为例》，《中国教育学刊》2010 年第 5 期。

② 姚妮、谢宝富：《北京市城乡结合部流动人口属地化管理服务问题研究》，《中国软科学》2009 年第 1 期。

③ 杨晓东、张喜才：《北京市城乡结合部流动人口社会管理与公共服务研究》，《中国市场》2011 年第 29 期。

④ 李锡伟：《浅议城乡结合部的流动人口犯罪问题》，《广州市公安管理干部学院学报》2005 年第 1 期。

⑤ 陈艳、李雨聪：《城乡结合部流动人口犯罪问题分析——以北京市朝阳区为例》，《北京政法职业学院学报》2010 年第 3 期。

与启示。文献梳理结果也表明，城乡结合部社会治理质量评估鲜有直接的研究成果，目前国内外还没有与本研究相同的专题研究成果。目前尚未发现中国特色城乡结合部社会治理质量评估指标体系与社会质量风险等级评估预案等方面的研究成果。而这正是本研究的价值之所在。

1. 国外关于城乡结合部社会治理路径创新的研究缺乏"中国场域"的思考

国外对城市边缘地区的研究多数集中在欧美发达国家城市边缘地区问题的研究，对发展中国家城市化过程中城市边缘地区的研究成果并不多见。国外虽有宏观上对社会质量评估方面的研究成果，但这样的研究完全建立在西方场域的基础之上。由于在社会、文化、制度等方面与中国国情迥然不同，国外的相关研究成果对我国城乡结合部社会治理质量评估只能是借鉴作用。在微观方面，国外关于城市边缘地区社会问题的研究成果也主要集中在与中国国情、社情迥异的发达国家或少数发展中国家。国外城市边缘地区存在的问题与我国城乡结合部存在的社会问题也有不少相似之处，尤其是在化解土地利益矛盾与纠纷等方面的研究成果能够为解决我国城乡结合部社会问题提供一定的启迪与思考。但这些研究缺乏明显的"中国场域"的思考，适用性明显不足。此外，西方学者对我国包括城乡结合部在内的社会质量评估与路径创新研究方面针对性不强，有的还刻意曲解。本书在国外研究的基础之上，充分结合中国特色社会治理格局的特点，试图构建中国特色城乡结合部社会治理质量评估指标体系，以社会治理质量评估来创新中国特色的城乡结合部治理路径。

2. 国内关于城乡结合部社会治理路径创新的研究成果缺乏"质量评估"

国内关于城乡结合部社会治理路径创新的研究成果，主要集中在对城乡结合部土地利益纠纷、体制机制、社会风险、基层党建、社区（管）治理等方面。国内学者往往拘泥于"问题—对策"研究，始终没有跳出传统研究范式的窠臼。虽然也有学者在系统地介绍与研究西方社会质量理论，但在相关研究中未能很好地消化西方的相关概念、理论，很难有效解决"洋理论"的本土化问题。因此，国内学者在城乡结合部研究中没有将社会质量理论与中国特色基层社会治理实践有机结合起来,更没有从社会治理质量评估的视角研究城乡结合部社会治理路径创新。本书的主要亮点与创新之处就在于城乡结合部的社会治理路径创新,而路径创新主要表现为从社会治理质量的视角来构建城乡结合部社会治理质量评估指标体系,并在此基础上构建城乡结合部风险等级评估预案,从而形成具有可操作性的城乡结合部和谐治理体系,进而充分彰显城乡结合部社会治理的路径创新。

3. 国内外关于社会质量评估或社会治理的研究鲜有聚焦"城乡结合部"的成果

国外关于社会质量评估的研究成果主要涉及的是具有普适性的地方基层政府或基层社区层面,并没有针对城市边缘地区社会治理问题而开展的社会治理质量评估研究。国内关于城乡结合部的研究主要是以问题为导向,研究侧重于城乡结合部个案的某一类社会问题分析,缺乏从整体视角来研究城乡结合部社会治理问题,尚未发现有学者从社会治理质量的视角来专门系统研究城乡结合部社会治理创新方面的成果。因此,本书鉴于国内外研究的不足之处,对城乡结合部社会治理问题进行系统梳理与障碍分析,并在此基础上构建和完善城乡结合部社会治理质量评估指标体系以及社会治理质量风险等级评估与预案。

另外,已有的研究方法缺乏纵横结合的比较研究。国内外学者往往结合某一地区具体的城市边缘(城乡结合部)地区进行纵向研究,很少有学者运用对比分析方法,对不同地区的城市边缘(城乡结合部)地区进行横向的对比研究,从而使得已有研究成果呈现"重个案纵向深入分析,轻多案例的横向对比分析","重碎片化的某一问题分析,轻整体有联系的系统分析","重描述性的问题分析,轻因果理论检验的追踪实证分析"等情况。由此,本书从系统性、整体性、实证追踪的角度研究城乡结合部社会治理创新路径具有十分重要的理论价值与现实意义。

近年来,公园城市的提出与实施为城乡结合部社会治理提供了新的顶层设计;"共建共治共享的社会治理格局"为城乡结合部社会治理提供了逻辑理路;"治理质量"评估与质量风险预警为城乡结合部社会治理创新提供了着力点与突破口。

三 研究方法

本书著者树立了高度的"问题意识",以"问题"与"过程"为导向,从"问题决定方法"的研究路径出发,在研究过程中主要以政治学、公共管理学、社会学为学科基础,充分结合经济学、历史学等学科的研究方法进行跨学科综合研究。在研究中,坚持理论分析与实证分析有机结合、定量分析与定性分析有机结合、宏观分析与微观个案研究有机统一的研究路径,对城乡结合部社会治理路径创新展开深入探讨。

(一)规范研究法

城乡结合部社会治理路径创新,关键在于构建城乡结合部社会治理质量评估指标体系和实施城乡结合部社会治理质量风险等级评估与预案。因此,首先需要对城乡结合部社会治理质量进行规范化研究,即明确"城乡结合部社会治理质量是什么"及"广大城乡结合部需要何种质量的社会治理"等问题,然后在符合社会发展趋势的社会治理价值引导下,构建城乡结合部社会治理评估指标体系与质量风险评估预案。本书最重要的目标是构建一个比较科学、相对合理、较为可行的城乡结合部社会质量评估指标体系与评估预案。为此,必须在文献研究的基础上,运用规范分析的方法,对城乡结合部社会治理质量评估指标体系与质量风险预案构建的相关概念、基本理论、城乡结合部社会治理质量评估指标体系的基本价值、城乡结合部社会治理质量评估指标体系与预案构建的主要问题、实施路径进行规范性探讨。

(二)实证研究法

在研究城乡结合部社会治理路径创新中,社会治理质量评估指标体系的指标筛选以及权重赋值、城乡结合部社会治理质量评估指标体系的实证检测是本研究的重点问题之一。这在研究中将不得不采用实证研究方法,通过数据收集、数据分析来设计与筛选测度指标,赋予不同指标恰当的权重。一方面对从事城乡结合部社会治理问题研究的专家和从事城乡结合部社会治理的街、镇领导干部进行问卷调查与深入访谈;另一方面对城乡结合部地区普通工作人员和群众代表进行问卷调查并收集数据,构建城乡结合部社会治理质量评估指标体系;另外,在对 24 个典型城乡结合部进行实证研究的基础上,与相关街(镇)居(村)无缝合作,把其中 3 个最具有代表性的城乡结合部作为课题研究的"试验田",进行持续追踪与比较研究。在资料梳理、问卷调查、深度访谈与数据分析的基础上,进一步完善城乡结合部社会治理质量评估指标体系:运用指标体系对 3 个"试验田"社会治理质量进行实证检测,从而不断完善城乡结合部社会治理质量评估指标体系与预警方案,实现以评促建、评建互动,进一步创新城乡结合部社会治理路径。

(三)个案研究法

本书选取若干城乡结合部作为研究的个案对象,通过问卷调查与深入访谈,对城乡结合部社会治理质量进行深度研究。将调研对象分为省会城市、地级城市、县级城市三类,并从每一个大的类别中选取多个城乡结合部区域进行个案追踪研究。个案研究强调案例的代表性。个案研究案例的代表性与量化研究的代表性不同,量化研究的代表性主要来自样本数量本身,而个案研究的代表性则是根据本书所探究的问题,针对某一地区社会治理问题突出的城乡结合部进行研究,该方法不唯研究样板数量的多寡,而是强调对某一个案深入研究、剖析其问题的内在机理与运行逻辑,来映射具有类似情况的城乡结合部社会治理问题。因此,本书通过对调研对象的分类,在此基础上对多个区域等级不同的城乡结合部进行多个案的比较研究。

通过对有代表性的个案对象进行系统追踪研究,既可以检视我国城乡结合部社会治理质量的具体情况,又可以对不同的城乡结合部社会治理质量情况进行横向比较,把对城乡结合部社会治理的横向"切面"研究和一定时期内的"纵向"研究有机结合起来,为构建和完善城乡结合部社会质量评估指标体系与风险等级预案提供翔实的参考依据。

四　研究思路

课题组在诠释城乡结合部社会治理路径创新的有关概念、分析相关理论的基础上,从城乡结合部社会治理实践出发,按照我国东、中、西部城市区域分布,选择 24 个代表性的城乡结合部进行问卷调查、深度访谈,与相关街办(镇)、社区(村)无缝合作,把其中 3 个最具典型意义的城乡结合部作为课题研究的试验田,进行持续追踪研究。在此基础上,总结城乡结合部社会治理的实践经验与当前城乡结合部社会治理路径创新中存在的主要问题。课题组从破解城乡结合部社会治理治理困境出发，在"问题意识"的导向下，遵循"结构—过程"的分析路径，引入公园城市的概念及社会治理理论、社会质量理论、合作治理理论，在多学科视角交叉的基础上，充分结合城乡结合部社会治理实践，以社会治理创新理论为基础理论，以社会治理质量评估指标体系为研究平台，对城乡结合部社会治理路径创新进行深入研究。

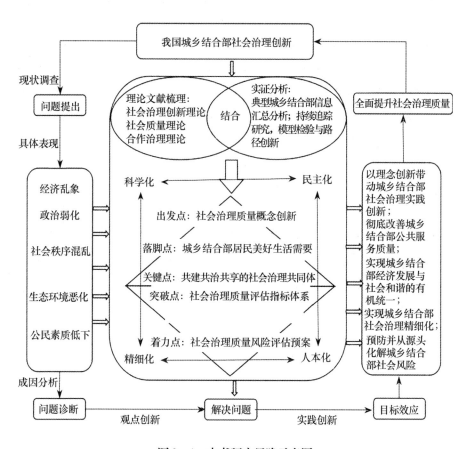

图 0-1 本书研究思路示意图

课题组在文献梳理与调查研究的基础上，对城乡结合部社会治理中存在的问题及成因进行深入分析。一方面，结合城乡结合部社会治理路径创新实践，要坚持和完善"党委领导、政府负责、社会协同、公众参与、法治保障"五位一体的社会治理体制，打造城乡结合部合作治理共同体，全面提升城乡结合部共建共治共享能力；另一方面，以社会治理质量评估为抓手，确定城乡结合部社会治理质量内涵与构成要素，从"公众""过程""结果""能力"四个维度，构建城乡结合部社会治理质量评估指标体系。

根据城乡结合部易发、多发社会冲突的问题，课题组拟在对城乡结合部社会治理质量评估的基础上，对城乡结合部潜在的社会治理质量风险进行等级评估，并根据社会治理质量风险等级制订相应的群体性事件预警方案。在对城乡结合部社会治理进行质量评估与潜在社会治理质量风险有效预警的基础上，建立健全城乡结合部社会治理质量评估指标信息发布平台与群体性事件预警网络平台，从而构建"城乡结合部社会治理风险等级与化解方案"，对城乡结合部社会治理中的诸多社会风险问题予以及时回应，进一步推动城乡结合部社会治理路径创新，深入推进城乡结合部社会治理体系和治理能力现代化。

为此，课题组遵循"提出问题——分析问题——解决问题"的基本思路，以创新"社会治理质量"概念为课题研究的出发点，以满足城乡结合部居民美好生活需要、提升城乡结合部治理质量为落脚点，以打造共建共治共享的城乡结合部合作治理共同体为关键点，以建立健全城乡结合部社会治理质量评估指标体系为突破口，以完善城乡结合部社会治理质量风险预案为着力点，全面推进城乡结合部社会治理体系和治理能力现代化。

第 一 章

基本概念与理论基础

改革开放以来，我国逐步走上了城市化的"快车道"。作为较早开始城市化也是最难实现城市化的地域，城乡结合部发展演化历程折射出我国城市化进程中经济、政治、社会、文化、生态、制度的变迁具象，尤其是快速城市化带来的城乡结合部社会治理问题备受学术界关注。如何在这样一个利益群体分化严重、公众需求多元、矛盾冲突较多、社会关系复杂的特殊区域创新社会治理，在完善"党委领导、政府负责、社会协同、公众参与、法治保障的社会治理体制"① 基础上，加快城乡结合部社会治理路径创新，是破解当前我国城乡结合部治理困境，推动城乡结合部高质量发展、建设美丽中国的重点与难点问题。

城乡结合部社会治理创新是我国一项战略性的艰巨改革，是一个脱胎换骨的过程，是要实现城乡结合部社会治理的整体性转型。正确理解城乡结合部社会治理创新的基本概念与相关理论，是实现城乡结合部治理观念创新、路径创新的重要前提。因此，本章在对城乡结合部、社会治理、路径创新等基本概念进行解析的同时，系统阐释了社会质量、合作治理、社会治理创新、社会治理质量的内涵与特征，分析了相关理论间的逻辑关系，并就相关理论对城乡结合部社会治理创新的启示进行深入探讨。在此基础上，结合我国城乡结合部社会治理现状，将理论分析与实证研究有机结合，对我国城乡结合部社会治理路径创新的基本原则与创新路径进行了深入探讨。

---

① 习近平：《决胜全面建成小康社会　夺取新时代中国特色社会主义伟大胜利——在中国共产党第十九次全国代表大会上的报告》，人民出版社 2017 年版，第 49 页。

第一节 基本概念诠释

作为既不同于城市，又不同于农村的城乡混合区域，城乡结合部的特殊位置与复杂情势决定着它在快速城市化进程中的利益冲突与社会矛盾更加尖锐复杂，潜在的不和谐因素诱发社会冲突与群体性事件的概率更大，一直是社会治理中的重点、难点与焦点区域。创新城乡结合部社会治理路径，必须依据城乡结合部的现状与问题，在引入社会治理、社会质量、合作治理等多种理论的同时，通过建构社会治理质量概念与社会治理质量评估指标体系，借助社会治理质量评估创新城乡结合部社会治理路径。

一 城乡结合部的概念及特征

（一）城乡结合部的概念

中国语境下的城乡结合部，又称"城乡接合部"，一般指兼具城市和乡村的过渡地带，尤其指接近城市并具有某些城市化特征的乡村地带。西方国家话语中的城市交错地带（urban sprawl）、城市边缘区（urban fringe）、村落城市（urban village）等词语一般可与我国语境下的"城乡结合部"大致对应。西方国家话语中的"城乡结合部"一般是指，"位于城乡之间，土地利用、人口构成、从业形态有别于城、乡的地理单位"①。

20世纪80年代后，"城市边缘"的概念被引入我国。随着国家土地管理部门提出"城乡结合部"概念，"城乡结合部"一词就成为替代"城市边缘概念"的名词被国内学者广泛运用于对这一地域单元的研究中。② 关于城乡结合部的概念与内涵，学术界一直分歧不断。常见的有从

---

① Pryor R. J., "Defining The Rural Urban Fringe", *Social Forces*, Vol. 407, 1968. 持类似观点的还有：Hart K., "Informal Income Opportunities and Urban Employment in Ghana", *The Journal of Modern African Studies*, Vol. 11, 1973；Kearns A., Parkes A., *Living in and Leaving Poorneighborhood Conditions in England*, *Housing Studies*, Vol. 18, 2003；［英］埃比尼泽·霍华德《明日的田园城市》，金经元译，商务印书馆2010年版，第48页。

② 刘玉、苏晓捷、车巍巍：《中国城乡结合部演化态势与发展趋向》，《国际城市规划》2014年第4期。

空间位置、地理风貌特征定义的"地域说"，从其性质和功能定义的"性质说"，从面积、人口演变定义的"形成说"，从管理方式、基础设施建设状况定义的"综合说"。①

虽然上述学说对城乡结合部的形成过程、演变机理等方面存在着认知差异，但它们都认为典型意义上的城乡结合部需要满足三个条件：一是要与城市毗邻，兼具城市与农村的某些功能与特点；二是农业与非农业兼备，且非农业较发达；三是人口构成复杂，流动人口较多。②

国内外大多数研究者通常基于城乡结合部的具体特征对其进行概念界定。由于在对城乡结合部概念界定中主要关注的是城乡结合部具体层面、个别现象的总结，而往往忽视战略上的、整体层面的讨论，还停留在"罗列现象，缺乏深度"的阶段，难以洞察城乡结合部的本质。

本书在前人研究的基础上将城乡结合部界定为：在城市化进程中所形成的兼具城乡双重地理风貌、经济属性、行政管理体制特性的特殊地域实体。

（二）城乡结合部的特征

城乡结合部较之一般意义上的城市或农村社区具有经济二元性、社会属性交叉性、生产生活方式过渡性、社区文化异质性等多种特征。

1. 经济结构二元性

城乡结合部的经济特点主要表现为经济结构农业和非农业并存的二元性，即产业结构与就业结构的二元性。一方面，城乡结合部一度承担着城市菜篮子基地的重要功能，生产肉、蛋、菜、奶等鲜活产品以满足城市居民的生活需要。另一方面，城乡结合部因生产生活成本低、周期快的特点，容易成为商品经济活跃的区域。因此，在市场机制驱动下，城乡结合部会呈现出城市空间较强的扩展趋势。城市产业的转移与扩散、

---

① 付承伟、陈明星：《国内城乡结合部研究进展》，《地理科学进展》2010 年第 12 期。

② 宋国恺：《城乡结合部研究综述》，《甘肃社会科学》2004 年第 2 期。持类似观点的有：肖湘雄、傅宅国《城乡结合部社会管理中公众参与动力机制研究——基于洞庭湖地区城乡结合部的实证分析》，《武陵学刊》2013 年第 1 期；伊强《关于强化城乡结合部地区社会管理的思考》，《学理论》2013 年第 7 期；吕君、刘丽梅《城乡结合部社区管理的问题及对策》，《未来与发展》2009 年第 6 期；黄中庭《关于赴重庆、成都考察城乡统筹情况的报告》，《北京农业职业学院学报》2009 年第 3 期；贾凯《新型城镇化背景下城乡结合部社会治理问题研究》，《理论导刊》2014 年第 3 期。

原有乡村经济结构与形态的城市化，就使城乡结合部"城市经济功能日趋增强，而诸如城市农副产品供应地、城市空间增长约束界线等原有的功能，却被忽视而逐渐丧失"①。尤其是2003年以来房地产业的快速发展，让很多城乡结合部呈现了"高楼大厦"与低矮农舍棚户并存的现象。

2. 社会属性交叉性

城乡结合部社会属性的交叉性主要体现在城乡结合部城市农村风貌并存和二元管理体制并存两个方面。虽然城乡结合部部分产业类型、居民职业构成具有鲜明的非农化倾向，但不少城乡结合部依然保留着部分农业用地，并未完全实现城市化。受长期城乡二元体制的影响，城乡结合部规划、治理等职能也在城市与乡村职能交叉中矛盾交织。不少城乡结合部无法界定究竟最终属于城市社区还是农村社区。在城乡分割状态下，农村社区和城市社区两种治理方式并存。长期以来，作为城市区域的规划管理职能明显缺位，造成城乡结合部没有统一规划，治理混乱。在很多城乡结合部，国有土地与集体土地交错分布，城镇人口、农业人口与外来人口混杂居住，现代城市经济与乡村传统业态犬牙交错，再加上政府部门间的权力交叉，大大加剧了城乡结合部治理困境与破解的难度。

3. 社会问题复杂性

经济地理位置决定了城乡结合部区域的土地利用具有过渡性、动态性、多样性、复杂性与价格递增性等特征。② 特殊的经济地理区位注定了城乡结合部的动态性与复杂性，这也是城乡结合部诸多矛盾与问题集聚的重要因素。当前，我国城市化依然处于快速发展期，经济社会发展所处的阶段也使得城乡结合部这一处于特殊区域的社会形态表现出更为显著的复杂性特征。主要体现在：一是人口构成复杂。城乡结合部以低廉的生活成本提供生产和生活空间，吸引了大量不同社会身份、年龄、性别的流动人员在此居住。一些城乡结合部甚至出现了外来人口多、本地

---

① 刘玉、苏晓捷、车巍巍：《中国城乡结合部演化态势与发展趋向》，《国际城市规划》2014年第4期。

② 李世峰、白人朴：《城乡结合部土地利用问题的战略性思考》，《农业现代化研究》2003年第4期。

人口少的"人口倒挂"现象。二是社会矛盾集中。由于经济结构和社会结构的重塑，加之社会治理滞后，导致各种社会矛盾在此积聚发酵。这里面既有不同社会主体间的矛盾，也有同一社会主体间的内部矛盾。三是社会风险大，安全状况堪忧。如土地征迁补偿政策执行不到位可能诱发社会冲突与群体性事件，失地农民融入城市能力低存在社会风险，民间纠纷冲突时有发生，"三股势力"活动加大了城乡结合部的政治风险。此外，城乡结合部还普遍存在大量的诸如住房、饮食、交通、人身安全等各种安全隐患。

4. 文化异质性

在城市化进程中，城乡结合部原有的传统乡村熟人社会逐渐走向瓦解，村民陆续从村落、宗族的集体环境中脱离出来。由于市民化进程缓慢，城乡结合部并未形成"兼容并包，和谐共存"的公民文化。具体表现在：首先，城乡结合部居民文化素质较低，农民心理意识、农民行为方式、小农生活方式根深蒂固，并未实现生活意识和生活方式的城市化；农民乡土观念较强，体现出农村文化与城市文化并存的异质性。其次，城乡结合部许多本地村（居）民的社会资本仍主要基于传统的地缘或血缘关系，很难在与外来流动人口的融合中实现社会资本重构，使得城乡结合部居民交往"内卷化"现象较为严重。同时，外来人口由于无法与本地居民实现融合，很难形成对城乡结合部的认同感和归属感，故参加城乡结合部社会治理活动的意愿不足，使得城乡结合部本地居民与外来人口的文化异质性增大，并在某些时候出现张力，成为城乡结合部潜在的不稳定风险。最后，城乡结合部中诸如图书室、体育健身器材等文体设施较为缺乏，对组建群众文化队伍、开展文化活动的重视程度也不高，呈现出较大的城乡公共文化服务差距。尤其在一些高档商业楼盘和传统村落并存的城乡结合部，住高档楼盘的居民和蜗居在低矮平房、棚户的村民俨然生活在"两个世界"。

综上，城乡结合部是一个城市要素与乡村要素交错结合并存的地带，特殊的城乡二元结构，使得城乡结合部成为我国社会转型、变迁的一个活标本。单纯运用任何一个学科或一种理论，都很难解释城乡结合部复杂的利益关系与社会关系。这就要求我们在对城乡结合部概念、特征梳理的基础上，要更加清楚地认识在这一特殊地理环境下进行社会治理的复杂性与困难性。作为社会治理的重点、难点与焦点区域，如何创新城乡结合部社会治理路径，全面提升社会治理质量，全面推进城乡结合部社会治理转型，应是城乡结合部区域政府密切关注、城乡结合部人民群众长期期盼的重大问题，也是推进我国社会治理体系和治理能力现代化的重点和难点问题。

二 社会治理的概念及特征

社会治理是国家治理的重要内容和基础性工程。从实践意义上讲，"社会治理"在很大程度上是指多元社会主体如何"治理社会"的问题。因此，了解"社会"的含义、"治理"的要求，探讨两者的内在契合点，将有助于更深刻地认识社会治理的实质与特征。

（一）社会治理的概念

《辞海》将"社会"一词定义为：一定的经济基础和上层建筑构成的整体，由于共同利益而互相联系起来的人群。① 可见，"社会"的内容主要包括人与人之间的关系以及人与自然两个方面，由此延伸到社会治理领域，可知社会治理的任务主要在于协调社会关系与自然关系，重点解决民生问题，这是我国改革开放的历史进程与现实要求所决定的。当前，随着我国市场经济不断发展，工业化和城市化进程持续加快，由此引发大量的社会问题，社会稳定受到严峻挑战，社会治理危机日益凸显，这迫切要求我国加快政府职能转变，加强和创新社会治理。

对于"治理"，美国学者罗西瑙认为，"治理就是这样一种规则体系：它依赖主体间重要性的程度不亚于对正式颁布的宪法和宪章的依赖"②。这些规则体系"既包括政府机制，也包含非正式、非政府的机制……各类组织可以借助这些机制满足各自需要，实现各自愿望"③。罗西瑙的意思是，治理是一种在共同目标和大多数人都支持下的系列活动或活动过程。库依曼和范·弗利埃特指出，"治理所要创造的结构和秩序不能由外

---

① 《辞海》，辞书出版社 2009 年版，第 425 页。

② ［美］詹姆斯·罗西瑙：《没有政府的治理》，张胜军、刘小林等译，江西人民出版社 2001 年版，第 5 页。

③ 同上。

部强加；治理作用的发挥要依靠多种进行统治的以及互相发生影响的行为者的互动"①。英国学者格里·斯托克则从治理主体的多元、治理责任的模糊、主体间权力的依赖、治理网络的自主以及治理工具的现代性五个层面对治理内容做了进一步的丰富和拓展。② 全球治理委员会将"治理"一词界定为："治理是各种公共的或私人的个人和机构管理其共同事务的诸多方式的综合，它是使相互冲突的或不同的利益得以调和并且采取联合行动的持续的过程。"③ 我们通过对"治理"概念的梳理与分析，可以总结出"治理"概念应具备两个特点：第一，治理不仅是一整套规则，也不仅是一种活动，更是一个持续互动的活动过程。治理意味着权力运行的上下互动性，它主要通过互动、协商、合作、认同等方式来管理公共事务。第二，治理过程的基础是认同与合作。治理的主客体不仅包括政府部门，也包括非政府组织、社区组织、公民自组织等。这正如美国学者博克斯指出的那样："我使用了治理一词，而没有使用政府或者行政的概念，目的在于说明包含着参与社会公共政策制定和执行的公民、选任代议者和公共服务职业者的全部活动。"④

由此可知，虽然西方对于治理的认识不尽一致，但立足于社会、主张去行政化、取向于多中心社会自我治理却是其共同的倾向或主张。社会治理作为治理理论体系的重要组成部分，西方语境下的内涵"主要意味着政府分权和社会自治"⑤，充分彰显了公民本位，目的在于创造一个以公民为中心的公民社会。

治理理论虽源于西方国家，但西方以公民为中心的制度设计理念与中国特色社会治理理念都基于人民主权理论。我国也是把"以人民为中心"作为治理导向的。因此，"社会治理的精神应运用于包括中国在内的

① 张宝锋：《现代城市社区治理结构研究》，中国社会出版社 2006 年版，第 52 页。

② ［英］格里·斯托克：《作为理论的治理：五个论点》，《国际社会科学》（中文版）1999 年第 2 期。

③ 俞可平：《治理与善治》，社会科学文献出版社 2000 年版，第 12 页。

④ ［美］理查德·博克斯：《公民治理：引领 21 世纪的美国社区》，孙柏瑛译，中国人民大学出版社 2005 年版，第 15 页。

⑤ 王浦劬：《国家、政府治理和社会治理的含义及相关关系》，《国家行政学院学报》2014 年第 3 期。

任何以人民主权为政治权力合法性唯一来源的现代国家所有"①。但在不同的社会环境下，社会治理不仅明显表现出了东西方差异，即使国内学者也没有就治理的内涵达成完全的共识。有学者认为，治理一词介于负责统治的政治与负责具体事务的管理之间；② 也有学者认为，治理是指官方的或民间的公共管理组织在一个既定的范围内运用公共权威维持秩序，并在各种不同的制度关系中运用权力去引导、控制和规范公民的各种活动。③

在我国语境下，社会治理的基本形式应包括社会管理和社会自治。社会管理是一种以政府为主导的多元社会主体对社会公共事务的管理。而社会自治是一种社会自主性管理，是基层民主的重要实现形式，集中体现为人民群众对基层社会公共事务的自我管理。政府主导的社会多元化管理与公民或公民组织主导的社会自主性管理应是相辅相成、不可或缺的。片面强调政府的社会管理而忽视社会自治，就会造成政府权力过度扩张，国家与社会关系就会失衡，公民很有可能在社会国家化的过程中失去自由。反之，片面强调社会自治而忽视社会管理的政府主导性，会带来社会秩序的失控，不利于经济社会的可持续发展。

综上，中国特色语境下的社会治理是指：在党的领导下，由政府主导，充分吸纳社会组织、公民大众等多元参与主体，在对社会公共事务进行协商与合作的基础上，推进社会主体共建共治共享的一系列活动或活动过程。也就是说，中国特色的社会治理就是指，在党的领导与整合下，多元社会治理主体，针对国家治理中的社会公共问题进行多元协商与互动合作的活动或活动过程。社会治理的目的，在于建立一种国家与社会、政府与非政府组织、公共机构与私人机构等多元主体协调互动的治理状态；是在法律制度的规导下，强调各种社会治理主体主动参与的社会活动过程。中国特色社会治理充分彰显了共建共治共享的社会治理逻辑与命运共同体思想。

---

① 史云贵：《公民治理与群众自治——中美两国基层治理理论与实践比较研究》，《人民论坛》2014 年第 5 期。

② 毛寿龙：《西方政府的治道变革》，中国人民大学出版社 1998 年版，第 37 页。

③ 俞可平：《治理与善治》，社会科学文献出版社 2000 年版，第 17 页。

（二）社会治理的特征

《中共中央关于全面深化改革若干重大问题的决定》中指出，我国社会治理创新的关键点在于"四个坚持"，即"坚持系统治理、坚持依法治理、坚持综合治理、坚持源头治理"①。党的十八届五中全会提出"推进社会治理精细化"②。党的十九大提出，在"完善党委领导、政府负责、社会协同、公众参与、法治保障的社会治理体制"基础上，要着力"打造共建共治共享的社会治理格局"。③ 由此可知，当前我国社会治理主要有如下特征。

1. 社会治理的主体多元性

在传统社会，社会主体相对单一，整个社会可以简单地分成统治阶级与被统治阶级两类。在现代社会，"治理"较之"统治"与"管理"，最大的特征就是治理主体的"多元性"。中国特色的社会治理，就是在坚持和完善"五位一体"社会治理体制的基础上，多元社会治理主体合作互动的过程。在多元社会治理主体共建共治共享的社会治理格局中，除了党和政府作为治理主体之外，理所当然也应包含社会组织和人民大众等多方面有序参与的治理主体。因此，中国特色社会治理是在党的领导下，政府主导的多元社会治理主体共建共治共享。中国特色社会治理就是要充分发挥"一元"与"多元"的各自优势，实现"一元"与多元的有机衔接和良性互动。

2. 社会治理关系的复杂性

社会治理关系的复杂性主要体现在三个方面。首先是社会治理主体的复杂性。在传统社会，所谓的治理，实际上就是统治阶级对被统治阶级的单向度治理，对广大人民群众来说，就是"被统治"；即使在依法治理的转型社会，所谓的治理，也主要是指执政集团对人民大众的"管制"。唯有在以公正求统一的现代社会，人民群众才能真正成为国家和社

①　《中共中央关于全面深化改革若干重大问题的决定》，《人民日报》2013 年 11 月 16 日第 2 版。

②　《中国共产党第十八届中央委员会第五次全体会议公报》，人民出版社 2015 年版，第 17 页。

③　习近平：《决胜全面建成小康社会　夺取新时代中国特色社会主义伟大胜利——在中国共产党第十九次全国代表大会上的报告》，人民出版社 2017 年版，第 49 页。

会的主人，社会治理才能最终成为实现人民当家作主的桥梁和手段，社会治理才能真正彰显多元化基础上的公共性。其次，社会治理内容的复杂性。现代社会治理的内容或者对象具有复杂性和不确定性。一方面，在现代社会，社会治理主体和客体是相互的，在某些情况下可以相互转化；另一方面，社会治理内部涉及经济关系、政治关系、社会关系、文化关系、法律关系等。这些关系都是围绕着利益分配与利益平衡而展开的复杂关系。再次，社会治理层次的复杂性。在现代社会，社会治理实际上至少包括政府依法治理、群众依法自治以及政府与社会的合作共治三个层面。也就是说，就整个社会宏观上的治理是依托政府的依法治理；中观层面上，则是地方政府与人民群众的社会合作共治；就基层社会治理而言，社会治理主要表现为人民群众在自己城乡家园以"五个民主"①和"四个自我"为基本内容的基层群众自治活动。然而，就社会治理的整体而言，社会治理的本质还是基于社会多元主体的社会合作共治。

3. 社会治理内容的服务性

在现代社会，社会治理的本质就是服务。中国特色社会治理内容的服务性也是由立党为公、执政为民的服务型执政党的宗旨和性质来决定的。党的十九大明确指出，中国共产党的初心和使命就是要"为人民谋幸福，为民族谋复兴"，要始终"坚持人民主体地位，坚持立党为公、执政为民，践行全心全意为人民服务的根本宗旨，把党的群众路线贯彻到治国理政全部活动之中，把人民对美好生活的向往作为奋斗目标"②。因此，"以人民为中心"的服务性应是中国特色社会治理的根本属性。当前，我国社会治理的内容更多的是涉及人民大众社会生活中具有社会服务性质的内容。因此，中国特色社会治理，就是在党的领导下，在政府的主导下，通过为人民群众提供更好的公共产品和公共服务来不断满足人民对美好生活的需要，并在多元合作共治的过程中充分彰显社会治理的服务性与高质量。

---

① 党的十六大提出了推动基层群众自治的"四个民主"，即"民主选举、民主决策、民主管理、民主监督"，一直为党的十七大、十八大所沿用。党的十九大在此基础上又增加了"民主协商"，是为"五个民主"。

② 习近平：《决胜全面建成小康社会　夺取新时代中国特色社会主义伟大胜利——在中国共产党第十九次全国代表大会上的报告》，人民出版社 2017 年版，第 21 页。

4. 社会治理与自治的统一性

社会治理主要包括社会管理和社会自治两个方面。作为社会管理的社会治理，主要包括党的领导、政府负责、社会协同、公众参与、法治保障的多元共治体制机制，主要强调国家政治权力和政府治理权力自上而下的依法运作。而社会自治意义上的社会治理，则是在党的依法领导、政府依法治理的前提下，公民或公民组织实现自我管理的一系列活动或活动过程，它遵循自下而上的社会运行机理。党的十九大提出，要进一步"加强社会治理制度建设，完善党的领导、政府负责、社会协同、公众参与、法治保障的社会治理体制"[①]。这就意味着中国特色的社会治理，既不能离开社会管理空谈社会自治，也不能借口社会自治，而无视社会管理。中国特色社会治理应是以公共权力主体为核心的政府依法治理和以社会自主为特征的依法自治二者间的有机结合，突出表现为"实现政府治理和社会调节、居民自治良性互动"[②]。

基层社会是社会治理的试验场，也是社会矛盾与冲突的存储地。基层社会治理的好坏直接关系到国家政权的合法性和社会稳定性。城乡结合部作为基层社会治理的重点和难点区域，也自然成为我国社会治理体系和治理能力现代化的重点、难点与焦点。但同时也应看到，城乡结合部的复杂性、多样性、挑战性与创新性，也很有可能让城乡结合部社区成为社会治理的活力源泉和创新所在。而社会治理质量则是在这一背景下对城乡结合部社会治理效能与路径创新的有效回应。

三　社会治理质量的概念及价值

党的十九大报告中"质量强国"战略的提出，为本书核心概念的建构提供了新思维与新视角。社会治理创新的目的应是全面提升社会治理质量，不断满足人民群众对社会治理的新期待，进而不断满足人民对美好生活的需要。这对于社会治理滞后的城乡结合部来说尤为重要。当前

---

① 习近平：《决胜全面建成小康社会　夺取新时代中国特色社会主义伟大胜利——在中国共产党第十九次全国代表大会上的报告》，人民出版社 2017 年版，第 49 页。

② 《〈中共中央关于制定国民经济和社会发展第十三个五年规划的建议〉辅导读本》，人民出版社 2015 年版，第 57 页。

城乡结合部社会治理路径创新在很大程度上就是要在完善"党委领导、政府负责、社会协同、公众参与、法治保障"五位一体社会治理体制的基础上，以全面提升城乡结合部社会治理质量为突破口，与时俱进推进城乡结合部社会治理路径创新。

（一）社会治理质量的概念

社会治理质量概念是基于西方社会质量概念提出的。要建构中国特色社会治理质量概念，必须首先弄清楚西方社会质量概念。西方话语中的"社会质量"一般被定义为"人们能够在多大程度上参与其共同体的社会与经济生活，并且这种生活能够提升其福利和潜能"①。社会福利保障、社会凝聚、社会赋权、社会包容既是社会质量的基本构成要素，也是衡量社会质量的四大维度。西方语境下的社会质量，是以公民社会为背景，以社会质量理论所提倡的"社会性"和"整体品格"为导向，以建构型、规范型、条件型三方面因素为维度，测评一个社会具备的福利保障、社会凝聚、社会包容、社会赋权等满足公民需要的程度。这在很大程度上与我国的社会治理创新要"不断满足人民对美好生活需要"的目标具有一定的相似之处。以公民社会为基础的西方国家，通常以社会质量来衡量社会治理的效能。

不同的历史文化传统、不同的社会治理结构、不同的现实国情告诉我们，衡量中国社会治理效能，尤其是评估特殊的城乡结合部治理效能，必须从我国基本国情出发，从我国城乡结合部客观现实出发，去建构中国特色社会治理质量概念及其评估指标体系。党的十八大以来，我国在治国理政的现实中所形成的"五位一体"社会治理体制、共建共治共享的社会治理共同体和"质量强国"战略是我们建构社会治理质量的基本依据和现实路径。物理学上的"质量"，在现代社会越来越成为衡量"满足人们需求的能力"，如"发展质量""服务质量"等。中国特色社会主义进入新时代，"质量强国"应是全面的强国战略，即要通过追求政治、经济、社会、文化、生态等全方位的高质量发展来实现富强、民主、文明、和谐、美丽的社会主义现代化强国。而一个富强、民主、文明、和

---

① 张海东：《从发展道路到社会质量：社会发展研究的范式转化》，《江海学刊》2010年第3期。

谐、美丽的社会主义现代化强国的实现无疑离不开社会治理的高质量。社会治理质量说到底就是通过社会治理创新实现人民美好生活的能力。转型中国的社会治理质量，无疑是在"五位一体"社会治理体制的基础上，各种社会治理主体共建共治共享的能力。社会治理质量的高低，实际上就取决于基于"五位一体"的共建共治共享社会治理共同体的治理效能。因此，我国城乡结合部社会治理质量的实质也就体现为城乡结合部社会治理共同体共建共治共享的能力。

1. 社会治理质量是社会治理共同体内部良性互动的能力

中国特色社会治理共同体就是在"五位一体"社会治理体制的基础上，多元社会主体合作共治的社会治理共同体。社会合作治理共同体各主体间互动能力的强弱决定了社会治理水平的高低，也决定了社会治理质量的优劣。因此，社会治理质量首先体现为合作治理共同体内部良性互动的能力。就城乡结合部社会治理路径创新而言，提高社会治理质量的第一步，就在于提升城乡结合部社会治理共同体内部合作共治的效能。由于城乡结合部具有城乡二元结构的鲜明特点，"城乡交错""一地两管""一地多主"现象普遍，体制分裂、交叉重叠、多头管理、部门主义、效率低下等弊端，从而增加了治理的成本、削弱了治理的整体效能。因此，加快创新城乡结合部社会治理路径，首先要在打造社会治理共同体的基础上，大力提升合作治理共同体良性互动的能力，以全面提升城乡结合部社会治理质量。

2. 社会治理质量是合作治理共同体共建共治共享的能力

党的十八届五中全会提出，加强和创新社会治理，"构建全民共建共享社会治理格局"①。在此基础上，党的十九大进一步提出"打造共建共治共享的社会治理格局"②。由此可知，一方面，共建共治共享的贡献者与受益者都指向社会治理主体，即合作治理共同体。那么，社会治理质量就不仅是对社会治理主体共建能力的评价，也是对共治共享结果的测

① 《中共中央关于制定国民经济和社会发展第十三个五年规划的建议》，《人民日报》2015年11月4日第1版。

② 习近平：《决胜全面建成小康社会　夺取新时代中国特色社会主义伟大胜利——在中国共产党第十九次全国代表大会上的报告》，人民出版社2017年版，第49页。

量。社会治理质量具体表现为合作治理共同体在规导社会行为、协调社会关系、平衡利益冲突、化解社会矛盾、秉持公平正义、确定社会认同、促进社会和谐等活动中体现的能力。另一方面，共建共治是社会治理质量提升的路径，共享是提升社会治理质量的目的。共建共治要求社会治理主体必须践行合作共治原则，提高协同互动能力；共享要求发挥合作治理共同体的整体合力，满足公众需求，促进社会公平正义。就城乡结合部社会治理而言，社会治理路径创新的核心要素是充分体现以人民为中心的工作导向，寓社会治理于社会服务之中。城乡结合部合作治理共同体协同互动能力水平的高低，集中体现为社会治理主体服务的效能。因此，必须切实贯彻"以人民为中心"的治理导向，以服务理念来引导社会治理，以服务方式创新来推动社会治理，将社会治理渗透到服务中，通过创新服务来实现城乡结合部社会治理路径创新。

3. 社会治理质量彰显着城乡结合部精细化治理的能力

党的十八届五中全会提出实现"共享发展"，就要"加强和创新社会治理，推进社会治理精细化"①，实施"精细化治理"。解决社会问题是推进社会治理精细化的主要目标，坚持问题导向是推进社会治理精细化的基本方法。城乡结合部社会利益诉求多元，各类社会问题错综复杂、层出不穷，社会治理面临严峻考验。一些地方的城乡结合部不同程度地存在重管控轻治理、重政府轻社会、重大概轻细节等问题。解决这些问题，就需要不断提高社会治理精细化水平，既要加强顶层设计又要注重基层实践，构建全民共建共享的社会治理格局。

要通过加强顶层设计着重解决城乡结合部社会治理领域条块分割、资源短缺、响应迟滞、社会主体活力不足等问题，为社会治理精细化提供必要前提。应不断完善城乡结合部治理体制机制，重点加强区域之间、政府部门之间、政府与社会之间的跨界治理机制建设，逐步构建从横向到纵向、从起点到终点可量化执行的工作准则和制度规范，将城乡结合部社会治理做小、做细、做精，以科学严密的制度体系为城乡结合部社会治理精细化提供制度保障。

---

① 《中国共产党第十八届中央委员会第五次全体会议公报》，人民出版社2015年版，第17页。

应将社区及社会组织作为推进城乡结合部社会治理精细化的重要抓手，进一步完善社区网格化服务管理模式，加强和规范基层政务平台建设，构建分级分类解决城乡结合部社会矛盾纠纷的长效机制，在提供公共服务、解决民生问题、优化发展环境等方面取得实效，切实解决群众最关心、最直接、最现实的利益问题。还应从政策优惠、经费支持、培训教育等方面入手，进一步改善城乡结合部社会组织的发展环境，不断激发社会组织参与城乡结合部社会治理的积极性、主动性、创造性，努力拓宽公众参与城乡结合部社会治理的渠道，推动形成政府管理好、市场运作良、社会功能活的共治局面。

推进城乡结合部社会治理精细化，关键是要转变粗放式、经验式的管理思维，充分考虑城乡结合部和不同社会群体的特点，根据实际采取个性化、精细化的社会治理措施。习近平总书记说过，城市管理应该像绣花一样精细。越是超大城市，管理越要精细，越要在精治、共治、法治上下功夫。在这"三治"中，精治是目标，要将精细化管理的要求贯穿城市工作全链条，即把精细化要求贯穿城市规划、建设、管理、执法等城市工作各个环节，覆盖城市空间的各个区域，体现在时时刻刻，涵盖游客、就业人口等各类人群。[①] 应树立大数据思维、互联网思维，依托互联网、物联网、大数据等信息技术，搭建多元社会治理和公共服务平台，提供精准扶贫、精准交通、精准医疗、精准教育、精准养老等精准社会服务。各级政府应在深化信息公开的基础上，加强数据信息系统建设，构建线上与线下深度融合的治理体系。应以改善民生为导向，针对治理的不同环节建立科学的治理质量评价机制，委托第三方对治理主体的治理能力、服务效果等进行综合测评，将群众满意度作为主要评价标准，切实发挥绩效评估的纠偏功能，促进社会治理在高效化、实效化中实现精细化，不断提升人民群众的幸福感和满意度。[②]

4. 社会治理质量外显为合作治理共同体共建共治共享能力的评估指

---

① 北京市习近平新时代中国特色社会主义思想研究中心：《城市治理如何科学化、精细化、智能化》，《经济日报》2018 年 11 月 22 日第 13 版。

② 梁海燕：《治道：努力提高社会治理精细化水平》，《人民日报》2017 年 10 月 11 日第7 版。

标体系

社会治理质量是对合作治理共同体良性互动能力和共建共治共享能力的抽象提炼与外在反映。那么，到底该用什么方法、从哪些维度、通过哪些指标来评价其共建共治能力强弱和共享结果好坏？这就需要确立一套社会治理质量评估指标体系，这也是正确客观认识城乡结合部社会治理质量状况的前提。只有通过从"质量"这样一个新视角，借助一系列科学指标，人们才能判断城乡结合部合作治理共同体协同互动的水平，并在评估中肯定成绩、发现问题。通过构建和运行社会治理质量评价指标体系，才能发现当前城乡结合部社会治理的现实状态与理想状态的差距，从而在各种错综复杂的城乡结合部社会关系中，寻找出治理的"短板"，抓住主要矛盾，明确城乡结合部治理创新的方向与路径，加快城乡结合部社会治理创新，不断满足城乡结合部人民对美好生活的追求。

综上，我们将社会治理质量定义为：在党委领导下，以法治为平台，由政府主导，吸纳社会组织、公众等多元主体所形成的合作治理共同体在社会治理过程中所体现的良性互动、共建共治共享的能力。就我国城乡结合部社会治理而言，社会治理质量及其评价指标体系可为城乡结合部社会稳定、民生改善、社会服务、体制机制创新提供测评手段和精细化治理路径。从社会治理质量概念出发，构建和完善社会治理质量评估指标体系有助于精确识别城乡结合部社会治理的障碍与问题，明确路径创新的实施方案、关键环节与运行步骤，有针对性地及时调整城乡结合部的制度设计与政策供给，以对城乡结合部问题予以科学回应。同时，构建和运行社会治理质量评估指标体系有助于纠正以往城乡结合部社会治理中"重管理轻服务""重管制轻自治""重稳定轻创新"的偏差，实现政府与社会、管理与服务、治理与自治、效率与公平、维稳与维权间的有机衔接与动态平衡。

（二）社会治理质量的价值

社会治理质量既是能力，也是价值。遵循党的十八大和十八届三中、四中、五中全会精神，尤其是党的十九大关于社会治理创新和"质量强国"等有关精神，我们认为社会治理质量对研究我国城乡结合部社会治理有着如下价值。

1. 城乡结合部社会治理质量体现了合作治理共同体合作共治的能力水平

卢梭认为："人类既不能产生新的力量，而只能是结合并运用已有的力量……唯一的动力就是把他们发动起来，并使他们共同协作。"[①] 现代社会治理是基于多元社会主体参与基础上的治理。因而，现代社会治理质量在很大程度上取决于多元社会主体合作共治的能力和水平。党的十九大提出，要"加强社会治理制度建设，完善党委领导、政府负责、社会协同、公众参与、法治保障的社会治理体系"[②]。这就为我国通过打造"五位一体"的社会合作治理体制进一步提升社会治理质量指明了正确的道路。而"中国特色社会主义最本质的特征是中国共产党领导"，必须"坚持党对一切工作的领导"。[③] 在党的领导下形成的政府负责、社会协同、公众参与、法治保障的社会治理格局和城乡结合部合作治理共同体，既是社会治理质量进行评价的对象，也是提高社会治理质量的实践载体，更是城乡结合部社会治理路径创新的主体。

2. 社会治理质量彰显了城乡结合部社会管理与社会自治的有机统一

一方面，提升城乡结合部社会治理质量既要紧紧围绕党和政府的重大政策和战略部署，以党的十八大、十九大精神为指导，深入贯彻新发展理念，让创新发展、绿色发展、高质量发展、社会协同、简政放权、职能转变、法治透明、共建共享、公共服务等内容在社会治理质量中能充分体现。另一方面，社会治理质量也应反映基层群众的自治水平，充分体现基层群众参与自治的意愿、能力与有效性。基层群众自治质量应成为中国特色社会治理质量的重要内容。同时，更应注重多元社会治理主体间的有机衔接和良性互动，体现出社会治理质量的整体性。社会治理质量突出表现为"政府治理和社会调节、居民自治良性互动"[④] 的能力上，落实到共建共治共享能力上。

---

① ［法］让·雅克·卢梭：《社会契约论》，何兆武译，商务印书馆2003年版，第18页。

② 习近平：《决胜全面建成小康社会　夺取新时代中国特色社会主义伟大胜利——在中国共产党第十九次全国代表大会上的报告》，人民出版社2017年版，第49页。

③ 同上书，第20页。

④ 《〈中共中央关于制定国民经济和社会发展第十三个五年规划的建议〉辅导读本》，人民出版社2015年版，第57页。

3. 社会治理质量评估体现了评估体系的综合性，彰显了评估的操作性与便捷性

由于城乡结合部社会现状的复杂程度远超过了一般的城市和农村地区，因此城乡结合部社会治理质量指标既要具有高度的综合性，又要充分彰显精确性。这就要求在城乡结合部社会治理质量指标体系的设计过程中，既要有结果指标，也要有投入指标和过程指标；既要有客观指标，也要有主观指标，从而客观地反映出城乡结合部社会治理的实际状况和真实水平；进一步反映合作治理共同体践行社会公平正义理念的状况，体现促进社会融合、社会赋权、社会公正、社会进步的理念；反映城乡结合部社会治理主体为消除社会排斥、社会歧视、社会贫困、社会冷漠、社会矛盾等而做出的种种努力。

课题组在参考西方社会质量理论的基础上，结合我国城乡结合部社会治理的现状与主要内容，将城乡结合部社会治理质量评估指标体系构建的原则划分为一般原则和特殊原则两个部分。其中，一般原则分为科学性原则、可行性原则、系统性原则、可比性原则，特殊原则分为以人为本原则、公平正义原则、法治原则、合作共治原则、共享原则。从"公众""过程""结果""能力"四个维度出发，构建了包含公众安全感、公众信任感、公众公平感、公众认同感、公众幸福感、党政部门能力、社会组织能力、自治组织能力、公众个人能力、政府治理过程、社会协调过程、公众参与过程、法治保障过程、社会稳定、社会和谐、社会福利、社会发展、社会公正等多个指标。指标体系涵盖了城乡结合部经济、政治、文化、社会、生态建设各个方面，兼顾了客观、主观的有机统一，以达到科学、全面评价城乡结合部社会治理质量的目的。

四　路径创新的概念

创新是一个国家和民族生命力不竭的动力源泉。"实践没有止境，理论创新也没有止境……我们必须在理论上跟上新时代，不断认识规律，不断推进理论创新、实践创新、制度创新、文化创新以及其他各方面的

创新。"① 改革开放以来，加强和创新社会治理一直是党和国家的重要使命。根据《辞海》一书中的定义，"路径"一词主要有以下解释：道路、到达目的地的路线，以及比喻办事的门路、办法和人的行径。而创新则是指将新的技术、方法、原理引入实践过程中，改变其原有的组合结构、优化其资源配置、提高其效率，并在这个过程中实现人的全面发展的活动。据此，城乡结合部社会治理路径创新，即体现在深化对城乡结合部概念内涵、功能作用、演变趋势等认识的同时，更加注重运用理论解决城乡结合部的实际问题。应在通过具体现象归纳问题、通过理论解释问题成因的基础上，更加重视收集城乡结合部实地数据，为路径创新提供更加客观的依据与支撑。

具体来说，城乡结合部社会治理路径创新，是对传统以"维稳"作为城乡结合部社会治理思路的反思与突破，通过城乡结合部社会治理思路创新带动社会治理路径创新。城乡结合部社会治理路径创新，就是以公园城市为顶层设计理念，以打造党委领导、政府负责、社会协同、公民参与、法治保障"五位一体"的合作治理共同体为关键点，以全面提升城乡结合部社会治理质量为突破口，以努力探索打造城乡结合部利益共同体、治理共同体、命运共同体的精细化治理路径为着力点，全面推进城乡结合部社会治理体系和治理能力现代化。

第二节　相关理论基础

上一节阐释了城乡结合部社会治理创新的相关概念。本节重在从社会治理、社会质量、社会治理质量出发，在文献梳理的基础上逐步形成社会治理创新理论、社会质量理论与合作治理理论三大理论基础。下面将具体阐述社会治理创新、社会质量理论、合作治理理论三大理论的主要观点及其对城乡结合部社会治理路径创新的意义。

---

① 习近平：《决胜全面建成小康社会　夺取新时代中国特色社会主义伟大胜利——在中国共产党第十九次全国代表大会上的报告》，人民出版社 2017 年版，第 26 页。

一　社会治理创新理论

纵观人类社会治理的历史，先后经历了统治型社会、管理型社会和服务型社会三种社会形态，并相应先后历经了统治型、管理型和服务型三种社会治理模式。无论是从现代西方社会治理理论的发展历程，还是从西方政府改革的过程来看，从本质上可以说，都是社会治理创新的过程。中国法治政府、服务型政府建设历程和中国特色社会治理体系建构过程，同样也是社会治理创新的过程。人类社会发展的历史，也是人类不断进行社会治理创新实践，并在总结社会治理实践的基础上不断创新社会治理理论的历史。党的十八届三中全会提出"创新社会治理，必须着眼于维护最广大人民群众的根本利益，最大限度增加和谐因素，增强社会发展活力，提高社会治理水平"①。在当代中国，创新社会治理，必须切实"加强社会治理制度建设，完善党委领导、政府负责、社会协同、公众参与、法治保障的社会治理体制，提高社会治理社会化、法治化、智能化、专业化水平"②，着力推进政府治理和社会调节、居民自治良性互动，全力打造全民共建共治共享的社会治理格局。

（一）主要观点

基于古今中外的社会治理历史与现实，尤其是基于中国特色社会主义社会治理的理论与实践，我们认为，中国特色社会治理创新理论主要包括如下内容。

1. 人类社会的历史，也是一部社会治理创新的历史

古希腊亚里士多德早在一千多年前就曾说过，"人天生就是一个政治动物"③。政治学的宗旨是为了探讨采用什么样的优良政体，可以让人们过上优良的政治生活。而探讨优良政体进行政治设计与制度设计的过程，实际上也是社会治理路径创新的过程。从君主专制到民主共和，从官治走向民治，揭示了人们为追求更优良的生活而进行治理的制度轨迹。人

---

① 《中共中央关于全面深化改革若干重大问题的决定》，《人民日报》2013 年 11 月 16 日第 2 版。

② 习近平：《决胜全面建成小康社会　夺取新时代中国特色社会主义伟大胜利——在中国共产党第十九次全国代表大会上的报告》，人民出版社 2017 年版，第 49 页。

③ ［古希腊］亚里士多德：《政治学》，吴寿彭译，商务印书馆 1965 年版，第 7 页。

类社会的历史很大程度上可以浓缩为一部政治家治理社会的宏观历史叙事。按照张康之的观点，人类社会先后经历了农业社会、工业社会和后工业社会，这三种社会类型分别对应了统治型治理模式、管理型治理模式和服务型治理模式。[①] 张康之的观点正揭示了人类社会的历史在很大程度上来说就是一部社会治理创新的历史。

2. 社会治理创新应从利益需求出发，通过利益平衡实现社会和谐

现代社会在很大程度上来说是一个利益社会。《中国大百科全书》哲学卷对利益的解释是"人们通过社会关系表现出来的不同需要"。王伟光等认为，"利益是需要主体以一定的社会关系为中介，以社会实践为手段，使需要主体与需要对象之间矛盾状态得到克服，即需要的满足"[②]。王浦劬认为，利益就是在"一定生产基础上获得了社会内容和特征的需要"[③]。郑杭生认为，利益"是处在生产力和人类需要一定发展阶段上人们生存和社会生活的客观条件。需要是利益自然的基础，而社会资源则是利益的载体和具体内容"[④]。可见，利益本质上是人们在社会关系基础上形成的各种需要。人们做什么或不做什么，在很大程度上取决于他们需求的动机。现代执政党和政府很大程度上要通过相对公正地分配利益和平衡利益才能实现长期执政的目的。"人民对美好生活的向往就是党的奋斗目标"。作为以全心全意为人民服务为宗旨的中国共产党，党执政的目的也是为了不断满足人民对美好生活的需要。因此，中国特色社会治理创新，必须着眼于维护最广大人民群众的根本利益，把人民对美好生活的向往作为奋斗目标，在高质量发展的同时，不断完善利益分配与平衡机制，不断破解实现人民对美好生活需要的各种制约因素。

3. 社会治理创新，必须坚持和完善"五位一体"的社会治理体制

"体制"一般是指"国家机关、各企事业单位的机构设置、隶属关系

---

① 张康之：《在后工业化背景下思考服务型政府》，《四川大学学报》2009 年第 1 期。

② 王伟光、郭宝平：《社会利益论》，人民出版社 1988 年版，第 68 页。

③ 王浦劬：《政治学基础》，北京大学出版社 1995 年版，第 53 页。

④ 郑杭生：《转型中的中国社会和中国社会的转型》，首都师范大学出版社 1996 年版，第 111 页。

和权限划分等方面的体系和制度的总称"①，主要指的是国家机关、企业、事业单位等的组织制度。社会体制是社会治理的基本架构与制度体系。它既是社会治理创新的重要内容，也是社会治理创新的基本载体与主要依据。党的十八大在十七大提出的"四位一体"管理体系的基础上，增加了"法治保障"，从而形成了"党的领导、政府负责、社会协同、公民参与、法治保障"五位一体的社会管理体制。党的十八届三中全会后，我国实现了由"管理"到"治理"的革命。这样，"五位一体"的社会管理体制也与时俱进地成了"五位一体"的社会治理体制，并在党的十八届五中全会上得到进一步确认。党的十九大提出"完善党委领导、政府负责、社会协同、公众参与、法治保障的社会治理体制"，着力"打造共建共治共享的社会治理格局"②。从"管理体制到治理体制"，从"四位一体"到"五位一体"，我国构建和完善中国特色社会治理体制的过程，本身也是社会治理创新的一个缩影。

4. 社会治理创新必须按照合作共治的要求，打造共建共治共享的社会治理共同体

维护公平正义是中国共产党执政的使命和追求。在以公正求和谐的当代中国，完全的官治不仅不合时宜，也为人民群众所不允许；完全的群众自治最终也会因失序而走向无政府状态。实践证明，在转型中国，合作共治是实现人民当家作主的桥梁和纽带。这种合作共治，在新时代的中国，集中表现为"共建共治共享"的社会治理共同体打造。"共享发展成果"是人民的权利，"共建共治社会公共事务"既是公民的权利，也是公民应尽的义务。党群干群合作基础上的共建共治共享型的社会治理共同体，是当前我国社会治理创新的重要内容，也是社会治理创新的重要目标。城乡结合部复杂的情势与破碎化的治理，迫切需要打造共建共治共享的社会治理共同体，形成治理合力，提升合作共治的能力与水平，进而全面提升城乡结合部社会治理质量，不断满足城乡结合部人民群众

---

① 迟福林、张占斌主编：《邓小平著作学习大辞典》，山西经济出版社 1992 年版，第 1053—1054 页。

② 习近平：《决胜全面建成小康社会　夺取新时代中国特色社会主义伟大胜利——在中国共产党第十九次全国代表大会上的报告》，人民出版社 2017 年版，第 49 页。

对美好生活的需要。为此，要进一步提升城乡结合部基层党组织的组织力，积极"引领和推动社会力量参与社会治理，努力形成社会治理人人参与、人人尽责的良好局面"①。

5. 社会治理创新必须走精细化治理的道路

长期以来，我国基层社会治理，尤其是城乡结合部社会治理多属于粗放型的社会治理。党的十八届五中全会提出了"推进社会治理精细化"，要求实施精细化治理。基层社会，尤其是具有复杂情势的城乡结合部，创新社会治理不仅要有形式，更要有"质量"的要求。党的十九大提出了"质量强国"口号，这就要求我们需要通过高质量发展来不断满足人民日益增长的美好生活需要。为此，城乡结合部社会治理创新要求我们必须秉承"质量"意识，走精细化治理之路。"社会治理精细化就是要以科学、理性、精准为基本特征，主要是指在绩效目标引导下，通过科学设置机构部门、优化管理流程，推动社会治理思维和方式转变，实现社会治理的标准化、具体化、人性化。"② 而精细化治理的目标就是要提升社会治理质量。本书通过建构社会治理质量概念，构建社会治理质量评估指标体系，对城乡结合部进行社会治理质量评估，以评估查摆问题、寻求症结、寻找差距、对症下药，就是一种以"量"求"质"的精细化治理创新之路。

6. 社会治理创新必须坚持政府治理与社会自治有机结合，实现政府治理、社会调节与居民自治有机衔接和良性互动

在社会主义中国，人民是国家和社会的主人。党的十九大指出："增进民生福祉是发展的根本目的。"③ 在当代中国，人民群众的最大福祉是真正成为国家和社会治理的主人。为此，社会治理创新的根本目的，就是要让人民群众切实通过"自我管理、自我服务、自我教育、自我监督"的基层社会自治活动，在自己的家园里真正实现当家作主。因此，社会

---

① 潘盛洲：《打造共建治共享的社会治理格局》，载《党的十九大报告辅导读本》，人民出版社 2017 年版，第 365 页。

② 梁海燕：《治理之道：努力提高社会治理精细化水平》，《人民日报》2017 年 10 月 11 日第 7 版。

③ 习近平：《决胜全面建成小康社会　夺取新时代中国特色社会主义伟大胜利——在中国共产党第十九次全国代表大会上的报告》，人民出版社 2017 年版，第 23 页。

治理创新既是为了人民，更要依靠人民，这是社会治理创新的基本要求和方向。就广大城乡基层社会而言，社会治理创新就是要不断创造条件通过落实"五个民主"和"四个自我"让人民群众实现自治。在条件不成熟时，党委政府要以合作治理作为桥梁纽带去积极推进城乡基层社会走向中国特色的"公民治理"①。今天的中国社会，早已告别了完全的官治，但也无法在短期内完全实现人民当家作主的自治，从官治到民治，必须要在相当长的时期内走一条基于政府治理与社会自治有机结合的"共治"道路。

（二）社会治理创新理论对城乡结合部社会治理创新的启示

社会治理总是在一定的理论指导下展开的。推动我国社会治理理论创新发展，必须坚持以习近平新时代中国特色社会主义思想为指导，紧紧围绕打造共建共治共享的社会治理格局来进行，紧紧围绕完善党委领导、政府负责、社会协同、公众参与、法治保障的社会治理体制来进行，紧紧围绕提高社会治理社会化、法治化、智能化、专业化水平来进行，为加强和创新社会治理提供理论支撑。② 中国特色社会治理创新理论对我国城乡结合部社会治理路径创新有如下启示。

1. 创新是城乡结合部社会治理的动力与破解之道

创新是一个国家和民族生命力不竭之源泉。我们在前进道路上所遇到的问题和困难必须通过创新来解决。"必须把发展的基点放在创新上"，"让创新贯穿党和国家的一切工作，让创新在全社会蔚然成风"。③ 城乡结合部利益冲突尖锐、矛盾复杂，管理混乱，社会治理形势严峻，这些问题与障碍最终都要从路径创新中去解决。也就是说，创新是我们破解城乡结合部社会治理困境、解决城乡结合部痼疾的必由之路。创新城乡结合部社会治理，就是要从思维创新出发，以思维创新突破城乡结合部既有的治理桎梏，推动城乡结合部体制机制创新，进而全面推进城乡结合

---

① 史云贵：《基层社会合作治理：完善中国特色公民治理的可行性路径探析》，《社会科学研究》2010 年第 3 期。

② 胡映兰、邹会聪：《新知新觉：加强和创新社会治理》，《人民日报》2018 年 8 月 28 日第 7 版。

③ 《中国共产党第十八届中央委员会第五次全体会议公报》，人民出版社 2015 年版，第 7 页。

部社会治理路径创新。

2. 社会和谐是城乡结合部社会治理创新的重要目标

社会和谐是中国特色社会主义的本质属性，是国家富强、民族振兴、人民幸福的重要保障。[①]当前，我国正处于从传统国家向现代国家转型期，而"现代性产生稳定，而现代化却会引起不稳定"[②]。过去我国在进行城乡结合部社会治理时，没有做到以人为本，在盲目追求经济利益、"效率至上"的导向下，城乡结合部社会风险不断增加；社会矛盾不断累积，导致城乡结合部成为社会问题最多、矛盾冲突最大的高风险地域。为此，城乡结合部和谐是构建社会主义和谐社会的重点和难点。城乡结合部和谐是社会主义和谐社会的晴雨表。如何最大程度地增加城乡结合部社会和谐因素、最大程度地减少社会不稳定因素就是城乡结合部社会治理创新所必须解决的问题。因此，和谐自然成为城乡结合部社会治理创新的目标导向。

3. 构建共建共治共享的合作治理共同体是城乡结合部社会治理创新的必然路径

共同体是人们共同意识、共同利益、共同诉求的产物。"从集合概念意义上理解，共同体其实就是用来指称某类人或某类物的集体单位，既可指称人的共同体，也可指称物的共同体，简而言之，它是一个表示事物集体单位的词汇。"[③]国家本质上是人类的政治共同体。现代社会是一个合作的社会，也必然是一个结成不同形式共同体的社会。城乡结合部的复杂性迫切需要多元社会主体结成治理的共同体，并通过治理共同体推进城乡结合部利益共同体和命运共同体建设。一方面，"打造共建共治共享的社会治理格局"要求城乡结合部社会治理创新必须建立由党委领导、政府负责、社会协同、公众参与、法治保障的合作治理共同体，走共建共治共享的道路。另一方面，社会治理创新既要为了人民又要依靠人民，走党领导下人民当家作主的道路。这也决定了城乡结合部社会治

---

① 《中共中央关于构建社会主义和谐社会若干重大问题的决定》，人民出版社 2006 年版，第 1 页。

② ［美］塞缪尔·亨廷顿：《变革社会中的政治秩序》，李盛平译，华夏出版社 1988 年版，第 41 页。

③ 周安平：《人类命运共同体的概念及其法治意义》，《法学评论》2018 年第 4 期。

理创新必然要建立合作治理共同体。共建共治是城乡结合部社会治理创新的路径，共享则是城乡结合部社会治理创新的结果。因此，必须把创建"五位一体"的合作治理共同体作为城乡结合部社会治理创新的主要任务。在城乡结合部制度建设和治理实践中，要切实完善以诉求表达机制、利益协调机制、矛盾调处机制、权益保障机制为基础的制度体系，全面推进城乡结合部社会治理主体共建共治共享的能力。

4. 全面提升社会治理质量是城乡结合部社会治理路径创新的结果表现

长期以来，我国城乡结合部社会治理一直没有走出"维稳"的怪圈。"稳定压倒一切"的"官治"思维，让城乡结合部积重难返，导致城乡结合部成为社会冲突与群体性事件频发的重灾区。新时代是一个追求高质量发展的时代。城乡结合部更迫切需要追求治理的高质量，并通过社会治理质量全面推进城乡结合部可持续发展。城乡结合部社会治理质量是城乡结合部社会治理理念和实践创新的产物。首先，从社会治理质量出发，我们构建了整体反映城乡结合部社会和谐度的社会治理质量指标体系，明晰了社会治理质量包括哪些内容、用哪些指标进行衡量。其次，社会治理质量是对城乡结合部合作治理共同体共建共治共享能力的评价，特别是通过共治能力评价促进城乡结合部社会治理共同体内部结构优化与衔接互动。最后，通过以物联网、互联网、博客、微博、手机短信、微信为代表的网络信息技术，建立健全城乡结合部社会治理质量评估指标信息发布平台、群体性事件、风险灾害预警网络平台，从而变"硬约束为软引导，强制服从为服务感化，堵截民情为疏解民心，应急管理为预防治理，事后干预为事前预防"①，实现城乡结合部社会治理创新技术、管理、制度的三端联动，进一步加快城乡结合社会治理路径创新。

5. 构建和完善社会治理质量评估指标体系，科学评估城乡结合部社会治理质量，是城乡结合部精细化治理的创新之路

党的十九大提出，加强和创新社会治理必须不断"提高社会治理社

---

① 范逢春：《创新社会治理要实现"五个转变"》，《光明日报》2014 年 7 月 20 日第 7 版。

会化、法治化、智能化、专业化水平"①。为此，必须切实推进"社会精细化治理"。中国特色社会主义进入新时代，构建全民共建共治共享的社会治理格局，全面提升城乡结合部社会治理质量，必须走"精细化治理"的创新之路。精细化治理源于泰勒的科学管理，它是社会分工的精细化和服务质量的精细化对现代管理的必然要求，是一种以最大程度地减少管理所占用的资源和降低管理成本为主要目标的管理方式。精细管理的本质在于它是一种对战略和目标进行分解、细化和落实的过程，是让战略规划能有效贯彻到每个环节并发挥作用的过程。城乡结合部社会问题错综复杂，解决起来难度很大，非常考验治理者的耐心和智慧。为此，城乡结合部社会治理需要像绣花一样用心，在精细化上下足功夫。城乡结合部社会治理主体要像"绣工"一样能及时准确地找到"下针"的"网点"，从而提高治理的精准性和有效性。② 城乡结合部"精细化治理"在很大程度上就是要通过对城乡结合部治理效能进行量化评估，通过量化评估发现问题，找到症结之所在。本书在建构"社会治理质量"概念的基础上，构建、完善和运行城乡结合部社会治理质量评估指标体系，实现以评促建、评建互动，就是创新城乡结合部社会精细化治理的重要表现。

二　社会质量理论

社会质量理论虽然起源于欧洲，但它要回应并解决的是社会政策与经济政策失衡带来的社会问题，其实质是在探讨基于民生的具有深层次、根本性的问题。而这些问题同样也是社会治理中必须认真思考和科学回应的。我国城乡结合部地区长期以来盛行的经济发展的"GDP驱动"模式与社会管理的"维稳"模式，不仅一直难以从根本上解决城乡结合部的经济发展与社会治理的困境，反而进一步加剧了城乡结合部的利益冲突与社会矛盾，让不少城乡结合部成为经济发展的"导火线"与"火药桶"。中国特色社会主义进入新时代，"我国经济已由高速增长阶段转向

---

① 习近平：《决胜全面建成小康社会　夺取新时代中国特色社会主义伟大胜利——在中国共产党第十九次全国代表大会上的报告》，人民出版社 2017 年版，第 49 页。

② 阙天舒：《提升城市基层治理精细化水平》，《人民日报》2017 年 5 月 19 日第 7 版。

高质量发展阶段"①。由此，我国城乡结合部经济社会发展也必须建立在社会质量的基础上，才能得到城乡结合部人民群众的真心拥护。只有全面提升城乡结合部社会治理质量，不断满足人民群众对美好生活的新期待，城乡结合部经济发展与社会治理路径创新才有理论和现实意义。因此，西方社会质量理论对我国城乡结合部社会治理路径创新有着重要的参考价值与借鉴意义。

（一）社会质量理论的主要内容

对社会质量理论的理解可重点从社会质量的概念和构成要素、测评维度和测评指标体系等方面去把握。

1. 社会质量概念及其构成要素

社会质量是指"人们能够在多大程度上参与其共同体的社会与经济生活，并且这种生活能够提升其福利和潜能"②。社会质量理论假定社会性是一个真正的实体，它是在作为社会存在的个人的自我实现与各种集体认同形成之间的相互依赖中实现的。③ 在个体与社会的互动过程中，社会质量涉及三个方面的因素，即建构性因素、规范性因素和条件性因素。其中，条件性因素是欧洲社会质量的核心，包括社会福利保障、社会包容、社会凝聚和社会赋权四个方面的内容。④ 后来，社会质量概念的社会经济保障、社会包容、社会凝聚、社会赋权四个基本构成要素，逐渐成为测评社会治理效能的四个基本维度。

2. 社会质量测评维度与测评指标体系

社会经济保障、社会包容、社会凝聚、社会赋权，既是一般意义上讲的社会质量的四个基本构成要素，也是衡量社会质量高低的四个基本维度。社会经济保障包括经济资源、住房条件、居住环境、身心健康、就业情况、教育质量等内容。社会包容包含拥有公民身份的人口比例、

①　习近平：《决胜全面建成小康社会　夺取新时代中国特色社会主义伟大胜利——在中国共产党第十九次全国代表大会上的报告》，人民出版社 2017 年版，第 30 页。

②　"Amsterdam Declaration on the Social Quality of Europe" ［EB/OL］，http：//www. socialquality. org/site/index. html.

③　［荷兰］沃尔夫冈·贝克、劳伦·范德蒙森、艾伦·沃克：《社会质量的理论化：概念的有效性》，张莉等译，载张海东主编《社会质量研究：理论、方法与经验》，社会科学文献出版社 2011 年版，第 1—40 页。

④　杨泉明、张洪松：《社会质量理论本土化命题探析》，《四川大学学报》2015 年第 3 期。

女性收入占男性收入的比重、长期失业率、社会住房资源可及性等内容。社会凝聚包括政府公信力、献血率、志愿服务时数、民族自豪感等内容。社会赋权的核心是人的发展，包括知识应用、体制开放性、社会空间、人际关系等方面的内容。以社会经济保障、社会包容、社会凝聚、社会赋权为四个基本测评维度，建立测评体系的一级指标，并在此基础上对各一级指标下的二级、三级指标进行完善，最终形成了包括18个领域45个亚领域和95个指标的社会质量评估指标体系，力图从政治、经济、文化、社会等多个方面反映社会发展状况，以保障指标体系的整体性和科学性。[①]

（二）社会质量理论对我国城乡结合部社会治理路径创新的启示

在新时代党和国家高度重视"质量强国"与"高质量发展"的背景下，西方社会质量概念及其测评维度对我国城乡结合部社会治理路径创新有着重要的思维启迪与路径创新意义。

1. 社会经济保障是实现城乡结合部社会治理创新的基础

对城乡结合部居民而言，土地是他们的天然保障，住房和宅基地是他们的最后保障。创新城乡结合部社会治理路径，必须从完善城乡结合部居民社会保障体系，解决他们的后顾之忧入手。如果城乡结合部居民不能在住房、就业、医疗、养老等方面得到基本保障，无法过着有尊严的生活，他们就不会支持，甚至会对抗政府主导的城乡结合部治理，很难实现社会融入，更谈不上有效的社会参与。从社会质量理论来说，充分的社会经济保障是个体成员社会参与的起点，是社会具有活力的前提。社会治理的根本内涵是激发社会活力和内生动力，实现社会的自我组织、自我管理、自我发展。而这一切都需要作为个体的社会公民的参与。只有具备与社会发展水平相适应的社会经济保障体系，社会成员才能享有生存和发展所必需的物质资源，才有可能进而参与社会治理。当前我国城乡结合部社会矛盾大多是由于基本利益诉求得不到满足而产生的，影响了社会和谐稳定。党的十九大明确指出，"增进民生福祉是发展的根本目的。必须多谋民生之利、多解民生之忧，在发展中补齐民生的短板，

---

① 赵怀娟：《社会质量的多维度解读及政策启示》，《江淮论坛》2011年第1期。

促进社会公平正义"①。为此，要实现城乡结合部社会治理创新，就必须切实完善城乡结合部地区教育、就业、医疗、养老、住房等有关民生的基本社会保障体系，有效化解政府与居民间的张力，为城乡结合部社会治理路径创新奠定前提和基础。

2. 发挥社会主义核心价值观的引领、规范作用，切实提高社会凝聚力，是实现城乡结合部社会治创新的重要政治保障

以"富强、民主、文明、和谐、自由、平等、公正、法治、爱国、敬业、诚信、友善"为基本内容的社会主义核心价值观把国家、社会、个人的主流价值有机统一起来，成为全社会凝心聚力的凝固剂。社会主义核心价值观的基本内容与社会质量的构成要素有着内在的统一性，对增进社会凝聚力都有着重要的支撑作用。首先，从社会质量理论的"社会性""整体品格"两个视角来看，一个社会只有具备公平、公正、法治、平等、诚信、友善等价值特征，才有可能形成有机的整体。其次，个人的尊严和权益应与社会团结和社会公正相契合，在强调个体"社会性"回归时，要求个人利益与全体社会成员的共同福祉相一致。当前，在我国城乡结合部的社会治理中，还存在着社会主义核心价值观引领性不强、利益纠葛严重、成员隔阂、原子化、内卷化等思想认识上的问题，严重阻碍了城乡结合部社会治理创新的进程。新时代要充分"发挥社会主义核心价值观对国民教育、精神文明创建、精神文化产品创作生产传播的引领作用，把社会主义核心价值观融入社会发展各方面，转化为人们的情感认同和行为习惯"②。因此，进一步弘扬社会主义核心价值观，增强社会主义核心价值观的引领与整合作用，是进一步增进城乡结合部社会凝聚，推进城乡结合部共建共治共享，进而加快城乡结合部社会治理路径创新的政治保障与动力支撑。

3. 提升社会包容能力是实现城乡结合部社会治理创新的助推器

高质量发展也应是包容性发展。要推进城乡结合部社会治理路径创新，就必须不断增强城乡结合部的社会包容性，并以包容性发展推进城

---

① 习近平：《决胜全面建成小康社会　夺取新时代中国特色社会主义伟大胜利——在中国共产党第十九次全国代表大会上的报告》，人民出版社 2017 年版，第 23 页。

② 同上书，第 42 页。

乡结合部高质量发展。从我国城乡结合部的实际情况来看，在城乡结合部社会治理创新实践中，城乡结合部居民在城市化过程中一度被"社会排斥"，处于被边缘化的状态。尤其在土地整治、房屋搬迁、群众文化等经济社会活动中，城乡结合部居民明显缺乏利益表达、社会沟通、政治参与等渠道。究其原因，现有的城乡二元制度设计和结构性壁垒在户籍、教育、就业、福利等多方面造成的社会不平等结构固化和社会阶层两极分化趋势日益突出，从而在一定程度上导致了城乡结合部成为城市发展中"被人遗忘的角落"。而本书提出的城乡结合部社会治理路径创新，正是力图通过打破城乡二元分割的藩篱，增进城乡各种社会群体间的社会包容，提高城乡结合部居民城市融入水平，进而促进城乡结合部社会进步与和谐。

4. 提升社会赋权水平是实现城乡结合部社会治理创新的具体体现

在当代中国，"发展社会主义民主政治就是要体现人民意志、保障人民权益、激发人民创造活力，用制度体系保证人民当家作主"[①]。城乡结合部社会治理创新的根本目的，就在于促进人的全面发展，而人全面发展的前提条件，就是政府的社会赋权。在社会质量理论中，不仅强调应当通过完善社会经济保障来维护社会成员的基本福祉，还特别注重通过政府放权、社会赋权来提升社会成员作为"社会人"的能动性，实现个人发展与社会发展相一致，从而达到提高社会整体质量的目标。当前在政府主导的城市化过程中，城乡结合部居民对城市化或城乡结合部改造的相关政策知晓度不高，一些基层干部出于自身利益考虑，甚至刻意掩饰、曲解相关拆迁补偿政策；一些地方基层政府在城乡结合部经济发展与社会治理中大搞政策变通，愚弄和欺骗居民，甚至完全拒绝城乡结合部居民参与拆迁、整治与治理的合理诉求。按照"打造共建共治共享的社会治理共同体"的基本要求，城乡结合部居民作为自己家园的主人，对城乡结合部经济发展与社会治理知晓、参与与满意，应是他们作为主人的基本权利；有效参与城乡结合部社会治理，既是他们的权利，也是他们的义务。而城乡结合部社会治理创新的目的也是实现城乡结合部经

---

① 习近平：《决胜全面建成小康社会　夺取新时代中国特色社会主义伟大胜利——在中国共产党第十九次全国代表大会上的报告》，人民出版社2017年版，第36页。

济发展与社会和谐的有机统一，让城乡结合部老百姓过上更加美好的生活。因此，政府部门在充分信任的基础上对城乡结合部居民进行强权赋能，这是城乡结合部基层政府部门应有的政府职责。对城乡结合部居民予以广泛的赋权与增能，增强城乡结合部居民以"五个民主""四个自我"为基本内容的自治能力，有助于全面提升城乡结合部社会治理质量，促进城乡结合部高质量发展。

三　合作治理理论

如果说社会治理创新理论为城乡结合部社会治理创新指明了方向，社会质量为形成城乡结合部社会治理质量乃至城乡结合部社会治理创新提供了测评维度与理论借鉴，那么倡导共建共治共享精神的合作治理就应成为城乡结合部基本的社会治理模式。而打造基于合作治理的城乡结合部共建共治共享的社会治理共同体，更是城乡结合部社会治理的基本路径和全面提升社会治理质量的重要抓手。

（一）合作治理理论的主要内容

对合作治理理论内容的把握，应着重从合作治理的概念、合作治理的主要观点等几个方面去体认。

1. 合作治理概念

基于人民主权，走向人民当家作主的社会治理创新历史与现实告诉我们，完全的"官治"与"民治"都不是现实所需要的。作为实现"民治"的桥梁和纽带，基于信任的合作共治在国家与社会的博弈中日益成为世界各国社会治理的共识。Taylor 认为，公共政策目标的体系化和复杂化决定了公共事务不再仅仅是政府的事情，非政府组织正在以多元的模式承担着管理的责任。具体说来，当今组织管理的网络化、扁平化和边界模糊化、公共权力的分散化和公共事务复杂化、公众对公共治理绩效的需求标准多元化，推动了合作治理的产生。[1] Chris Ansell 和 Alison Gash 等则将合作治理定义为"一个或多个公共部门与非政府部门一起参与正式的、以共识为导向的、商议的、旨在制定或执行公共政策或管理公共

---

[1]　Heather Getha Taylor, "The Review of Working Across Boundaries: Making Collaboration Work in Public Management", *Nonprofit Organizations & Charities*, Vol. 1, 2007.

事务或资产的治理安排"①。

西方语境下的合作治理被认为是"一种利用非政府组织的专业性、规模经济性、灵活性和创造性来达到更大的公共行政成本效益的方法"②。我国语境下的合作治理，更多地体现为在党的领导下，政府负责，社会组织协同，公众参与的多元治理共同体对公共事务进行共建共治共享的活动或活动过程。合作治理作为社会自治力量成长的必然结果，是为适应我国社会结构的深刻变化，而在治理方式上做出的重大调整。具体说来，合作治理中的主体不会再依靠权力去直接作用于治理对象，多元合作主体之间的关系则更多地取决于它们之间能否拥有信任，通过重建社会信任，变权力整合为信任整合，在此基础上实现对现有参与治理、社会自治两种治理模式的优化。

2. 合作治理理论的主要观点

一般来说，我们可以从合作治理主体、前提、过程、核心、形式、前途六个维度去总结提炼合作治理理论的主要观点。

（1）合作治理主体身份是平等的

现代社会作为一个治理的社会，社会治理本身就是一种多元参与的治理形态。多元参与式治理走向合作治理，其中一个重要的前提就是社会治理主体身份的平等性。如果各种社会治理主体不能以平等的身份进行参与式治理，就不可能实现真正意义上的合作。由于参与主体身份的不平等，参与式治理的广度和程度也只是停留在较低的层次上，最多是协同式治理。城乡结合部社会治理滞后、利益冲突和社会矛盾尖锐，固然有很多因素，一个非常重要的原因，就在于城乡结合部居民无法以自由而平等的身份参与社会治理过程，甚至被排除在城乡结合部社会治理之外。

（2）合作治理的前提是信任

作为社会资本的重要组成部分，信任才能导致合作。一个社会主体愿意与另一社会主体进行真诚合作，必然基于彼此信任；没有信任，社

---

① Chris Ansell, Alison Gash, "Collaborative Governance in Theory and Practice", *Journal of Public Administration Research and Theory*, Vol. 8, 2008.

② Ibid. .

会治理主体之间就不可能有真正的合作。同时，作为社会资本的信任是一种增量资源，信任导致合作，而各种社会治理主体在合作治理的过程中，也可以进一步增进彼此间的信任，进而实现信任与合作间的良性互动。

（3）合作治理的过程是公开透明的

很多合作活动不能持续下去，很大程度上在于合作的双方或多方信息的不对称。合作治理不仅要求治理主体间是相对自由而平等的身份，而且要求治理过程是公开的。虽然一开始，各社会治理主体间出于利益需要或基本的信任开始合作，但如果在合作过程中某些社会治理主体，尤其是相对强势的社会治理主体，如党委、政府、企业等，直接或间接操纵社会治理过程，就会让其他社会治理主体，尤其是大量的弱势群体反感，从而导致社会治理主体间信任降低，甚至缺失。没有基本的信任，缺乏社会资本的支撑，各种社会治理主体将很难合作下去，已有的合作形式也将无法持续下去。

（4）合作治理的核心是合作决策

决策是社会治理中最重要的内容与核心环节。只有基于合作决策的合作治理才是真正意义上的合作治理。在合作治理中，如果一些社会治理主体失去了或者被强行剥夺了决策权，那么所谓的合作治理就可能因为治理主体间的地位不平等而变成了协作性治理，甚至会成为完全拒绝弱势群体参与的单向度的管控。所以，我们说，作为治理的核心环节，合作决策是合作治理最重要的内容和最关键的环节。合作决策决定着合作治理的性质、程度和发展方向。

（5）合作评议是合作治理的初始形式

拥有合作决策的合作治理才是真正意义上的合作治理，或者说是理想的合作治理形态。但是，在推进社会治理实践中，具有合作决策实质的合作治理是建立在彼此完全互信和利益需要的基础上的，是以强大的社会资本为基础和后盾的。出于自身利益，一些公共权力部门会千方百计设置走向合作决策的障碍，以维护它们在合作治理中的强势地位；同时，当前公民意识、公民素质、公民能力不足，也在一定程度上构成了一些社会治理主体合作决策的制约条件。现实中的很多合作治理形态，多是合作治理的初始形态。因而，现实中的合作治理多是人们从对公共政策评议开始的。既然公共政策是公共的，是人民的，就应该让人民群众满意，而要想让人民群众满意，最好的办法就是接受人民群众对相关公共政策的评议。对公共政策评议，应是走向合作治理的基本内容和初始形态。

（6）合作治理的前途是走向公民治理

当前，"合作治理已成为一种一般性的管理模式"①，走向合作治理应是社会治理创新的大势所趋。在当代社会，无论是西方国家还是东方国度，基于人民主权的现代国家都必须通过各种政治设计和制度设计，去彰显人民主权。在现代社会，一个国家的主权只能属于这个国家的人民，政府只能接受作为行使国家主权的人民赋予它的治理权，而这种政府治理权本质上是属于人民的，人民群众最终可以决定政府的去留。政府在长期行使治理权的过程中，虽然基于人民主权，但主权与治权的相对分离，却让一些政府在治理的过程中偏离了人民的意志。当前，从管理走向治理，从治理走向合作治理，也正说明了行使治权的政府并不能总是代表人民群众的意志，政府"为民做主"永远代替不了人民自己"当家作主"。管理也好，治理也罢，其本质都是"服务"。也正因为如此，不管是治理，还是合作治理，都只不过是最终实现人民自己治理的桥梁和纽带而已。西方公民治理与中国基层群众自治，都不能永远停留在基层社会层面。而基于官民合作的社会合作治理，就是为了更好地推进公民治理，也是实现人民群众自己当家作主的理性路径。

（二）合作治理理论对城乡结合部社会治理路径创新的启示

实事求是地说，西方合作治理理论为我们加快城乡结合部社会治理路径创新、破解城乡结合部社会治理困境提供了有益的理论启迪和现实创新路径。但创新城乡结合部社会治理，不能"唯洋是举"。实践证明，国情不同，社会治理的方式方法就会不尽相同。新时代，必须积极推进社会合作治理理论的本土化、时代化。这就要求我们必须立足新时代城乡结合部社会治理的基本情况，创新和发展中国特色的社会合作治理理论，并予以指导城乡结合部社会治理创新实践。

---

① 张康之、张乾友：《民主的没落与公共性的扩散——走向合作治理的社会治理变革逻辑》，《社会科学研究》2011 年第 2 期。

1. 城乡结合部社会治理路径创新必须以"党群合作治理"为前提

始终坚持和完善党的领导是中国特色社会治理的最大特色。坚持和完善党的领导是推进城乡结合部社会治理路径创新的政治保障。党最大的优势是密切联系群众，"只有植根人民、造福人民，党才能始终立于不败之地"①。按照构建服务型基层党组织的要求，建立健全城乡结合部领导干部与城乡结合部居民合作共治为基础的城乡结合部合作治理共同体，是城乡结合部社会治理路径创新，全面提升城乡结合部社会治理质量的现实选择。当前以"党群合作治理"推进城乡结合部社会治理创新，就要以提升城乡结合部基层党组织的组织力为重点，把城乡结合部党组织"建设成为宣传党的主张、贯彻党的决定、领导基层治理、团结动员群众、推动改革发展的坚强战斗堡垒"②。

2. 城乡结合部社会治理路径创新必须以政府与社会合作为基本形式

遵循党的十九大精神，城乡结合部社会治理路径创新必须在坚持"五位一体"社会治理体制的基础上，通过打造城乡结合部合作治理共同体，推进城乡结合部社会治理体系和治理能力现代化。在城乡结合部合作治理共同体中，政府的角色是充分发挥"负责"的作用，推进城乡结合部以资源整合、服务整合为基本内容的城乡结合部合作治理共同体整合能力，推进城乡结合部社会组织更好地发挥社会协同作用。完善政府与社会合作为基础的社会合作治理，既有助于纠正政府失灵，又能在一定范围内弥补社会失灵的缺陷，实现城乡结合部政府依法治理与群众依法自治有机衔接和良性互动。

3. 城乡结合部社会治理路径创新应以完善基层群众自治，推进人民当家作主为路径导向

在社会主义中国，人民是国家和社会的主人。中国共产党执政就是为了帮助人民实现当家作主。践行以"民主选举、民主决策、民主协商、民主管理、民主监督"为基本内容的基层群众自治活动，是人民在基层

---

① 胡锦涛：《坚定不移沿着中国特色社会主义道路前进　为全面建成小康社会而奋斗——在中国共产党第十八次全国代表大会上的报告》，人民出版社 2012 年版，第 49 页。

② 习近平：《决胜全面建成小康社会　夺取新时代中国特色社会主义伟大胜利——在中国共产党第十九次全国代表大会上的报告》，人民出版社 2017 年版，第 65 页。

家园实现当家作主的有效形式。以基层群众自治为导向在城乡结合部进行社会治理路径创新，充分彰显了人民当家作主，鼓励人民群众在基层治理中充分发挥自己的主观能动性和创造性。城乡结合部社会的复杂性特点，虽然给社会治理路径创新带来了挑战，但基层群众自治的制度设计和"五个民主""四个自我"为基本内容的自治内容，不仅是社会治理路径创新的活力源泉，也是城乡结合部社会治理路径创新的希望所在。

4. 城乡结合部社会治理路径创新必须以法治为保障

现代社会是一个法治社会，法治保障是创新社会治理的基础和前提。在基层社会治理创新中，必须更好地发挥法治的引领和规范作用。城乡结合部社会治理主体必须在法治的框架下从事社会合作治理活动。党的依法领导、政府的依法负责、社会组织的依法协同、公众的依法参与，是打造"五位一体"合作共治格局的基础性工程。在法治保障下，在实现"党、政府、社会组织、公民大众"良性互动的过程中，加快构建城乡结合部合作治理的社会共同体，全面提升城乡结合部共建共治共享能力，这不仅是城乡结合部社会治理路径创新的目标，也是城乡结合部社会治理创新的基本路径。

综上所述，社会治理创新理论是本书研究的基础理论。对社会治理创新理论的科学阐述，有助于明确城乡结合部社会治理创新的基本内涵、主要目标与内在要求。在社会治理创新理论的基础上，水到渠成地引入社会质量与合作治理理论。其中，合作治理理论为形成共建共治共享的城乡结合部合作治理共同体提供了理论依据。作为城乡结合部社会治理路径创新的突破口，借助社会质量理论，可在诠释城乡结合部社会治理质量的基础上构建城乡结合部社会治理质量评估指标体系，为测评城乡结合部社会合作治理共同体共建共治共享的治理能力、全面提升城乡结合部社会治理质量，提供了经验借鉴和理论参考。

第 二 章

城乡结合部社会现状与治理困境

城乡结合部是城市向农村辐射的边缘地带，同时也是农村向城市发展的前沿地带，具有"城市之尾、农村之首"的地位。城乡结合部在城市化过程中是一种过渡状态。随着城市化的快速发展，不少城乡结合部融入了城市，已成为城市主城区的重要组成部分。在一些城市跨越式发展过程中，由于一时难以消化，一些城乡结合部就成为城市化中"尾大不掉"的"城中村"。城乡结合部区位的特殊性既彰显了其巨大发展活力与潜力，同时也聚焦着各种利益纠葛与矛盾冲突，决定了它也是城市化中重要风险源与治理创新的重点和难点。

第一节　城乡结合部样本选取与比较分析

为了能够更好地展示我国城乡结合部社会治理图景，课题组在考量代表性与可行性的基础上确定了成都、南昌、南宁、徐州、临沂、楚雄和邳州7个城市作为研究样本城市，然后根据这些城市的城乡结合部分布情况，通过筛选或者随机抽取的方式确定具体的调研地点，借助文献分析、问卷调查和深入访谈的方法获取了当地城乡结合部社会治理的第一手资料，并对获取的资料进行系统统计与定量分析。

一　调研样本的选取

我国幅员广阔，广大东中西部地区在政治、经济、社会、文化、生态等方面客观上存在着发展不平衡现象，加之不同层级城市的城市化动力及导向不尽相同，各地城乡结合部在城市化进程中既具有共性，又存在一定的差异性。在城乡结合部样本选取过程中，我们既重点考虑了课题组方便调研的四川成都为代表的西部地区城乡结合部，同时也兼顾了中东部城市的城乡结合部。为了更好地配合课题的顺利进行，课题组负责人还于 2013 年 8 月至 2015 年 8 月挂职江苏省徐州市。而徐州市是我国东部与中部、南方与北方交汇的苏鲁豫皖四省界域城市，城乡结合部非常具有代表性。在多次研讨、分析的基础上，课题组最终选择了成都市、南昌市、南宁市 3 个省会城市，徐州市、临沂市、楚雄市 3 个地级城市，以及邳州市 1 个县级城市的城乡结合部作为调研样本。这样，课题组既兼顾了东中西部城市的差异，也照顾了城市的南北之别，尤其是兼顾了省会城市、地级市、县级市三个基本层级的城市形态。课题组这样安排，基本保证了样本的代表性与可行性，以期从这些城市城乡结合部社会治理的系统调研中，总结出我国城乡结合部社会治理的基本经验与问题不足。

1. 成都市城乡结合部

成都市作为西部地区的超大型国家中心城市，享有"西部之心"的美誉。自 2003 年起，成都市实施统筹城乡发展战略，积极探索以工促农、以城带乡、城乡协调发展的有效举措，并取得了显著成效。2007 年，国家正式批准成都市为全国统筹城乡综合配套改革试验区。城乡统筹的目的，在很大程度上就是要实现城乡一体化发展，避免城市化过程中城乡结合部、"城中村"的大量出现，实现城乡基本公共服务均等化和城乡资源要素自由流动的良性发展。从实际调查来看，虽然成都市在城乡融合发展方面取得了一系列成就，但作为拥有三个圈层的超大型都市，成都市在一定程度上依然存在着城乡二元结构，城乡结合部、"城中村"业已成为进一步促进城乡一体化、加速城乡深度融合中的高风险区域。

课题组在多次研讨和试调研的基础上，最终在成都选取了武侯区簇桥街道双凤村、七里村，金花桥街道金花桥社区、金花村，龙泉驿区十陵街道来龙村和双流县西航港街道光明社区、蜀星社区作为调研地点。上述社区从区位、经济、人口、环境等因素来看，在我们调研的时候都符合城乡结合部特征。以上城乡结合部村（社）在成都市具有代表性，由于基本上都是一、二圈层结合部的地区，离成都市主城区也不远，方便调研，也规避了课题组成员调研中的一些风险。样本的选取具有代表性、可行性与科学性。

2. 南昌市城乡结合部

南昌市位于我国中部地区的江西省中北部，是江西省的省会城市。在各地的省会城市对比中，南昌市尽管地处鄱阳湖平原，城市整体面积较大，但主城区范围较小。从城市整体布局来看，在城市的南北两个方向主要布局有昌北经济技术开发区、英雄开发区、小蓝工业园区等工业开发区，区内居民居住小区占比较小；而城市东西两个方向主要布局有高校园区和住宅区，如瑶湖高校区、红角洲高校区，工业园区的布局占比较少。南昌市城乡结合部呈环状包围状态分布在主城区四周。典型的城乡结合部主要集中于南昌市城郊地带的工业集聚区、开发区中。随着南昌市城市化进程的推进，南昌市城乡结合部界域也处于不断变化之中。

在调研中，课题组选取了湖坊镇沿河社区、岱山街道迎宾社区、沙井街道丽景社区、蛟桥镇黄家湖社区4个比较有代表性的城乡结合部社区作为调研地点。

3. 南宁市城乡结合部

作为广西壮族自治区省会城市，改革开放以来，与国内其他省会城市一样，南宁市城市建设日新月异。作为城市化进程的产物，如同全国其他城市一样，南宁市城乡结合部呈现出了明显的交叉性与过渡性，使得城乡结合部成为城市化进程中矛盾最集中的地方，一直以来是南宁市社会治理的重点、难点与焦点地区。在调研中，课题组选取了邕宁区蒲庙镇红星社区、新江镇新江社区，良庆区大沙田街道玉龙社区，兴宁区三塘镇三塘社区，西乡塘区西乡塘办事处科园大道社区，江南区吴圩镇吴圩社区作为调研地点。这些社区一般都是南宁市近郊的卫星镇（街办）所在地，具有明显的城乡结合部特征。

4. 徐州市城乡结合部

徐州是淮海经济区中心城市。全市辖区面积11258平方公里，总人口1023.52万人。下辖2市（新沂、邳州）、3县（丰县、沛县、睢宁县）、5区（云龙、鼓楼、泉山、铜山、贾汪），是国务院批准的"较大的市"，也是江苏省重点建设的"三大都市圈"之一。

2013—2015年，课题组负责人在徐州市下辖的县级市邳州市挂职副市长，专门对徐州相关城乡结合部进行了大量的调研走访。重点选取了徐州市云龙区的黄山垄街道，泉山区七里沟社区、十里社区、姚庄社区和铜山区驿城村、拖龙山社区、樵村社区、二堡社区作为样本。

5. 临沂市城乡结合部

临沂市是山东省东南部的一个地级市，辖兰山、罗庄、河东3个区和郯城、苍山、莒南、沂水、沂南、平邑、费县、蒙阴、临沭9个县，以及高新技术产业开发区、经济开发区、临港经济开发区3个开发区，共有157个乡（镇、办事处）、7154个行政村（居）。传统意义上的临沂中心城区指临西五路以东、沂州路以西、北园路以南、金五路以北的繁华区域。据此，临沂城乡结合部一般是指该区域之外、不涵盖纯农村的区域。2011年，行政区划调整，费县新桥镇、方城镇、汪沟镇整建制划归兰山区，郯城县黄山镇、褚墩镇整建制划归罗庄区，沂南县葛沟镇整建制划归河东区。这六镇由于是区与县的结合部，课题组也把它们列入了临沂市城乡结合部区域范畴。如此，临沂中心城区面积进一步扩大，临沂城乡结合部的范围也进一步延展。

在调研中，课题组选取了兰山区义堂镇角沂社区、二十里堡社区、营子社区，兰山区方城镇北王家村，河东区九曲街道办九曲店社区，河东区芝麻墩镇指挥庄社区为调研地点。这些社区具有明显的北方城乡结合部区域特征。

6. 楚雄市

楚雄市是滇中高原上的地级市，也是我国少数民族聚居最多的城市之一。截至2016年末，城市建成区面积45.57平方公里，全市总人口59.85万人，其中彝族人口11.11万人，占总人口18.6%，城镇化率达60.98%。[①] 在调研中，课题组选取了征地拆迁等社会治理问题突出的鹿城镇青龙社区、福塔社区等城乡结合部作为调研地点。

7. 邳州市

邳州市位于江苏省最北部，是东陇海铁路的重要节点城市。面积2088平方公里，人口196万，是江苏省第二人口大县（市），辖21个镇、4个街道、1个省级经济开发区、1个省级风景名胜区，490个行政村（居）。2008年以来，邳州市一直把快速城市化作为推进城市经济社会发

---

① 以上据楚雄市人民政府网站2017年3月1日提供的"楚雄市2016年市情概况"资料。

展的重要动力。作为县级城市的邳州，早在 2010 年就奠定了地级城市的发展格局。城市的快速发展，让邳州市不得不花大力气来解决城市化过程中城乡结合部拆迁安置问题；而城市的跨越式发展却又不断地催生一片片新的城乡结合部。课题组选取了具有代表性的东湖街道二庙村、运河街道八杨社区等作为重点调研对象。

二 调研统计结果比较分析

课题组在选取的 7 个城市开展了为期 2 个月的实地调研，共发放调查问卷 1800 份，回收有效问卷 1726 份，问卷有效率为 95.88%，共深入访谈当地政府工作人员、村两委成员、居委会成员、当地村（居）民、流动人口共计 200 人。调研问卷发放、回收和访谈人数如表 2-1 所示。

表 2-1　　　　　　　　　问卷数量及访谈人数统计

调研地点	调研问卷			访谈对象
	发放问卷（份）	有效问卷（份）	问卷有效率（%）	（人）
成都市	400	386	96.5	40
南昌市	200	193	96.5	20
南宁市	200	187	93.5	20
徐州市（除邳州）	400	392	98	40
临沂市	200	186	93	20
楚雄市	200	184	92	20
邳州市	200	198	99	40
合计	1800	1726	95.88	200

通过对调研数据的分析，发现我国不同层级的城市城乡结合部间具有社会现状的共性：政治层面主要表现为党员与党组织联系互动不足、基层民主难到位；经济层面主要表现为打工经济发展失序、出租（瓦片）经济发展问题突出、地下经济繁荣；社会层面主要表现为人口现象复杂、社会矛盾集中、安全隐患多；文化层面主要表现为城乡结合部城市社区文化尚未成熟、文化设施不完善、文化活动匮乏；生态层面主要表现为自然生态环境遭到破坏、生活环境恶化。但不同层级城市的城乡结合部

在生成机制、拓展空间、人口要素、经济形态和当地居民的主要权益诉求上存在一定的差异，具体而言如下。

省会城市作为一省的政治、经济、文化中心，无论是政治成熟度、经济发展水平还是文化繁荣度与地级市和县级市相比都具有明显优势，尤其在我国城市化过程中具有更强的资源保障和支配权力。因而，从城乡结合部生成机制上看，省会城市城乡结合部的形成具有强烈的自发性和行政性相结合的特点。一方面，由于城市发展的自我调适性，城市内人口的理性和经济选择使得某些区域自发地形成城乡结合部；另一方面，由于城市化发展的需要，以及全国各地的竞争态势，省会城市在城市化过程中需要在全省起到先头兵作用，从而使得以实现一定的城市化率为目标的城市规划出台，推动了城乡结合部的出现。从城乡结合部的拓展空间和潜力上看，省会城市与农村之间的地理空间相对较大，因而在这一地理空间发展为城市化进程中的城乡结合部的可能性较大且数量相对较多。并且，随着城市化的推进，这些城乡结合部又可能成为新的城市中心、副中心。从人口要素上看，省会城市城乡结合部流动人口数量相对庞大，具有省外人口聚集、多民族人口聚集的特点。而且由于部分高学历（本科及以上学历）人员的暂留，省会城市城乡结合部呈现高学历人员增长的态势；随着全球化发展，省会城市城乡结合部外籍人员数量也有所增加。从经济形态上来讲，城乡结合部产业结构以第二产业和第三产业为主。一般而言，省会城市城乡结合部有两种发展倾向：一是以工业发展为核心，成为原有的市中心工业特别是劳动密集型、污染较重的工业搬迁地；[1] 二是以服务业为核心，为城市发展提供服务和休闲场所。[2] 从城乡结合部居民权益诉求上看，这里的居民既包括当地的失地农民，也包括大量的外来流动人口。除被广泛关注的当地失地农民的权益诉求外，就外来人口而言，特别是高学历流动人口而言，他们在省会城市城乡结合部居住对平等享受基本公共服务的需求较高。

我国的县级市有两大类：一种是由撤县设市的方式而来，一种是由

---

① 吕康娟：《大城市与城市结合部社会经济效益协同耦合研究》，经济科学出版社 2012 年版，第 60 页。

② 同上书，第 69 页。

镇升级而来。从城乡结合部的生成机制上看，一般而言，县级市城乡结合部主要是基于城市化进程的行政规划而产生，自发性的生成机制不足。从城乡结合部拓展空间和潜力上看，由于县级市的中心城区与农村间可过渡地带空间相对狭窄，其拓展空间和发展潜力有限。从人口要素上看，外来流动人口主要以县级市周边的农民为主，高学历人员相对较少。从经济形态上看，县级市城乡结合部经济以当地特色产业为主，如邳州市城乡结合部就以板材企业聚集为特征。从城乡结合部居民权益诉求上看，当地居民和流动人口的主要权益诉求在于经济权益需求，尤其集中于拆迁安置与就业谋生方面。

就我国地级市情况而言，相较于省会城市和县级市，地级市在资源获取和支配以及城市规模上处于中间地带，地级市城乡结合部特征与其他两类城市相比具有中间过渡型的特点（如表2-2所示）。

表2-2　　　　　　　　不同城市类型的城乡结合部比较

类别	省会城市的城乡结合部	地级市的城乡结合部	县级市的城乡结合部
生成机制	强烈的自发性和行政性相结合	兼具自发性和行政性	行政性为主
拓展空间和潜力	拓展空间大；城乡结合部可发展为新的中心城市	有一定的拓展空间；城乡结合部发展为新的中心城市的概率较低	拓展空间有限；城乡结合部发展为新的中心城市的概率很低
人口要素	流动人口来自全国各地甚至国外；多民族聚集；高学历人员增长	流动人口以所在省份的人员为主	流动人口以所在市及邻近市农业人口为主
经济形态	原中心城市工业迁移；休闲娱乐行业发达	工业发展为主	以当地特色经济为主
主要权益诉求	定居；平等的公共服务	改善经济收入	谋生

虽然课题组所调研地区的城乡结合部并不能完全呈现全国范围内所有城乡结合部的情况，但是可以大致反映出我国城乡结合部政治发展不

完善、经济发展乱象丛生、社会治理问题突出、文化建设落后和生态环境恶化的图景。通过对不同层级的城市城乡结合部在生成机制、拓展空间、人口要素、经济形态和主要权益诉求上的差异性分析，可以窥探出我国城乡结合部具有多样性、复杂性和阶段性的特点。

第二节　城乡结合部社会治理现状与问题

我国地域广阔，各地城市化水平不一致，城乡结合部的具体形态亦不尽相同。总体而言，我国城乡结合部现状在政治、经济、社会、文化、生态等层面上具有如下一般性的特征。

一　城乡结合部党建、基层民主等政治问题突出

城乡结合部是我国社会治理的重点、难点和焦点地区。作为基层社会的战斗堡垒，党组织本应在城乡结合部社会治理中发挥重要的领导与整合作用。但从对城乡结合部调研的实际情况来看，城乡结合部较为普遍地存在着党组织涣散、党员与党组织联系互动不足，基层民主难到位等问题。

（一）党组织与党员联系困难，互动不足

随着外来流动人口的大量涌入，以及原有社会治理结构的变化，当地党组织工作开展难度增大，党员与党组织联系和互动不足。在1800份调研问卷中，被调研对象中的党员占比为20.4%，约占所有调研对象的1/5。可见，在城乡结合部中有较好的党员基础。但在访谈中，我们发现：城乡结合部党组织与党员联系困难，很少互动。因长期在外地或在本市打工，约有15%的城乡结合部本地党员很少过组织生活，10%左右的城乡结合部党员长期游离在党组织之外。在城乡结合部外来流动人口中，90%以上的党员不主动找当地城乡结合部党组织登记，85%的城乡结合部党组织把来当地打工的党员看成"外人"，不主动服务流动党员。调研中发现，城乡结合部党组织也有自己的苦衷，约78%的城乡结合部党组织向课题组反映，他们难以掌握流动人口的党员情况，并且难以培养党员队伍的核心力量。有村书记向课题负责人反映，本村已连续三年找不到合适的青年人发展他们入党了，村里党员老龄化现象非常严重。

（二）一些城乡结合部党组织涣散，党组织负责人在群众中威望较低

本来就因特殊的情势，党组织对党员群众领导与整合的难度较大，而一些城乡结合部党组织自身的原因也制约了基层党组织的战斗力和服务水平，影响了城乡结合部党组织在社区居民心中的形象。课题组在对7个市、14个区县的24个城乡结合部调研统计的基础上发现，城乡结合部居民对当地党组织的满意度平均只有81%，远低于对农村社区基层党组织92%和城市社区党组织94%的满意度。城乡结合部党员参与社区活动的参与度平均为70%，党员参与党组织活动的比率约为83%。一些城乡结合部基层党组织负责人利欲熏心、工作方式方法落后、道德败坏，严重影响了基层党组织在居民中的形象。如果基层党组织负责人品行不端、脱离群众，他们所领导下的城乡结合部村（居）党组织就无法获得老百姓的认同，这也是城乡结合部居民对相关政策知晓度、参与度、满意度较低的一个非常重要因素。

（三）城乡结合部党组织领导下的基层民主难以到位

我国是人民民主专政的社会主义国家，人民是国家和社会的主人，理应享有当家作主的权利。"在广大城乡社区治理、基层公共事务和公益事业中实现自我管理、自我服务、自我教育、自我监督，是人民依法直接行使民主权利的重要方式。"[①] 由于城乡结合部具有的区位优势和巨大利益诱惑及其由此带来的尖锐利益冲突和社会矛盾，城乡结合部区域通过群众自治活动实现人民民主的难度较一般城乡社区更大。

一是不少城乡结合部基层选举受到强力干涉。特殊的区位优势和巨大的利益诱惑，让城乡结合部成为当代基层社会各种"能人"角逐的主战场。强力干涉城乡结合部民主选举现象频频发生。这种强力干涉既包括上级政府的干预，又包括当地宗族势力的干涉。其一，一些乡镇（街办）党组织负责人可以通过直接任命村（社）党组织负责人来达到直接或间接控制城乡结合部的目的。其二，一些城乡结合部所在的乡镇领导受巨大的利益诱惑，倾向于扶植利益代言人，故会提名候选人甚至直接干涉村民换届选举进程。其三，一些城乡结合部的黑恶势力上下勾结、

---

① 胡锦涛：《坚定不移沿着中国特色社会主义道路前进　为全面建成小康社会而奋斗——在中国共产党第十八次全国代表大会上的报告》，人民出版社2012年版，第27页。

干涉选举，力图把听他们的话、愿意为他们服务的"人选"通过上下联手推荐为城乡结合部村社的"两委"。其四，少数涉黑人员通过"霸选"直接攫取城乡结合部的领导权。调查表明，在一些城乡结合部，黑恶势力为了当上村干部，直接通过贿选、恐吓等手段，迫使村民们在村干部选举中把票投给他们。其五，少数村干部背离为人民服务的宗旨，目无法纪，蜕变为百姓深恶痛绝的"黑老大"。鉴于黑恶势力不断膨胀、鱼肉乡里、威胁基层政权，2018 年 1 月，中央发布了《关于开展扫黑除恶专项斗争的通知》，在全国范围内开展了一场声势浩大的扫黑除恶斗争。而城乡结合部就是扫黑除恶的重点、难点和焦点地区。

二是民众缺乏理性选举。基层民众对于自己的选举权不重视。他们意识不到选举权是国家和社会赋予的权利，是经过法定程序上升为国家意志的有法律法规作为保障的制度规范。城乡结合部村民选举，确实是村里面的一件不小的事情，相当多的村干部，忙里忙外，拉选票，送人情，想让大家把自己选出来；但有一些人，却无心参与，不只自己不想参与选举，就连村民大会都不想参加。课题组在调研时发现，有些居民对三年一届的村（居）民委员会换届工作兴趣不大，需要发误工补助才会有人参与选举。这就给一些候选人直接以一定数额的人民币购买选票提供了寻租空间。村（居）民议事会是成都市基层社会民主治理创新的基本载体和最大特色。但课题组调查发现，有些社区居民对参选议事会成员没有兴趣。一些被访对象认为，议事会成员的工作对于他们来说无利可图，而且经常耽误外出务工。不仅如此，作为议事会成员还得投入大量的时间来了解民意，因此不少人不愿意当议事成员。

二　城乡结合部"打工经济""出租经济""地下经济"等"问题经济"凸显

城乡结合部连接城市与乡村，兼具农村经济和城市经济的特征，其特殊的地理位置、复杂的人口状况、缺位的管理和服务，使得城乡结合部经济乱象丛生，不良经济形态问题严重。

（一）打工经济发展失序

城乡结合部汇聚了大量的流动人口。这些流动人口大多文化程度不高，一般在城乡结合部附近的工厂打工或从事小摊小贩等服务性工作。

一些外来人口与失地农民利用城乡结合部人口多、工厂多的情况经营起小生意，其中最多的就是流动摊贩。这些流动摊贩多以人力三轮车经营、机动车经营、手推车经营等形式聚集在车流、人流比较大的地段。由于城乡结合部很少有科学规划和有效治理流动摊贩的方式方法，流动摊贩管理经常处于失序状态。另外，城乡结合部还遍布大量的小型餐饮与零售门面，这些餐饮与零售店面缺乏有效的引导与监管，经营粗放、混乱。再加上城乡结合部地下管网等设施落后，甚至完全没有地下管网；一些店面经营者和流动摊贩随意丢弃垃圾、乱泼污水，臭气熏天，环境非常恶劣。例如徐州市泉山区崔孟庄社区，由于更接近主城区、村庄连片，就成为打工族、流动摊贩集中居住的地区，甚至是整个徐州市最大的个体废品收购地区，自然环境和社会环境都非常突出，一直是徐州市和泉山区重点整治的地区。但因为涉及具体的利益问题，政府与被拆迁户分歧过大，一直没有从根本上得到有效规划和治理。

（二）出租经济问题突出

城乡结合部居住着大量的外来流动人口，对低廉住房需求量过大。许多本地居民利用自身宅基地发展起了"出租经济"。即，城乡结合部当地居民通过不断扩建甚至违建自家宅基地住房以获取更大的出租收益。不少城乡结合部居民当起了专业房东，专事经营宅基地房屋，甚至通过连片经营，发展成了乡村旅馆。城乡结合部出租经济的兴起在一定程度上增加了城乡结合部居民的收入，降低了他们的就业压力。但也带来了乱建、违建现象突出、出租房市场混乱等问题。课题组在调查中发现，成都市武侯区金花镇的金花村和徐州市云龙区黄山垄街区，铜山区拖龙山社区、樵村、二堡村、驿城村等均存在这一现象。

（三）地下经济繁荣

首先，"黑作坊""黑工厂""黑窝点"密集，假冒伪劣产品屡禁不止，食品安全问题严重。在一定意义上可以说，城乡结合部是"地下经济"的发源地，是城市的牛皮癣，是各种农副产品加工的"黑作坊""黑窝点"的集中区域。虽经多次整治，但每次过后都会死灰复燃。其次，"黄、赌、毒"等地下交易活动存在。城乡结合部一般分布着诸多小发廊、按摩房、洗脚房、游戏厅、小旅馆等，为"黄、赌、毒"和其他藏污纳垢现象的存在与蔓延提供了活动场所。最后，城乡结合部还存在着地下钱庄、高利贷，甚至还存在着黑社会主导一方势力，强买强卖，掠夺垄断，依靠暴力收取保护费等现象，形成了所谓的"村霸""市霸"。

三　城乡结合部人口复杂、土地利益纠纷不断、安全隐患集中等社会问题凸显

从社会层面上看城乡结合部，人口构成复杂、社会矛盾集中、安全隐患多等问题突出。

（一）外来人口多，人口构成复杂

大规模城市建设和城市良性运行需要大量外来务工人员。城乡结合部低廉的房租和生活成本可为他们提供合适的生产与生活空间，这对流动人口具有很大的吸引力。特别是当所处的城乡结合部能够提供大量就业岗位时，人口数量将更为庞大。如临沂义堂镇是全国三大优质板材基地之一，辖 35 个村社区，总面积 52.7 平方公里，总人口 15.4 万人，其中外来务工人员近 10 万人。邳州市官湖镇连续 10 年外来务工人口超过了本地人口。到 2018 年底，作为典型的城乡结合部，成都华阳街道的伏龙社区，外来人口已是原村民的 4 倍。

1. 城乡结合部人口构成复杂

城乡结合部流动人口从社会身份上来看，包括从农村聚集而来的打工者、个体工商户，也包括一些暂居当地的大学毕业生；从年龄来看，既包括青壮年劳动力，也包括随迁的婴幼儿、未成年人及部分老年人；从性别上看，以男性流动人口为主，但近年来随着务工人员夫妻档的增多，中青年女性流动人口也在增加；从受教育层次上看，以初中、高中学历的人群为主，也包括少部分更低和更高学历水平的人群；从地缘因素上来看，以外来务工人员为主。

2. 出现"人口倒挂"现象

除去人口结构的复杂性，大量的外来流动人口涌入使得当地居民与外来流动人口在数量上大致相当，甚至出现"人口倒挂"现象。如课题组调研中发现成都市双凤村有常住人口 2350 人，而流动人口却有 2000 人左右，流动人口跟常住人口数量相当；成都市双流县西航港街道的蜀星社区总人口 5300 人，但当地户籍人口仅有 1092 人，出现"人口倒挂"现象。作为城乡结合部的徐州市泉山区翟山社区由于地处中国矿业大学、

江苏师范大学、徐州工程学院、徐州建筑学院和华东输油管理局等国家、省部级重点学府和企业单位中心，吸引了大量从事第三产业的流动人口。全社区流动人口4万多人，是本社区人口的4倍以上。

（二）城乡结合部土地纠纷不断，土地利益冲突诱发社会稳定风险问题是重中之重

在城市化进程中，由于特殊的地理位置，城乡结合部区域成为寸土寸金的地方。城乡结合部的土地利益纠纷、经济结构和社会结构面临着解构与重构，加之社会治理滞后，导致土地利益冲突引发的各种社会矛盾在此集聚、发酵与爆发，成为社会群体性事件发生的火药桶。

1. 土地确权不清引发的土地纠纷不断

城乡结合部问题的核心要素就是土地使用及经营问题。城乡结合部大部分土地都是归属农村集体所有的土地资源，因而与城乡结合部居民、社区、地方政府关系密切，成为多方博弈的重点和焦点。由于土地管理混乱、失地农民权益保障机制不健全以及盘根错节的利益关系等原因，城乡结合部的农民利益有时就成了快速城市化的牺牲品。在土地征收过程中，土著居民间由于历史原因可能造成部分承包地面积界定、宅基地权属不清晰，加之利益相关方缺乏法律意识或者与政府沟通不畅而采取民间武力方式解决，引发群体性冲突。

2. 部分失地农民因地致富却患上了一夜暴富的"后遗症"

城乡结合部土著居民在城市化过程中因征地拆迁会获得巨额赔偿款，很多居民"一夜暴富"。由于缺乏正确引导，一些暴富农民，沉迷于瞬间的资产膨胀，不务正业、挥霍无度、坐吃山空而再度返贫，有的甚至还沦为了"阶下囚"。课题组在一些城乡结合部调研中发现，92%以上的城乡结合部居民害怕他们的子女会在拆迁暴富后，坐吃山空，对下一代或下二代的不确定未来饱含担忧。课题组在南京江宁区、浦口区等城乡结合部调研时发现，不少城乡结合部居民因拆迁一夜暴富后，有72%的人不愿上班，48%的人从事出租经济，约15%的人无所事事，有的还染上毒品，沉湎赌博。快速的城市化让一度面朝黄土的普通村民，转眼就变成了开豪车的"土豪"。城乡结合部改造催生的一个因拆暴富的"拆发

户"和"坐吃山空"的"拆二代"等现象让人深思。① 可以说，在一些城乡结合部，村子改作社区、村委会变成居委会后，并未真正实现"人的城市化"；拆迁户"不劳而获"的巨额资产，还让一些周边居民"红了眼"，令城乡接合部内部逐渐呈现出新的二元分割。②

3. 当地居民与新迁入的市民时有冲突

一些城乡结合部在开发的过程中，当地政府往往要求开发商在同一小区建商品房的同时，配建一定数量的拆迁安置房。这样在同一小区里面就存在着较高质量的商品房和较低质量的拆迁安置房，并由此埋下了住拆迁房的城乡结合部居民与购买商品房的市民间的矛盾与冲突。如课题组调查发现，失地农民常对拆迁安置房屋质量等心生不满，借醉酒在小区内打砸大闹，严重影响周边商品房住户的居住质量，并容易诱发冲突。有时，同一社区针对同一问题的认知偏差也会导致冲突。如课题组在调查时发现的占道经营问题。某小区中的一条主路把小区一分为二，西侧居住的是集中安置的失地农民，东侧是购买商品房的市民。在小区道路占道经营者中，50%是该城乡结合部的失地农民。他们认为，政府征地拆迁已让他们失去了土地，如果再取缔占道经营就让他们丧失了既有的生计来源。而居住在道路东侧小区的居民，95%以上都是购买商品房的上班族，流动摊贩的占道经营经常影响他们的正常上下班，因此他们强烈要求取缔该社区的占道经营现象。

4. 城乡结合部社会问题处置不当容易诱发较大社会风险，甚至引发社会群体性事件

城乡结合部集聚着大量的外来人口，充斥着各种利益和矛盾，特别是关系当地居民切身利益的土地问题，一旦不能有效进行风险控制和危机治理，就可能引发较大的社会风险。首先，土地政策执行不到位可能引发群体性事件。如果当地政府在制定和实施某些政策特别是与土地相关的政策时，未能及时与当地居民进行充分沟通，加上部分群众"坐地

---

① 《一拆暴富群体现状调查：有人豪赌炫富欠下巨债》，《北京晨报》2015年3月8日第4版。

② 刘苗卉、李芮等：《城市边缘上演"一拆致富"悲喜剧》，《经济参考报》2014年4月1日第6版。

起价"或者蓄意闹事，煽动其他群众的不满情绪，就有可能导致群体性事件发生。其次，失地农民知晓度低会加剧社会风险。通过调研，课题组了解到土地征收过程中开发商的谈判对象一般是地方政府、村（社）干部，尤其是把村（居）委会作为城乡结合部土地的群众代表，而忽视了城乡结合部居民代表和全体居民的利益维护和愿望表达。普通村民对征地工作包括目标规划、工作程序、征地款的分配与使用等情况只能通过村委会和村民小组长告知，缺少应有的知情权和参与权。政府、企业、开发商、村委会、村民之间的利益纠葛较多，一旦处理不好，将会造成很大的社会问题。再次，失地农民再就业困难也容易滋生并加剧社会风险。在调研中课题组也发现，用人单位招工更倾向年轻的失地农民，即使是清洁工这类职业，用人单位也把招聘年龄条件限制在 45 岁以下。一般 50 岁以上的失地农民就业机会和就业选择性很少。并且，即便在满足了用人单位招工的一切条件限制的失地农民中，也并不是所有人都可以顺利得到工作，更多的还只能靠自谋职业为生。接受调查的城乡结合部居民普遍认为找工作"难"。在课题组成员追问中，他们也表示"学历低"、年龄大、没技术是没工作的主要原因。最后，三股恶势力的存在进一步加大了城乡结合部的社会风险。城乡结合部庞大的人口数量，复杂的社会问题以及社会治理能力不足为恐怖势力、分裂势力、宗教极端势力这三股恶势力侵入该区域提供了滋生的土壤，给广大城乡社区社会治理带来了巨大的挑战。

（三）城乡结合部安全隐患多

林林密布的出租房屋、如蜘蛛网般的电线、泥泞的小路、无序的交通、社会治安差、犯罪率高等是城乡结合部的常见景象，这些场景组合形成了城乡结合部杂乱无章且充满安全隐患的社会图景。

1. 城乡结合部出租房存在着大量的安全隐患

课题组在成都、徐州、南京、南昌、南宁等城乡结合部调研发现：很多城乡结合部的出租房大部分属于违建房，没有经过相关部门的质量安全鉴定；这些违建房建材成本小、质量低、房屋钢筋使用量不达标，违法扩建、增建的房屋大量使用二手砖，存在很大的安全与质量隐患。由于这些房屋主要出租给打工者，再加上面临拆迁，城乡结合部的房主们很少有人愿意在房内过多投资，出租屋的墙壁和家具等基本生活设施多粗制滥造。另外，因房屋是临时居住的，许多承租人得过且过，安全意识薄弱，也不会去关心生活实施的改善，经常忽视相关安全预防。这样，一旦发生安全事故，城乡结合部居民和租客的生命财产安全就无法得到切实保障。

2. 私搭乱接，消防安全隐患多

城乡结合部由于缺乏规划与管理，各种私搭乱接现象十分突出。课题组在调研中发现，在一些城乡结合部区域，小商店、小茶楼、修理铺、租房户、小旅社、洗脚房等各类商铺林立。这些商铺常常私拉乱接线路，不注意线路维护，许多线路已经严重老化。还有一些不规则的民宅不断扩建、增高，日益吞噬着城乡结合部仅有的道路和极其稀少的树木。这些城乡结合部民房普遍缺乏消防安全设施与消防通道，火灾隐患尤为严重，一旦发生火灾后果不堪设想。

3. 城乡结合部"黑出租""黑车"扎堆，交通事故频发，严重危害社会安全

城乡结合部聚集着大量人口，人流量大，包括公共交通等基本公共服务的不健全就为"黑出租"和"黑车"提供了活跃的空间。而城乡结合部"黑出租"和"黑车"的扎堆出现，不仅极易出现交通安全事故，也经常会诱发一些刑事案件。据济南市历城交警大队 2016 年 7 月 7 日的通报，历城上半年车祸遇难者有 54 人，王舍人、港沟、仲宫、遥墙等城乡结合部地区是历城区发生死亡车祸最多的地区。重庆市南岸区检察院 2014 年 3 月 3 日发布的一份调查报告显示，2013 年 1 月至 2014 年 1 月，该院共起诉交通肇事案件 28 件 28 人，其中，12 件交通肇事案件发生在城乡结合部道路，占案件总数的 42.9%，造成死亡 12 人、轻伤 1 人。城乡结合部交通事故频发，给城郊群众出行安全构成严重威胁，影响群众生产生活和社会稳定，迫切需要加大交通安全宣传与治理的力度。①

4. "入室盗窃"成为困扰城乡结合部居民的最大问题，极大地影响了城乡结合部居民的安全感

据近年课题组对成都、徐州、南京、南昌等城乡结合部社区调查的

---

① 《城乡结合部交通事肇事案件频发需加大交通安全宣传》，《检察日报》2014 年 4 月 15 日第 7 版。

统计，在已调查的城乡结合部社区中，100%的城乡结合部社区发生过入室盗窃案，85%的城乡结合部社区发生过10起以上的入室盗窃案，96%的城乡结合部居民把"入室盗窃"作为对城乡结合部"最不满意的问题"。从调研中可以发现，当地居民对城乡结合部社会治安状况满意度很低。

四 城乡结合部群体文化差异性、文化异质性、文化张力凸显

文化是一定时期内社会历史的积淀物，反映了特定时期的社会现实，并能够对社会治理产生影响。城乡结合部流动人口多、人口结构复杂等因素造成城乡结合部文化异质性明显，不同类型群体文化差异性较大，难以形成有效整合的城乡结合部文化。城乡结合部文化的异质性及其张力极大地影响了城乡结合部居民的凝聚力、参与能力和对城乡结合部的认同感与归属感。

1. 城乡结合部固有居民小农意识浓厚，市民文化还远未形成

课题组在调查中发现，在以"三个集中"为主要内容的城市化进程中，城乡结合部农民陆陆续续搬进了具有城市形态的小区后，在相当长的时间内还无法适应城市社区生活，甚至试图在既有的城市社区恢复原有的农村生活。如课题组调研发现，在某个高档小区里面，有不少居民在小区内种菜、养狗、养猪，甚至养鸡鸭，一年到头，小区内鸡犬相闻。还有的小区，不少家庭见缝插针种菜种粮，一些居民为种菜，甚至不惜破坏绿化带；还有一些居民养山羊和猪；一些居民还不习惯去公厕，随地大小便的现象时有发生；社区道路上鸡狗粪随处可见。显然，城乡结合部居民在被剥离了传统小农生活方式和脱离熟人社会后，在相当长时间内还很难面对"买粮买菜"的城市生活和陌生的楼房、冷漠的人际关系。同时，城乡结合部居民小农意识根深蒂固，农村生产生活方式、农民心理意识、农民行为方式有着很强的路径依赖。因此，在城乡结合部农民市民化过程中，小农生活的散漫性、无序性还会在一定时间内继续存在。

2. 城乡结合部文化设施不完善与文化活动匮乏

课题组在调研中发现，很多城乡结合部中没有图书室、体育健身器材等文化设施，即使有些城乡结合部建设了这些设施，但对这些设施保

养维护不到位，这些文化设施并没有发挥其应有的作用。课题组在调研时发现，一些城乡结合部居民通过"种房"大肆侵占沟渠、道路等公共区域，整个城乡结合部看起来，除了房子就是房子，甚至连建设社区文化活动广场的场地都腾不出来。甚至有社区为应付检查，不得不花费巨大的代价在山边和河边上建造必需的文化活动场地和公共厕所。由于聚集在城乡结合部的人口具有较大的流动性，文化活动开展有一定困难，再加上一些领导干部忙于经济发展和社会维稳，缺乏对该地区文化活动的重视以及专业文化队伍的缺失，使得城乡结合部文化发展存在诸多亟待解决的问题。

3. 城乡结合部本地居民多依靠传统的血缘和邻里维系着社会网络，无根的流动人口因无法融入而对城乡结合部缺乏文化归属感

城乡结合部本地村（居）民以地缘或血缘关系形成了相对稳定的城乡结合部社会网络，外来流动人口很难融入当地的生活文化。课题组在调研中发现，超过60%的城乡结合部土著居民的人际交往圈子还停留在自家亲戚和以前的同村人里面，并认为对新的邻居完全不了解，去交流也不太好。同时，由于外来流动人口与本地居民在生活方式上存在很大的不同，也使得外来流动人口在城乡结合部找不到归属感。课题组在一些城乡结合部调研发现，绝大多数的流动人口不把城乡结合部当成自己的家，而仅仅作为打工的临时居所。因此，城乡结合部流动人口多以一种不负责任的"过客"身份在这里游荡，他们往往对这里的环境卫生不屑一顾，甚至有时候会有意无意地破坏城乡结合部环境。

五 城乡结合自然环境和社会环境严重恶化

长期以来，随着城市的蔓延，工业的发展以及流动人口的增加，城乡结合部的自然生态环境遭到了极大的破坏。同时，城乡结合部的生活生态环境也不断恶化，二者的共同作用让城乡结合部的生态环境变得十分糟糕。

1. 城乡结合部自然生态环境恶化

一是由于工业化、城市化的迅速发展破坏了以农耕文明为基本特征的城乡结合部既有生态，工业污染、生活污染恶化了城乡结合部的自然

生态。

一方面，工业化与城市化的快速扩张改变了城乡结合部周边的生态环境。在无序、低效、重复扩展的城市化背景下，城乡结合部原来的农田、草地、树林、河床以及滩涂遭到破坏和挤占，这让农耕文明的生物多样性丧失，生态自我修复系统受损。另一方面，工业化及其衍生物造成城乡结合部环境污染十分严重。由于历史原因，化工、钢铁、铝业、化肥、造纸、印染等污染企业多聚集在城乡结合部，这些污染、重污染企业排放的废水、废气、废渣、噪音严重地污染了城乡结合部的土壤、河流与空气，使得城乡结合部地域的自然生态环境面临着严峻的情势。

2. 城乡结合部生活生态环境恶化

当前城乡结合部环境卫生处于一个十分尴尬的局面：城市的环境越来越美，农村的环境越来越美，然而城乡结合部的环境却越来越糟糕。在课题组调研的所有城乡结合部中，几乎没有一个有地下管网；一到雨天，城乡结合部普遍到处积水，污水四溢；严重的，遇到暴雨甚至会内涝，整个城乡结合部一片汪洋。另外，由于社区内居民素质不高，生活垃圾随意丢弃成为常态。加之城乡结合部垃圾处理能力较低，"晴天一身土，雨天一身泥"成为一些北方城乡结合部社区环境的真实写照。城乡结合部已成为各地城乡环境综合治理中最难啃的"骨头"。

第三节　城乡结合部社会治理困境

当前我国一些城乡结合部区域党组织涣散、基层民主难到位，打工经济、出租经济、地下经济等经济问题突出，流动人口多、人口构成复杂，利益冲突尖锐、社会矛盾集中，社会风险大、安全隐患多，文化设施不足、文化活动匮乏，生态环境恶化。城乡结合部这一系列的政治、经济、社会、文化、生态乱象，也是社会治理的短板，进一步加剧了城乡结合部治理的困境。当前我国城乡结合部面临的主要治理障碍与困境表现为：全面依法治理能力不足，党组织依法执政能力较低，行政组织治理问题重重、社会组织培育与发展不足、公众参与意愿偏低、现代治理工具缺乏有效应用等。这些问题与障碍集中体现为当前我国城乡结合部社会治理体制机制滞后，迫切需要通过创新城乡结合部社会治理路径，来深入推进我国城乡结合部社会治理体系和治理能力现代化。

一　城乡结合部全面依法治理能力不足

"法者，治之端也"。在当前社会主义中国，"法律是治国之重器，法治是国家治理体系和治理能力的重要依托"①。法治化是国家治理体系和治理能力现代化的前提和重要内容。"全面推进依法治国，建设社会主义法治国家"②，重点难点在城乡基层社会，焦点在城乡结合部。

1. 城乡结合部社会治理主体法治观念淡薄

按照完善"五位一体"社会治理体制的基本要求，城乡结合部社会治理应在党的坚强领导下，实行城乡结合部行政组织、社会组织、居民大众等多元社会主体依法合作共治。也就是说，城乡结合部社会治理主体应包括城乡结合部党组织、行政组织、社会组织、居民大众等多元社会主体。受我国传统行政文化、血缘地缘关系以及城乡结合部复杂社会形态的影响，城乡结合部各种社会治理主体法治观念淡薄。巨大的利益诱惑和传统"官本位"思想，让一些城乡结合部村（居）"两委"负责人飞扬跋扈、贪赃枉法。城乡结合部村社负责人"微腐败"，甚至"小官大贪"也屡见不鲜。课题组在调研中发现，82%的城乡结合部居民认为村（居）"两委"负责人根本不为群众办事，好处都被村干部及其亲戚拿去了。城乡结合部本地居民以亲朋好友为交往对象，务工人员多以老乡或同事为纽带交往。课题组在调查中发现，在问及"一旦受到侵害或发生纠纷，你最希望采取的解决途径是什么？"时，62%的居民回答的是"找关系，托熟人"，只有27%的居民回答是"走法律程序，依法解决"，还有11%的居民回答的是"能忍就忍"。在问及"是否愿意参与城乡结合部公共事务"时，本地居民约有82%表示"愿意参与"，流动人口中只有12%表示"愿意参加"。

① 《实现依法治国的历史跨越》，《人民日报》2014年10月24日第3版。
② 《中国共产党第十八届中央委员会第四次全体会议公报》，人民出版社2014年版，第5页。

2. 城乡结合部相关法律不完善严重制约着依法治理能力

"法律是治国之重器，良法是善治之前提。"① 法治的基本前提就是要有法可依，依法治理。但在我国快速城市化进程中，现有的法律法规体系根本无法满足城乡结合部经济社会的复杂化需求。城乡结合部一些新事务和新矛盾的解决，无法在现有的法律法规中找到实施依据。首先，现有的相关法律很难应对城乡结合部权属复杂的土地问题：城乡结合部大部分土地是农村集体土地，但也有少部分国有土地；即使是集体土地还分为集体承包地和宅基地。而当前全国范围内只有 2011 年 1 月 19 日国务院颁布的《国有土地上房屋征收与补偿条例》，虽然规定农村集体土地上房屋征收与补偿可参考《国有土地上房屋征收与补偿条例》，但这让大部分属于农村集体土地，又具有很强的城市国有用地价值的城乡结合部在土地征收和安置中很难依据实施。其次，在各地制定城乡结合部拆迁安置方案时，不仅全国没有一个标准，每一个省的标准不一样，每一个城市的标准不一样，甚至同一个城市东西南北也不一样，同一个城市同一方位前期和后期也有较大的差别。最后，现行法律法规并没有对城乡结合部土地征收做出明确规定。虽然在 2004 年的《宪法》修正案、《土地管理法》《物权法》等法律中明确赋予了城乡结合部居民作为土地的使用者所拥有的合法民主权利，但在实际土地征用及流转过程中，集体土地的土地征收标准、补偿安置原则、社会保障等涉及失地农民权益保护的重要内容法律并没有给出明确的界定，农民依法进行利益维护和愿望表达明显缺乏保障权益的法律基础。

二 一些城乡结合部党组织组织力低下

组织力是组织生命力的具体体现。基层党组织组织力的强弱直接关系到党的创造力、凝聚力、战斗力和领导力、号召力。当前基层"党支部要担负好直接教育党员、管理党员、监督党员和组织群众、宣传群众、

---

① 《中国共产党第十八届中央委员会第四次全体会议公报》，人民出版社 2014 年版，第7 页。

凝聚群众、服务群众的职责"①。创新城乡结合部社会治理路径，就是要"充分发挥基层党组织推动发展、服务群众、凝聚人心、促进合作的作用"②。从当前我国城乡结合部党建工作的实践来看，城乡结合部党组织组织力与建设"学习型、服务型、创新型基层党组织"的要求和满足城乡结合部人民群众的新期待还有非常大的差距。

1. 一些城乡结合部基层党组织涣散、党建工作严重滞后

城乡结合部的二元结构特征容易造成党组织在党员发展与组织整合中面临困境。城乡结合部人口的复杂性与流动性让党组织很难沟通与管理党员。2014 年 8 月，课题组在访谈时了解到，某村共有 1.6 万人，全部党员有 220 名，其中 50 岁以上的党员占 80% 左右，60 岁以上党员占70%，党员老龄化非常严重；因年轻人都忙于打工或做生意赚钱，该村每次开党员会，50 岁以下党员到会率一般都不足 30%，已连续 3 年没有30 岁以下的年轻人入党。一些城乡结合部村（居）党组织已形同虚设。在一些老大难的城乡结合部，上级党委很难挑选出合适的党组织负责人，很多党员外出务工或者忙于生计，参与党组织生活积极性低，村级党组织阵地名存实亡。一些城乡结合部基层党建工作要么"退居二线"，要么"高高悬空"，出现"党组织找不到党员、党员也找不到党组织"的现象。③城乡结合部基层党组织"空心化"使得党员与党组织和群众间的联系和互动搁浅，基层党组织战斗堡垒作用无法正常发挥，以党建创新推进城乡结合部社会治理创新的目标也就无法实现。

2. 一些城乡结合部基层党组织服务力弱，群众满意度低

课题组在四川成都、江苏徐州、山东临沂、江西南昌共 12 个城乡结合部村（居）党组织进行调研发现，城乡结合部居民对村（居）党组织及其负责人的满意度平均为 72%，最低的仅为 48%。通过课题组成员的深入访谈发现，群众满意度低的城乡结合部基层党组织恰恰也是凝聚力

①　习近平：《决胜全面建成小康社会　夺取新时代中国特色社会主义伟大胜利——在中国共产党第十九次全国代表大会上的报告》，人民出版社 2017 年版，第 65 页。

②　胡锦涛：《高举中国特色社会主义伟大旗帜　为夺取全面建设小康社会新胜利而奋斗——在中国共产党第十七次全国代表大会上的报告》，人民出版社 2007 年版，第 54 页。

③　钟健能：《创新城乡结合部基层党建工作》，《中国组织人事报》2013 年 5 月 27 日第 4 版。

差、服务力弱的基层党组织。第一，一些经济强人出任基层党组织负责人的城乡结合部，由于不少党组织负责人忙于自己的企业或生意，而忽视了"公家田"；第二，一些城乡结合部村（居）党组织长期内斗，无暇服务群众；第三，一些城乡结合部党组织负责人飞扬跋扈，脱离基层群众；第四，一些城乡结合部基层党组织负责人贪污腐败，让老百姓心寒；第五，一些城乡结合部基层党组织负责人生活作风恶劣，口碑极差。

三 城乡结合部行政组织依法治理能力低下

城乡结合部行政组织主要是指城乡结合部区域所在的乡镇（街办）及其所属的职能部门。乡镇与街办的性质不同，职能也有很大的差异。同时，不同的城乡结合部乡镇（街办）因城市化程度等原因所设置的科室也不尽相同。按照"党委领导、政府负责、社会协同、公众参与、法治保障"五位一体的社会治理体制要求，城乡结合部行政组织在城乡结合部社会治理体系中对路径创新要具有担当精神，发挥"负责"作用。从城乡结合部社会治理现状来看，我国一些城乡结合部行政组织还缺乏应有的依法行政能力，离社会治理体系和治理能力现代化的要求还有相当大的差距。

1. 治理主体职责模糊

乡镇是国家一级政权组织，职能相对齐全，要全面履行经济、政治、社会、文化、生态等方面的职能，而街办是区（县）的派出机构，淡化了经济职能，更加突出社会治理和公共服务职能。如果城乡结合部按照"乡（镇）—村"的运作模式，很容易让一些城乡结合部更加突出招商引资等经济职能，而淡化了社会治理和公共服务职能；按照"街办—社区"的城市基层社会运作形式，容易突出城乡结合部社会治理和公共服务职能，但不关注经济发展容易造成城乡结合部优势和潜能无法尽快彰显。因此，当前各地城乡结合部在经济发展、社会治理、公共服务、生态保障四个方面不同程度地存在着"到位""缺位""越位""归位"的问题。即便是在各治理主体职责明确的情况下，在运行过程中也有可能出现主体职责模糊的问题。如，南宁市城乡结合部社区建立起了社区党组织、社区居委会、社区公共服务站"三位一体"的新型社区复合式治理体制，其目标是让社区公共服务站吸收政府各部门在社区设立的各类工作站、活动站、服务站等，承担居委会剥离出来的行政职能，以切实维护党组织的领导核心作用，还原居委会的自治功能，即实现行政权力集中于服务站，社区居委会进行自治管理。但课题组实地调查了解到，在"三位一体"的社区管理体制下，社区党组织、社区居委会、社区公共服务站并没有按照预定轨道运行，而是依然在单一行政化管理下运转，分工并不明确，致使社区公共服务组织成为居委会的影子，背离了成立的初衷。并且，在一些城乡结合部调研中还发现，本应是城乡结合部重要的治理主体的公众，却对自己的治理主体身份并不认同。这种情况在一些城市的城乡结合部普遍存在。2015 年 10 月，课题组在一些地方的调研中发现，26.2%的公众认为村（社）事务由党组织说了算，21.6%的公众选择村（居）委会说了算，选择议事会说了算的占 21.2%。也就是说，在村民自治和居民自治推行 30 多年后的今天，一些城市城乡结合部居民，选择"村（居）民自己才是真正社区主人"的调查对象仅为 31%左右。40%以上的城乡结合部居民对城乡结合部社会公共事务表示"不关自己的事情"，60%城乡结合部居民认为，"村（居）民言行无法改变城乡结合部治理现状"。

2. 基层行政组织治理能力落后

一些城乡结合部行政领导和工作人员，"官本位"思想还很严重，依然片面追求经济方面的 GDP 而忽视民生社会问题的解决。一些城乡结合部基层管理主体还习惯用行政手段去管理公共事务，管理缺乏监督，治理效率十分低下，使得基层行政组织主导社会治理和公共服务工作困难重重。因征地拆迁、安置补偿等问题造成的利益冲突和社会矛盾更加尖锐复杂，一些城乡结合部是上访、集访的集中区域。在一些城乡结合部的调研中，当问及基层政府在解决征地中居民的利益表达问题时，只有7.41%的居民认为政府会重视并及时解决，高达66.67%的居民认为，基层政府会隐瞒信息不解决。上访被看作社会稳定的一个非常重要指标，各省市都要按照年度月份进行统计排名，并纳入科学发展观考核指标体系。如果上访人数过多，考评总成绩就会被严重拉低。因此，区县、乡镇，尤其是城乡结合部乡镇社区对上访者都会想方设法进行"堵截"。在党和政府大力推进社会治理体系和治理能力现代化的今天，一些城乡结合部领导干部思想观念还停留在"维稳"的思维上，不是通过建立健全居民利益维护和愿望表达机制，而是依靠"截、堵、压、拖"等非理性的方式，只能导致这些城乡结合部的依法治理能力与我国社会治理体系和治理能力现代化的差距越来越远。

四 城乡结合部社会治理主体合作共治能力不足

现代社会已是一个合作共治的社会，政府单向度的管控已越来越无法适应市场经济的发展与民主政治的进步。城乡结合部涉及纷繁复杂的利益关系，社会矛盾与社会冲突尖锐复杂。合作治理能够有效地促进各治理主体间的信息沟通和利益协调，并形成治理合力改善城乡结合部治理困境。

1. 一些城乡结合部合作共治机制徒有虚名

遵循党的十八、十九大要求，地方要构建"五位一体"的社会治理体制，创新基层社会共建共治共享路径。从调研情况来看，90%以上的城乡结合部合作治理机制的架构基本存在，但运转不畅。如调查发现，一些城乡结合部社区合作治理机制零散且不成体系，尤其缺乏社区治理的动力机制与运行机制。从一些发展较早的农村议事会机制的运行情况来看，也存在着被架空的现象。如2013年8月，课题组在某地调研发现，对于集体收入较高的村（社），街居规定50万元以内的事项由议事会成员协商，超过50万元的事项由村（居）民代表大会协商，村（居）是以资金大小规定议事协商范围。但是在与几个社区的村（居）两委进行深入访谈的过程中发现，面对如何界定"重大事项"，他们的态度都比较模糊。并且，在民主议事机制运行过程中虽然有村务监督小组，在决策执行后也存在群众满意度测评和公民评议等监督评估制度设计，但进行深入走访后，课题组成员发现，这些上墙的监督机制的真实性与合理性都存在一定的缺陷。不少村（居）民向我们反映，那些上墙的议事流程只是徒有形式，应付上面检查而已。

2. 城乡结合部社会共同体决策能力低下

城乡结合部决策过程也是城乡结合部社会治理主体基于利益博弈，在妥协中达成共识的过程。因此，城乡结合部政策应是在兼顾各种社会治理主体利益基础上妥协的产物。但课题组在一些城乡结合部的调研中发现，在解决公共事务过程中，城乡结合部"一言堂"或变相"一言堂"的问题依旧非常突出。如课题组在随机对两个社区的议事会会议记录

（一份是关于小区绿化承包的议题，一份是关于公共服务资金中路灯配置的议题）抽查时发现：这些社区一般有议事会成员 21 名，在关于小区绿化承包的协商过程中，发言次数一共只有 11 次，其中同一位议事会成员的发言次数竟达 5 次之多；在关于公共服务资金是否应当用于路灯的安装中，发言次数 17 次，同一位议员发言次数就达 6 次之多。后经查实，这些多次反复发言的议事会成员都是村（居）两委成员。另有一些城乡结合部村（居）两委成员完全操纵了议事会，让议事会成了村（居）两委尤其是村（居）书记个人意志合法化的工具。

五　城乡结合部社会组织发展不足，公民参与能力较低

公众参与是城乡结合部开展有效社会治理的基本条件。但从课题组在成都、南昌、南宁、徐州、临沂、楚雄、邛州等地的调研以及全国其他地域的相关报道来看，城乡结合部居民对公共事务的参与度普遍偏低。

1. 公众主动参与治理的意愿较低

城乡结合部公民大众广泛、有效、有序的政治参与是城乡结合部社会治理创新的重要前提。调查表明，一些城乡结合部确实还存在着拒绝或变相拒绝居民有效参与城乡结合部社会治理的现象。但也存在着相当多的居民不愿意参加城乡结合部社会治理实践的严峻问题。诚如帕特南在描述意大利南部地区的国民品质时说："在居民个人眼里，公共事务是别人的事务——是高级人士的事务，老板们的、政治家们的——不是自己的事务。"① 课题组对某市 4 个城乡结合部调研发现，41.2% 的居民表示"从没参加过社区的选举活动"；51.5% 的人表示，虽然参加，但都认为只是形式而已，用农民或涉农社区居民的原话说是"居委会的事情，与我们无关"。在另外一个城市的几个城乡结合部的调研数据也表明，仅有 22.58% 的居民参与过社区选举，表示"听说过但未参与过"的社区居民占到被调查总数的 52.15%。

2. 城乡结合部治理还存在着大量"搭便车"的行为

搭便车理论是由美国经济学家曼柯·奥尔逊于 1965 年提出的，旨在

---

① ［美］罗伯特·D. 帕特南：《使民主运转起来：现代意大利的公民传统》，王列、赖海榕译，江西人民出版社 2011 年版，第 133 页。

强调不付出成本而坐享其成的行为。在城乡结合部，大部分居民关注的焦点在于维持自身的生计，而对公共事务关注甚少，因而更多的人习惯于搭便车坐享社会治理成果。例如，2013年11月，课题组成员在调研某市例行的社区卫生清扫活动时，发现虽有92%的住户都认为各种粘贴的小广告影响着社区的环境，但真正参与治理活动的社区居民却少之又少，甚至一些居民看到了在社区贴小广告的外来人，也视而不见。久而久之，治理小广告问题，终因雷声大雨点小，而不了了之。居委会主任认为，这一方面是社委会宣传工作做得不到位；另一方面一些社区居民也抱着别人会去清理，我工作很忙没必要参与其中的想法。这种典型的"搭便车"的思维不仅经常会导致社区决策难以形成，即使出台了的政策也无法有效执行。

3. 流动人口的地缘聚集形成了独立的"小王国"

公众参与度低的另一种原因在于以地缘因素聚集形成的团体排斥参与城乡结合部社会治理活动。如在一些大城市的城乡结合部形成的所谓"浙江村""河南村""安徽村"，甚至还有"皮货村""箱包村"等。① 在调研中，课题组也发现在一些大城市的城乡结合部中有"内江帮""浙江帮"等流动人口团体的存在。这些聚集区有其特定的内部管理结构，几乎独立于所在区域的治理体系。这些楔入城乡结合部的外来抱团取暖小团体，既不利于城乡结合部融合性治理，还有可能造成新的社会治安隐患。

4. 城乡结合部社会组织发展不足

现代社会治理，本质上是公民组织的治理。城乡结合部居民参与公共事务积极性不高，参与能力较低，一个非常重要的因素就在于城乡结合部普遍缺乏公民参与公共事务的良性社会组织载体。随着经济、社会向多元、开放的方向发展，社会组织在协同基层政府加强基层社会治理方面发挥着越来越重要的作用。社会组织能够起到弥补基层政府公共服务不足、缓解就业压力、广泛联系社会各阶层群众、传递群众心声、代表群众利益以及维护基层社会稳定发挥桥梁纽带的作用。北京市人社局发布《北京市社会公益性就业组织管理试行办法》，试点在部分街道、乡

---

① 田涛：《尴尬的城乡结合部》，《东方早报》2005年2月24日第5版。

镇设立"社会公益性就业组织",采取全日制用工、签合同、上五险,不低于最低工资标准。① 尽管各地想方设法促进城乡结合部社会组织的培育与成长,但是,当前广大城乡结合部社会组织严重匮乏,已经成立的公益社会组织发挥效果也不明显。2013 年 10 月中旬,课题组在某地的深度访谈中了解到,该城乡结合部社区社会组织的孵化机制在社区文件上确实提出了,但社区的各种资源都非常有限,治理主体的力量薄弱,对社区社会组织的孵化培育工作只能缓慢进行,甚至裹足不前。

六 城乡结合部现代治理工具应用不足,服务能力较低

城乡结合部公共服务设施落后、工作人员不擅于运用现代治理工具,服务能力低下也是城乡结合部社会治理陷入困境的重要表现。

1. 城乡结合部公共服务能力有待提高

城乡结合部地区基础设施落后、人口集中聚集,难免会造成基层服务能力较低,公共服务状况堪忧。一是,城乡结合部区域普遍存在着背街小巷和低矮的棚户,尤其是严重缺乏甚至根本没有管网等地下设施,"晴天一身土,雨天一身泥"是一些城乡结合部的常态。二是,由于住房低廉、消费较低等因素,城乡结合部成为外来打工人群集中的区域;日益膨胀的人口让现有的基础设施,以及捉襟见肘的村(社)工作人员无力提供到位的社区服务。三是,由于城乡二元结构的存在,不同户籍的居民所享有的基本公共服务具有差异性,尤其是对那些没有城乡结合部户籍的外来流动人口所提供的公共服务仅仅限于维持治安等层面的简单管理,无法满足流动人口的公共服务需求。课题组在一些城乡结合部调研中,问及当地政府最需要改进的公共服务时,"加大基础设施投入""加大环境卫生建设投入"分别排在第一、第二位。

2. 城乡结合部社会主体对现代社会治理工具运用不足

早在 20 世纪 90 年代,电子政务就已是政府改革的重要内容。通过电子政务可以提高政府办公效率、增强透明度、提升人民满意度等。随着信息技术的进一步发展和移动终端设备的普及,如微博、微信等新媒体。

---

① 《北京试点社会公益性就业组织》,2014 年 9 月 26 日,新浪网 (http://news.sina.com.cn/o/2014 - 09 - 26/111030918987.shtml)。

这些新媒体具有更高的时效性与交互性，应成为社会治理的有效工具。在城乡结合部地区，一方面，由于居民自身对于当地的治理关注度不高，不能及时通过新媒体等方式获知相关信息；另一方面，当地党政机关的官方微博、微信推广力度不够，或者更新迟缓、形同虚设。课题组成员调研发现，有两个城乡结合部社区网站在 2011 年前后都先后建成并投入使用，起初社区服务、活动的信息都能在社区网站、社区论坛、社区宣传栏等平台发布。但是实行一年后，由于人力、物力、财力的限制，社区网站和论坛上的信息无法及时更新。这样，现代治理工具并不能在城乡结合部治理过程中起到良好的沟通与互动作用，这在一定程度上也影响了城乡结合部治理质量。①

七 城乡结合部贪污腐败现象严重，政治生态恶化

由于城乡结合的特殊区位优势，许多当地村干部利用土地征迁、流转之机会，利用职务之便大肆敛财，贪污腐败乱象十分严重。城乡结合部基层干部"蝇贪"的具体表现为"吃拿卡要""挪用私分公款""圈地卖地""私办企业""截留冒领""私养情人""染黑涉黑"等。据不完全统计，2013 年以来，全国公开村干部违纪违法案件 171 起，涉案总金额高达 22 亿元，平均一起 1.83 亿元。② 城乡结合部"小官大贪"，扰乱了正常的市场秩序，危害了城乡结合部转型发展，刺痛了民众的心，直接损害了党和政府的公信力与合法性地位，在社会上造成了极大的负面影响。在实际调研过程中，"官商勾结""官官相护"等词，也经常从村民口中说出。在访谈中，有不少失地农民直言不讳地认为"当地镇村干部存在或挪用土地征收补偿安置款项"。还有一些失地农民举报征地补偿款被镇村干部无故"拦腰截留"，至今未果。城乡结合部基层干部的系列贪腐行为无疑损害了政府形象，降低了政府信任度，严重恶化了党群干群关系。与"老虎"相比，城乡结合部基层"小腐败""微腐败"虽然看

---

① 范跃、吴闻哲：《绍兴一村支书竟当了十余年黑社会头目，另 5 名村干部是成员》，《检察日报》2018 年 9 月 6 日第 7 版。

② 《城乡结合部频现小官大贪 多涉土地征迁有涉黑倾向》，2014 年 12 月 23 日，中国新闻网（http://www.chinanews.com/fz/2014/12-22/6899381.shtml）。

起来不起眼，但由于基层"蝇贪"客观存在着"直接损坏人民群众的切身利益""纵蝇成虎、小官大贪""恶化政治生态""影响反腐败成效与进程""动摇党的执政根基"等严重的危害，[①] 甚至一些城乡结合部还依靠基层黑恶势力非法治理。因此，决不能对基层腐败问题掉以轻心，必须借助党中央、国务院"扫黑除恶"的坚定决心和铁腕行动，始终坚持"老虎苍蝇一起打"，以更大的决心、更强的信心、更足的耐心，旗帜鲜明地根治城乡各种形形色色的"小腐败""微腐败"，为打造政治上的"绿水青山"奠定坚实的社会基础。

城乡结合部存在的严峻问题，最突出的是不少城乡结合部基层党组织"弱化、虚化、边缘化"问题。正是因为这个基层社会治理中最根本的问题没有解决，才会造成不少城乡结合部其他问题滋生蔓延，愈演愈烈。

第四节　城乡结合部社会治理困境的原因分析

城乡结合部社会治理困境的出现是多种因素交汇叠加的结果。从客观因素来看，城乡结合部复杂的社会现状是导致治理困境的直接原因；从主观因素来看，战略规划缺失、治理主体能力不足、公民文化发育缓慢是导致治理困境的重要原因；从深层原因来看，城乡二元结构的影响、不同利益间的冲突以及城乡结合部社会治理质量监测的缺失是导致治理困境的深层次原因。

一　城乡结合部社会治理困境的客观因素分析

无论是作为城市和农村过渡地带的一般意义上的城乡结合部，还是位于城市内部的"城中村"都面临着党员与党组织联系互动不足、基层民主难到位；打工经济发展失序、出租（瓦片）经济发展问题突出、地下经济繁荣；人口现象复杂、社会矛盾集中、安全隐患多；城乡结合部文化设施不完善与文化活动匮乏；自然生态环境遭到破坏、生活生态环境恶化等一系列的客观现象，这些现象本身就是城乡结合部治理中必须

---

① 史云贵：《哪些腐败令人深恶痛绝？》，《人民论坛》2017 年第 13 期。

直接面对的困境与难题。

1. 城乡结合部社会治理内容繁多

城乡结合部不仅包含着城市的基本要素，也包含农村的基本要素。城乡元素的交叉混合造成了城乡结合部社会治理内容芜杂。这意味着城乡综合部社会治理不仅包括城市和农村社会治理中一般性的治理内容，还包括治理诸如瓦片经济、地下经济、土地利益纠葛、本地居民与外来人口间的矛盾冲突等具有城乡结合部特色的内容。流动人口多，人员构成复杂是城乡结合部的典型特征。复杂的社会治理内容加剧了城乡结合部社会治理的困境。

2. 城乡结合部人员复杂

城乡结合部居民不仅包括本地人口，还有着大量的流动人口。在一些经济相对发达的城乡结合部，外来人口甚至会超过本地人口。北京朝阳区崔各庄乡东辛店村与京顺路相邻，被称为"出京第一村"。便利的交通条件吸引了大量流动人口居住。村占地面积 1.47 平方公里，常住人口 1100 余人，外来流动人口高达 5 万余人。该城乡结合部流动人口和本村人口比例达到 45∶1。① 由于人口比例严重倒挂，村里的治安秩序、环境卫生等问题不断涌现。一方面，这些流动人口来自不同区域，言行举止、思维方式、风俗习惯等具有差异性，个体化特征较为明显；另一方面，这些流动人口具有较强的流动性，流入与流出的人口信息难以通过有效的方式进行及时的更新。复杂的社会治理客体，加剧了城乡结合部社会治理的张力。

3. 社会治理成本增加

与相对稳定的城市和乡村而言，城乡结合部的流动性特征较为明显，这无形之中导致了社会治理成本的增加。首先，社会治理沟通成本的增加。现代治理越来越重视治理主体间的信息沟通。但不少城乡结合部外来人口占比很高，且具有较强的流动性和低文化素质特征。在治理过程中如若要进行充分的沟通需要耗费很高的沟通成本才能确保相关的流动人员较好地理解相关政策。其次，社会治理时间成本的增加。这里的时

---

① 金可：《北京整治 60 个城乡结合部地区 重点地区流动人口逐渐减少》，《北京日报》2014 年 9 月 10 日第 6 版。

间成本增加，一方面是由于城乡结合部社会问题的多样性以及社会客体的复杂性引起的，需要更多的时间来调查情况，沟通交流以及协调解决；另一方面，是由于流动人口工作时间不固定引起的，因而需要耗费更多的时间来沟通解决相关问题。如课题组在徐州市泉山区翟山社区和铜山区驿城村调研发现，这两个城乡结合部社区的工作人员经常要到晚上打工者回到居室后才有机会上门走访和服务，甚至要与一些打工者多次约见面沟通时间，还经常得不到城乡结合部居民的理解和支持。最后，社会治理信任成本的增加。城乡结合部迫切需要各种社会治理主体间的合作治理。而信任是导致合作共治的必要前提，没有信任就不会有合作。特别是在当前的社会治理过程中，更需要治理主体间的信任来进一步提升城乡结合部社会治理质量。但城乡结合部流动人口本身对所在的城乡结合部缺少归属感，且居民之间的人际关系相对疏离。特别是由于社会治理中一些街办部门对小作坊、流动摊贩等对象的打击，导致流动人口与管理部门间存在敌对态度。迫切需要创造条件去建立和维持城乡结合部治理主体间的信任，并随着流动人员的流入和流出，建立和维持信任的工作要持续进行，不断增加城乡结合部信任资本。

二　城乡结合部社会治理困境的主观因素分析

除却城乡结合部社会现状对社会治理形成的障碍因素外，城乡结合部缺乏战略规划、治理主体能力不足以及文化培育迟缓等主观因素，是导致治理困境更为重要的原因。

1. 缺乏战略规划

"战略"一词原意为将道或统帅术，专指军事战略。20世纪以后，战略越出了军事战略范围也用于政治、经济等方面，出现政治战略、经济发展战略、国家战略、对外战略等概念。从治理的视角可以将战略定义为在一定的历史时期内为了实现一定的治理目标，在与内外部环境有效互动的前提下，制定出具有全局性、系统性和可操作性的决策群。战略规划可以集合社会资源形成有效合力促进战略目标的达成。在战略规划的指导下，城乡结合部能够更有效地集合现有资源处理和解决社会问题，还可以为未来发展和转型提供基础和准备。但从我国城乡结合部社会治理实践来看，城乡结合部治理还缺乏战略性思考。一方面，一些城乡结合部还没有被纳入城市发展的整体规划。在城市化进程的快速推进下，不少城市发展规划关注的焦点在于城市，提出城市化率等指标，而没有考虑其边缘地带应当如何规划和发展。另一方面，城乡结合部所在区域的治理主体也缺乏对城乡结合部进行定位和规划的深入思考。城乡结合部区域治理主体更多的是将城乡结合部作为城市化进程的缓冲带，而没有思考城乡结合部未来以何种定位发展。这就使城乡结合部凸显出两大严重问题：其一，城乡结合部发展缺乏科学规划，集体经济和家庭收入难以实现可持续增长，甚至出现返贫现象；其二，城乡结合部规划建设严重滞后。① 城乡结合部经济形态、住宅类型混乱，随时都有引发社会风险的可能。

2. 治理主体能力不足

在治理理论中，治理主体具有多元性，政党、政府、社会组织、公众都是治理主体。就城乡结合部而言，治理主体包括城乡结合部的基层党组织、基层政府、村（居）民自治组织、社会组织、本地居民以及外来流动人口等。

一是相关治理主体能力不足。

首先，基层党组织领导能力有待提升。基层党建工作开展难度大是城乡结合部的困境之一。这固然有流动人口流动性强、发展党员较为困难等客观原因。但不可否认，越是在这些具有挑战性和复杂性并且具有潜在社会风险性的区域越需要党组织的领导。城乡结合部党组织迫切需要结合新时代背景、新生代流动人口的特点以及新治理工具的使用，强化党组织在该区域对各种公共事务治理和科学发展的核心领导与整合作用。其次，行政组织协调能力有待提升。城乡结合部行政组织需要同时面对上级政府、居民自治组织、村自治组织、社会组织和公众，既需要完成上级政府的工作任务，又要保障、维护和促进所在城乡结合部区域的稳定和发展，仅仅依靠其自身能量显然是无法达成的。打造城乡结合部社会治理共同体需要充分发挥行政组织的桥梁纽带作用，将城乡结合部各治理主体有效衔接起来，协调好各方的资源和利益，调动所有社会

---

① 史云贵、赵海燕：《我国城乡结合部的社会风险指标构建与群体性事件预警论析》，《社会科学研究》2012 年第 1 期。

治理主体参与城乡结合部共建共治共享全过程。再次，社会组织参与能力有待提升。阿尔蒙德认为"只有当官员出于担心不采取行动的后果，而采取行动时，我们才认为某个群体是有政治影响能力的，并是决策的参与者之一"①。课题组调研发现，在不少城乡结合部，尽管当地行政组织已经意识到社会组织和公众参与的重要性，并且积极创造参与条件，但参与成效并不明显。就社会组织而言，其数量较少且处于发展的初级阶段，很多情况下需要借助政府的扶植才能生存和发展，独立性较差，因而不能很好地行使参与和监督功能。最后，就公众而言，影响参与治理积极性的一个原因在于城乡结合部的流动人口文化素质相对较低。调查发现，80%以上的城乡结合部打工族认为他（她）在城乡结合部只是暂时性的，因而在其基本谋生和生活不受过分影响的情况下，大多数流动人口并不热衷参与所在城乡结合部区域的社会治理活动。

二是各种治理主体尚未形成治理合力。

在城乡结合部治理中，多中心治理、合作治理、合作共治等理念已经渗入其治理过程。各治理主体的能力短板也得到重视并进行修补和强化。但由于城乡结合部治理缺乏战略规划，因而难以将这些主体的能力形成合力面向特定的发展目标进行聚焦。并且，各治理主体间缺乏良好的保障机制，很难真正实现有机衔接和良性互动，这在一定程度上也影响了各治理主体治理能力合力的发挥。课题组在对预定的城乡结合部调查中发现，地市级政府、区县政府、街道办事处（乡镇）、城乡结合部村（居）两委、社区社会组织、社区居民等各种城乡结合部社会治理主体普遍存在着复杂的利益关系。当这些治理主体在利益平衡中无法达成共识时候，各种社会治理主体间的关系在一定程度上就成了"天鹅、梭子鱼和虾"的关系，不仅很难形成合作治理的能力，而且充满着张力与冲突。

三　城乡结合部社会治理困境的深层原因分析

城乡结合部社会治理困境从深层次原因来看，主要源自三种：一是城乡二元结构的影响，二是城乡结合部不同利益间的冲突，三是城乡结

---

① ［美］加布里埃尔·A.阿尔蒙德、西德尼·维伯：《公民文化——五个国家的政治态度和民主制》，徐湘林等译，华夏出版社1989年版，第205—206页。

合部社会治理质量评估的缺失。

1. 城乡二元结构的影响

城乡"二元结构"是指将对我国城市和农村实行相对独立的治理而形成的城市社会为一元、农村社会为一元的城乡分离的不平衡的社会状态。城乡二元结构对于城乡结合部社会治理存在很大的制约，主要表现在以下几个方面：[①] 首先，在户籍制度问题上，城乡结合部村民因农村户口的制约，一度长期被排斥在城市化进程之外，不能真正融入城市生活。其次，在土地管理制度上，我国实行城乡二元土地管理制度，城市土地归国家所有，而农村土地归集体所有。这样，在城市化进程当中，由于土地产权不清晰、土地市场混乱使失地农民利益受到极大的侵害，也加剧了城乡结合部的经济乱象。再次，在行政管理制度上，由于二元行政管理制度的存在，为了保护农村集体的利益，村（居）委会在执行政策时可能会选择性地执行甚至是抵制相关政策的执行。最后，在基本公共服务上，长期以来，我国在公共物品投资体制安排上，具有明显的"城市偏向"[②]。城乡结合部基本公共服务资金投入不足，且缺乏相应的标准，难以满足当地居民的需求。

在城乡二元结构的框架下，城市和农村具有相对明确的治理制度和标准，但却缺乏对城乡结合部治理明确的制度、机制、标准和要求。虽然，这种状态给予了不同形态、不同成熟度的城乡结合部更大的治理自由，但也造成了治理的混乱和对治理质量评价的模糊。这些问题，都需要以城乡基本公共服务均等化的体制机制创新来加快城乡融合、实现城乡一体化。

2. 城乡结合部不同利益间的冲突

"人们为之奋斗的一切，都与他们的利益有关。"[③] 利益关系是产生各

---

① 聂仲秋：《城乡结合部和谐发展研究——以西安为例》，西北农林科技大学，博士学位论文，2008 年。

② 叶剑平：《中国城乡结合部地区土地利用困境：路径抉择与机制设计》，中国经济出版社 2012 年版，第 43—44 页。

③ 《马克思恩格斯全集》第 1 卷，人民出版社 1995 年版，第 187 页。

种问题和矛盾的最深层次的关系。① 城乡结合部处于城市与农村的过渡地带，聚集着大量的流动人口，而社会资源客观上具有稀缺性，不同群体、个人追求自身利益的同时，不可避免地要同其他群体或个人的利益产生冲突，由此产生各种利益的纷争。城乡结合部利益冲突具有多样性。就矛盾主体而言，从宏观上来看，包括国家和地方的矛盾以及长期利益与短期利益的矛盾；从中观上看，包括上下级政府间的矛盾，当地政府与村委会的矛盾，各城乡结合部间的矛盾，政府、村两委与企业间的矛盾，政府、村两委与居民间的矛盾，企业与居民间的矛盾等；从微观上看，主要是居民间的矛盾；就矛盾对象而言，包括政治利益的矛盾、经济利益的矛盾，特别是上地利益引发的利益冲突等。在城乡结合部社会治理中，每一个社会治理主体说到底首先都是"经济人"。在有限资源和利益最大化的驱动下，不同的利益主体为了保障自身的利益而相互争夺、互不相让，使得本就复杂的城乡综合部在矛盾深层次上更加盘根错节，甚至牵一发而动全身，无疑增大了社会治理的难度。

3. 城乡结合部社会治理质量测评的缺失

不少城乡结合部长期陷于社会治理困境，固然有制度环境、利益冲突、治理主体素质、社会现状复杂等诸多原因。但如果将城乡结合部社会治理视为一项待完成的工作任务，那缺乏对其过程和结果的测评也应是造成城乡结合部治理困境的一项重要原因。因为没有评价标准，就无法确认该项工作是否已经完成以及完成的效果如何。

在调研中，课题组发现一些城乡结合部治理也不乏一定的标准。如在对成都市、徐州市等城市城乡结合部的调研中，课题组就查询到这些城市曾就城乡结合部治理下发专门文件，明确了城乡结合部环境整治的具体要求（包括安置垃圾桶的数量、公共厕所的数量等），但从现有的文献资料和调研实践中还没有发现衡量城乡结合部治理的科学标准以及由该标准建构的系统的评价指标体系。

在城乡结合部社会治理监测与评估缺失的情况下，城乡结合部社会治理很难明确和聚焦其要达成的治理目标，多元治理主体也无法进行对

---

① 王娟、常征：《中国城乡结合部的问题及对策：以利益关系为视角》，《经济社会体制比较》2012 年第 3 期。

标治理，从而对城乡结合部社会治理质量产生了不确定影响。由于缺乏治理过程的测评，城乡结合部社会治理中存在的风险也无法得到及时识别，从而增加了城乡结合部社会风险的发生概率。所以，科学构建城乡结合部社会治理质量评价指标体系，以评促建，应是当前城乡结合部社会治理的一个重要创新路向。

第 三 章

城乡结合部社会治理的顶层
设计与实施路径

　　城乡结合部是城市社会治理的重点、难点、堵点和痛点。由于已有的治理路径多为"头痛医头""脚痛医脚"的破碎化治理措施，城乡结合部问题长期以来一直并没有得到根本解决。城乡结合部社会治理创新的前提在于科学诊断城乡结合部存在的问题与困境，弄清楚其"病灶"和"病根"。突破城乡结合部社会治理"瓶颈"的根本出路在于科学的顶层设计，具体的路径在于找到城乡结合部社会治理创新的关键点、突破口与着力点。

第一节　破解城乡结合部社会治理
困境的理性思考

　　当前，城乡结合部业已成为社会治理创新的重点和难点，也是社会和学界关注的焦点。城乡结合部社会治理困境几乎伴随着快速城市化而出现并日益加剧。各地在治理城乡结合部过程中也试图破解这一难题。尽管我国发展的区域性差异以及各地城乡结合部的个体差异，要求因地制宜、有针对性地设计和实施城乡结合部社会治理方案，但从整体性治理角度提出具有可借鉴、可复制、可操作、可推广的城乡结合部社会治理路径仍具有重要的现实意义。

　　从当前我国城乡结合部发展现状来看，城乡结合部自身已成为快速城市化的结果和后果的承载地，存在着党员与党组织联系互动不足、基层民主难到位，打工经济发展失序、出租（瓦片）经济突出、地下经济繁荣，人口现象复杂、社会矛盾集中、安全隐患多，文娱设施落后、文化活动匮乏、文化异质性突出，自然生态环境遭到破坏、生活生态环境恶化等社会乱象。我们在肯定城乡结合部在吸纳进城务工人员等积极作用的基础上，必须承认城乡结合部作为不城不乡的"怪胎"，集中凸显了城市和农村的"负面现象"，成为很多城市治理中挥之不去的"毒瘤"。城乡结合部这些社会乱象导致了推行法治困难、基层党建工作滞后、政府管理问题重重、社会组织培育与发展工作滞后、公众参与意愿偏低、现代治理工具缺乏有效应用等治理困境。课题组运用层次分析法对城乡结合部治理困境的原因进行分析，发现由城乡结合部社会现状所引起的社会治理内容芜杂、社会治理客体复杂、社会治理成本增加是城乡结合部社会治理困境的客观原因；城乡结合部缺乏战略规划、治理主体能力不足以及参与文化培育迟缓是导致其治理困境的主观原因；而城乡二元结构的影响、城乡结合部巨大的利益冲突与社会治理质量评估的缺失，则是导致城乡结合部社会治理困境的深层次原因。

课题组从城乡结合部社会治理困境及其原因分析出发，在学者们前期学术研究以及城乡结合部社会治理实践的经验总结基础上，试图以公园城市为顶层设计，以打造共建共治共享的城乡结合部社会治理共同体为关键点，以构建社会治理质量评估指标体系为突破口，以构建和完善城乡结合部治理质量风险预案为着力点，加快城乡结合部社会治理创新步伐，努力破解当前城乡结合部社会治理困境。

课题组认为，理想的城乡结合部应是城市和农村优势的集合，是城乡有机融合的生产生活共同体；它既具有完善的城市公共服务，又彰显美丽乡村的田园风光；既承担着城乡绿色生产功能，又是市民绿色生活的后花园，同时也为美丽乡村建设提供大量创业就业机会和提升生活质量的机会。当前，能让人民生活更加美好的"公园城市"可以为破解城乡结合部困境提供顶层设计。按照公园城市的要求，一方面要对城市发展进行科学定位与规划，先把整个城市规划为一个公园，彻底打破传统城乡二元结构下城市与农村的界限，在城乡一体的公园城市里规划布局各种生产生活生态要素。同时，又要按照城乡高度融合的公园城市的要求，对现有城乡结合部进行科学改造。对那些适合完全融入主城区的城乡结合部，让它们尽快完全成为现代都市的一部分，或城市副中心；从城乡科学规划的角度，更适合扮演着城市后花园的城乡结合部，要按照城乡公共服务设施一体化与基本公共服务均等化的要求，对城乡结合部地下管网等基础设施进行科学再造，在此基础上更加突出城乡结合部休闲农业与观光旅游的功能，把城乡结合部打造成山清水秀、城乡融合的现代诗意田园区域。

第二节　公园城市：城乡结合部社会治理创新的顶层设计

城乡结合部之所以成为城市社会治理的痼疾与梦魇，最根本的还在于，城市治理主体一直没有找到一个科学的顶层设计去破解。"顶层设计"本来是一个工程学术语，它在工程学中的本义是统筹考虑项目各层次和各要素，追根溯源，统揽全局，在最高层次上寻求问题的解决之道。正如"人生的扣子从一开始就要扣好"[①]一样，城市建设一开始就要规划好、设计好。我国近年来的城市建设实践证明，公园城市的提出，可以为破解城乡结合部治理困境提供新的顶层设计思维。

中国场域的"公园城市"是继田园城市、森林城市、园林城市、生态城市等城市类型后对城市治理提出的一个新目标，是从整体上破解城乡结合部困境与城市病的正确应答，也是对不断满足人民美好生活需要的科学回应。"公园城市"的起源最早可追溯至意大利哲学家康帕内拉于1623 年在《太阳城》中提出的一个幸福和谐的理想城邦。与城乡结合部密切相关的还有"田园城市"等城市类型。英国霍华德于1902 年在《明日的田园城市》中首次提出"田园城市"的概念。他以田园城市作为解决城市污染、交通拥堵等工业革命带来的"城市病"，进而促进城乡融合的经济生态有机体。2018 年2 月11 日，习近平总书记在四川成都视察天府新区时提出，成都在城市治理中"要突出公园城市特点，把生态价值

[①]　《习近平五四北大讲话：人生的扣子从一开始就要扣好》，《人民日报》2014 年5 月5 日第2 版。

考虑进去，努力打造新的增长极，建设内陆开放经济高地"①。而天府新区可以说原来就是成都与周边县区交织的城乡结合部。"先把天府新区规划为一个大公园，再在公园里布局城市"，进而在整个公园城市里统筹"人城境业"。公园城市的新理念为破解我国长期以来城乡二元分野及其带来的城乡结合部困境指明了正确的方向。

公园城市作为一个新生事物，不仅一些地方政府常把"公园城市"等同于"城市公园"或"在城市中建公园"，即使在学术界也没有统一的定义。杨雪锋根据公园城市的公共品属性、生态属性、空间属性将其定义为：以生态文明思想为遵循，按照生态城市原理进行城市规划设计、施工建设、运营管理，以绿量饱和度、公园系统网络化为主要标志，兼顾生态、功能和美学三大标准，实现生命、生态、生产、生活高度融合，运行高效、生态宜居、和谐健康、协调发展的人类聚居环境。② 吴岩、王忠杰认为，公园城市是新时代城乡人居环境建设理念和理想城市建构模式，将城乡公园绿地系统、公园化的城乡生态风貌作为城乡建设的基础性、前置性配置要素，把"市民—公园—城市"三者关系的优化和谐作为创造美好生活的重要内容，通过提供更多优质生态产品以满足人民日益增长的优美生态环境需要。③ 梁本凡从公园城市与城市公园的对比出发，认为公园城市是指具有绿色、环保、生态、美丽、宜居、高效、共享等特点，能满足城市居民幸福生活需要的城市。④ 尽管学者们对公园城市进行了不同的定义，但并未达成共识，且都仅仅从公园城市的某个视角切入，并未形成一个系统完整的内涵界定。

毋庸置疑，公园城市是贯彻新发展理念，尤其是绿色发展的产物，

① 《习近平春节前夕赴四川看望慰问各族干部群众》，《人民日报》2018 年 2 月 14 日第 1 版。
② 杨雪锋：《公园城市的科学内涵》，《中国城市报》2018 年 3 月 19 日第 19 版。
③ 吴岩、王忠杰：《公园城市理念内涵及天府新区规划建设建议》，《先锋》2018 年第 4 期。
④ 梁本凡：《建设美丽公园城市推进天府生态文明》，《先锋》2018 年第 4 期。

与绿色治理①密切相关。从公园城市与绿色治理的角度出发，我们认为，公园城市是多元治理主体为满足人民美好生活需要，在空间正义的基础上，以绿色价值理念为指导，以资源共享为前提，以打造人与自然伙伴相依的命运共同体为载体的新型城市治理形态。② 把公园城市作为顶层设计，就是说要"一个城市的预期就是整个城市就是一个大公园，老百姓走出来就像在自己家里的花园一样"。所谓城市的顶层设计，就是指一个城市的治理要遵循城市自身发展的规律，并按照城市自身的规律搞好城市规划。习近平总书记提出："城市规划在城市发展中起着重要引领作用，考察一个城市首先看规划，规划科学是最大的效益，规划失误是最大的浪费，规划折腾是最大的忌讳。"③ 以公园城市为顶层设计思维，深入推进城乡结合部社会治理创新，是全面落实"以人民为中心"的工作理念，真正践行城市绿色发展的绿色治理之道。

中国特色社会主义进入新时代，我国社会主要矛盾是人民日益增长的美好生活需要和不平衡不充分的发展之间的矛盾。因此，满足人民美好生活需要就成为新时代治国理政的根本目标。人民对美好生活具有多样性的需求，不仅是物质上的满足、精神上的富足，还包含对生态环境的关注，这是一种对实现经济、政治、文化、社会、生态协调发展的生命共同体的需求。公园城市汇聚了经济、政治、社会、文化、生态等全要素、多领域的美好期许，兼具了"绿水青山""绿色低碳""多元共治""以文化人""美好生活"等多元价值要素。因而，公园城市就在这种不断满足人民美好生活的时代背景下应运而生。公园城市治理就是要以人民为中心，以绿色发展理念为指导，实现人、城、境、业和谐统一，打造生产、生活、生态有机融合的生命共同体。也就是说，以公园城市为顶层设计的城乡结合部社会治理是一种高质量的绿色治理。"绿

---

① 史云贵、刘晓燕认为，多元治理主体在特定的时空背景下，以绿色价值理念为引导，基于互信互惠互赖关系和资源共享，合作共治公共事务，以实现"政治—经济—社会—文化—生态"和谐持续发展的活动或活动过程（参见《县级政府绿色治理体系的构建及其运行论析》，《社会科学研究》2018 年第 1 期）。

② 史云贵、刘晴：《公园城市：内涵、逻辑与绿色治理路径》，《中国人民大学学报》2019 年第 5 期。

③ 《习近平北京考察工作：在建设首善之区上不断取得新成绩》，《人民日报》2014 年 2 月 27 日第 1 版。

色治理共同体基于互信互赖和共建共治共享原则，以绿色价值理念为引导，对公共事务进行合作共治，以实现'经济—政治—社会—文化—生态'和谐持续发展的治理活动或活动过程。"① 公园城市绿色治理要以生态保护为先、以污染治理为重点、以绿色生产生活为根本、以绿色科技创新为关键，以新型治理队伍培育和绿色执行力提升为主导，以绿色文化养成为灵魂，以绿色治理体制机制为保障，全面提升公园城市绿色治理的能力与水平。相比田园城市、森林城市、园林城市、生态城市，公园城市更能体现以人民为中心的治理导向，更有助于实现人民对美好生活的需要。

公园城市，首字为"公"，意味着公园城市首先是一种公共空间与公共生活。"由于社会是作为国家的对立面而出现的，它一方面明确划定一片私人领域不受公共权力管辖，另一方面在生活过程中又跨越个人家庭的局限，关注公共事务。"② 因此，公园城市作为一种公共领域，还起到跨市民社会、私人领域、公共权力的第三域作用。现代社会，"每一个人都认为他和一切公共事务有着利害关系；都有权形成并表达自己的意见"③。人们在公园城市中可以自由平等地开展各类经济和社会活动，依法进行利益诉求与愿望表达，能广泛有效地参与公园城市治理。可以说，公园城市包含了中国特色社会主义的经济逻辑、政治逻辑、社会逻辑与文化逻辑，充分体现了城市治理"以人民为中心"的思想精髓，是人民安居乐业、幸福安康的重要保证。

作为未来城市治理的目标，对公园城市的内在逻辑及治理路径的探讨对破解城乡结合部治理困境无疑有着重要的理论和现实意义。

第三节　城乡结合部社会治理创新的路径选择

城乡结合部社会治理路径创新除了通过公园城市的顶层设计做好城

---

① 史云贵、刘晓燕：《绿色治理：概念内涵、研究现状与未来展望》，《兰州大学学报》2019 年第 3 期。

② ［德］尤尔根·哈贝马斯：《公共领域的结构转型》，曹卫东译，学林出版社 1999 年版，第 23 页。

③ 同上书，第 112 页。

市发展的科学定位与规划引导，整体性统筹解决城乡结合部社会治理问题外，具体还要通过寻找社会治理的关键点、着力点、突破口等进行一系列的路径创新。以公园城市为引领，对城市进行科学定位与规划引导，从顶层设计层面解决城乡融合发展是创新城乡结合部社会治理的基础和前提；打造城乡结合部共建共治共享的合作治理共同体是城乡结合部社会治理创新的关键点；构建和完善社会治理质量评估指标体系是城乡结合部社会治理创新的突破口，科学的社会治理质量风险等级评估与实施预案是城乡社会治理创新的着力点。打造共建共治共享的合作治理共同体，就是要解决"由谁来治理"和"怎么治理"的问题；社会治理质量评估指标体系的构建，就是要解决"治理要达到何种目标"的问题；社会治理质量风险等级评估及实施预案，则是要解决"如何保障治理达到既定目标"的问题。新时代，以公园城市为破解城乡结合部社会治理困境的顶层设计，就是要树立"公园城市＋"的顶层思维，从价值理念、治理场域、治理逻辑、治理动力、治理机制、治理技术、治理文化、治理质量等维度全面推进城乡结合高质量治理。

1. 城乡结合部应以公园城市为规划设计理念，以绿色价值理念引导治理创新

从调研来看，几乎所有的城乡结合部普遍存在着"脏乱差"现象，普遍缺"绿"，生态环境非常脆弱。因此，要从整体上把城乡规划成为一个公园共同体，要将绿色理念植入城乡结合部经济发展过程中，大力发展绿色经济，倡导绿色生产；在政治建设方面，将绿色理念融入政治生活，切实加强党建的引领和整合作用，打造风清气正的绿色政治生态；在文化建设中，弘扬绿色文化，构建天、地、人有机统一的和谐文化；在社会建设方面，将绿色理念融入社会领域，倡导绿色生活，大力推进绿色饮食、绿色出行、绿色教育、绿色医疗等；在生态文明建设方面，要秉承"绿水青山就是金山银山"的价值理念，将城乡结合部建设得天更蓝、地更绿、水更清、环境更优美。要积极把绿色理念内化为城乡结合部绿色治理主体的自觉行为，以推进人与自然和谐共生作为价值取向，使绿色文化深度融入主流价值观，让绿色生产、绿色生活成为城乡结合部全体居民的思想自觉、行动自觉与文化自觉。

2. 公园城市视角下的城乡结合部治理必须以城市正义空间为治理场域

随着城市的日益膨胀，由公园、公共绿色、绿色走廊街道树木、城市森林、绿色屋顶、私家花园构成的城市绿色空间越来越紧缺。绿色空间已成为一种可以帮助促进自然发展的元素被纳入城市规划和健康政策中。实际上，很多城市绿色空间的分布都存在着倾向权力与资本，而忽视弱势群体的问题。绿色空间的困乏与非正义在我国城乡结合部表现得尤为突出。作为破解城乡结合部治理困境的公园城市，必须以人、城、境、业有机统一的正义空间为治理载体。一要坚持以人为本的治理理念。城乡结合部空间治理宗旨是为了实现人民美好生活需要，而不仅仅是GDP的增长。城乡结合部治理的目标就是要让城市空间成为人们全面而自由发展的有效载体。二要坚持差异性治理原则。城乡结合部往往是弱势群体集聚的场所。为此，城乡结合部治理要将对弱势群体的相对剥夺降低到最低限度。由于资本作用的空间生产和生活累积往往导致不利于贫困人口等弱势群体的空间分配，城市功能发挥和系统运行也成为空间不正义的源头之一，从而导致城乡结合部弱势群体成为空间异化和空间边缘化的一部分。在城乡结合部打造正义空间就是需要通过差异性原则将这部分人群从被边缘化中解救出来，保障弱势群体拥有平等享受公共空间的机会，能够平等参与城市生活。近年来，我国不少城市高度重视城乡绿色基础设施均衡化建设。按照打造现代"公园城市"的要求，浙江台州"近几年来，越来越多大型特色公园和广场，从城区渐渐向城乡结合处发展，'公园就在家门口'成为很多人向往的居住环境"①。三要坚持环境正义。环境正义简单地说就是公民对于环境资源的平等使用和环境风险与责任的公平承担。② 环境正义不仅仅是地理意义上的环境保护问题，还包括经济意义上对环境破坏程度以及由此应承担环境保护和修复责任的环境正义，也包括政治意义上人们对于环境开发、利用中表达诉求和决策能力不同而产生的环境正义问题。必须把环境正义原则作为

---

① 陶宇、陈佳乐：《公园城市："家门口的向往"》，《台州日报》2018年8月28日第4版。
② 刘海龙：《环境正义：生态文明建设评价的重要维度》，《中国特色社会主义研究》2016年第5期。

城市治理的基本原则，通过政府力量弥补资本和市场的缺陷。一些城市为攫取城乡结合部稀缺的土地资源，不惜采用非法乃至暴力手段把农民从他（她）们固有的家园上逼走。为此，要在城乡结合部治理中充分发挥政府的规导作用，抑制资本与市场追逐利益最大化的逻辑导向，努力避免城乡结合部城市正义空间的缺失。通过打造城乡结合部治理场域的空间正义，把城乡结合部建成山、水、林、田、人、业、居有机融合的和谐空间体系，以更好地满足人民对美好生活的需要。

3. 破解城乡结合部治理困境，应以多元主体"共建共治共享"为治理逻辑

新时代是一个共治的时代。城乡结合部治理需要多元主体合作共治，政府、市场、社会之间要形成一种"共生"的关系，在治理中彼此间要协同、合作、共治、共享。政府在城乡结合部治理的作用主要体现在三个方面。一是针对城乡结合部政府治理"疲软"与"破碎化"问题，对基层政府内部进行绿色治理，要大力实施行政审批制度改革，全面深化"放管服"改革，切实推进政府职能转变，构建科学合理的城乡结合部治理结构。二是针对城乡结合部治理"动力不足"，要处理好政府与市场之间的关系，发挥好政府"有形之手"的作用。要把政府的引导功能与市场"无形之手"相结合，以充分激发市场活力，实现城乡结合部绿色经济持续健康发展。三是发挥好政府引导城乡结合部社会治理的功能。作为社会治理的重要主体，政府应在城乡结合部社会治理中积极培育绿色社会组织，推进绿色服务。市场绿色治理表现为市场在城乡结合部社会治理中对资源配置起着决定作用，尤其要在城乡结合部整体改造中，借助市场供求、价格、竞争等方面的优势实现资源优化配置与效用最大化，促进绿色生产、绿色消费走向主流，倒逼城乡结合部治理创新。城乡结合部社会绿色治理主要体现在公民参与方面。要始终把"实现好发展好维护好最广大人民群众的根本利益"作为城乡结合部治理的出发点与落脚点，积极鼓励和支持社会各方面力量参与城乡结合部绿色治理，加快实现政府治理和社会自我调节、居民自治良性互动。政府绿色治理、市场绿色治理和社会绿色治理是城乡结合部治理中的有机整体，三者都是党领导下实现城乡结合部绿色治理不可或缺的治理力量。

4. 破解城乡结合部治理困境应以市场优化资源配置为治理动力

城乡结合部社会治理应是遵循自然规律和社会规律的绿色治理。城乡结合部绿色治理要求包括政府在内的治理主体必须切实遵循市场经济发展的根本要求，切实遵循市场规律和价值规律，充分发挥市场在资源配置中的决定作用。为此，应主要从以下两方面着手：一是发挥市场的利益驱动作用。利益驱动是市场经济的根本动力，通过市场经济引起的供求关系变化实现城乡结合部资源的优化配置，即根据市场供求关系，通过价格、竞争等机制实现城乡结合部资源的合理分配与流动。城乡结合部人们在利益驱动机制下，能够根据各自所需进行自由而平等的交换活动，这是他们获得平等、满足和幸福的重要前提。二是要进一步深化供给侧结构性改革。以供给侧为改革突破口，在制度、机制和技术三个层面推进结构性改革。① 在我国当前经济新常态下，供给侧结构性改革主要就是要放松管制，降低制度性成本，通过建立健全"法无禁止皆可为"的"负面清单"，进一步激活城乡结合部市场经济的活力和动力。无论是发挥好市场的利益驱动作用，还是进一步深化供给侧结构性改革，核心都是要在城乡结合部社会治理中正确处理好政府与市场之间的关系。这必然要求，城乡结合部社会治理中，应充分发挥市场在资源配置中的决定作用，同时更好地发挥政府的积极作用。

5. 城乡结合部社会治理必须不断创新绿色治理机制

机制是一个工作系统的组织或部分之间相互作用的过程和方式，通常指人们交往过程中的某个场域内，通过某种动力促使参与主体借助一定的方式、途径或方法趋向或解决目标的过程。② 公园城市视角下的城乡结合部治理机制是以绿色价值理念为引导的一种治理机制。创新城乡结合部绿色治理机制应着力从顶层设计、公民自治和法治保障等方面整体性推进。一是强化顶层设计，就是要从城市治理体系和治理能力现代化的高度设计出包括城乡结合部绿色治理理念、制度、体系、运行方式在内的一整套城乡结合部社会治理体系。如成都市等出台了关于城乡结合部社会治理的基本理念、基本原则、总体目标、实施方案、建设路径等

---

① 冯志峰：《供给侧结构性改革的理论逻辑与实现路径》，《经济问题》2016年第2期。

② 霍春龙：《论政府治理机制的构成要素、涵义与体系》，《探索》2013年第1期。

一系列文件。二是要基于共建共治共享的社会治理逻辑，进一步健全城乡结合部自主性治理的驱动机制。随着民主法治观念不断加强，各类民间组织等社会自治组织在城市治理中发挥愈加重要的作用。社会自治组织不仅能有效防范公权力的扩张，还能够抑制城乡结合部私权利的滥用，有效防止"钉子户绑架绝对多数拆迁户"现象的发生，有助于建构民主参与、多元互动、自主性治理的社会秩序，加快形成民主化、法治化的社会治理机制。在城乡结合部社会治理中，社会自治组织不仅能加强公民的参与自觉，提升情感认同度，还能够在社会冲突和秩序稳定方面发挥积极的作用。三是完善法治保障的约束和监督机制。改革开放以来，我国城乡结合部社会结构的变动和社会形态变迁给城市治理带来了许多不确定因素，产业结构调整以及文化和价值观念的转变都给人们带来前所未有的挑战。这就要求我们必须通过法治实现主体行为的规范性，让各行为主体都能够在法治范围内自主有序地安排各自的生产和生活，从而建立健全有序和谐的社会秩序。因此，城乡结合部社会治理也必然需要法治作为约束和监督机制。

6. 城乡结合部社会治理必须以智慧城市为治理技术手段

物联网智慧化的发展为城乡结合部社会治理提供了良好的发展机遇。当前城乡结合部社会治理应将物联网智慧化技术作为重要手段，将其贯穿于治理的全过程。城乡结合部智慧化治理要以现代信息技术为基础，依托信息产业发展和技术创新应用推动城乡结合部经济社会发展模式转型和治理的现代化，要通过整合各种信息资源，全面提升城乡结合部居民的生活质量和幸福指数，将信息化、工业化和城镇化深度融合，从而实现经济、社会、生态的可持续发展。[①] 作为全国首个大数据综合试验区，贵阳市在城乡结合部治理中大力推进大数据共享开放，使治理行为更加"可视化"，从而管住权力不任性；推进大数据集聚共享，让决策、办事更科学高效；加快大数据的开发利用，让民生服务更加便捷。具体而言，城乡结合部智慧化治理需要从以下三个方面来进行：一是城乡资源信息共享。当下各级政府已建立起办公自动化系统（OA）、管理

---

① 辜胜阻、王敏：《智慧城市建设的理论思考与战略选择》，《中国人口·资源与环境》2012 年第 5 期。

信息系统（MIS）、地理信息系统（GIS），但各项系统通常都是孤立存在，降低了工作效率，造成资源浪费。要建立起资源信息共享机制，打破各系统单独建设、零散独立的状态，通过点线面结合对各部门信息整合、相互传递，运用大数据技术建立云数据中心，促进信息资源集成共享和互联互通，实现经济、社会、生态等的高效、绿色发展。二是创新发展。在绿色理念引导下，将现代信息技术与低碳技术、循环技术、节能技术及其他可持续发展技术相结合，建立创新驱动为引领、低耗高能为基础、绿色环保为目标的现代城乡结合部绿色治理体系。三是形成智慧的城乡结合部生命共同体。公园城市视角下的城乡结合部社会治理，要突出"公共性"，不仅仅是资源信息共享，更要形成天、地、人、境和谐共生、资源共享的美好局面。要将大数据技术、绿色供应链、区块链技术、物联网技术等深度整合，共同打造城乡结合部"天人合一"的美好境界。

7. 破解城乡结合部治理困境，要以绿色生产、绿色生活为社会主体的文化自觉

广义的文化是"一个群体的全部社会遗产，包括其物质表现、思想表现以及结构或制度表现"①。可见，一切社会活动都属于文化活动。文化与治理自然是分不开的。我国自古就有关于文化与治理之间紧密关联的表述，"上古结绳而治，后世圣人易之书契，百官以治，万民以查"②。公园城市视角下的城乡结合部社会治理，自然要在我国国情和文化脉络下进行，要形成一种文化自觉。文化自觉就是要了解孕育自己思想的文化，③ 要将中华民族的传统思想文化和新时代的新发展理念贯彻于城乡结合部绿色治理之中。新时代，绿色治理已成为国家治理体系和治理能力现代化的重要内容。城乡结合部绿色治理，就要形成一种以绿色理念为导向的文化自觉，即大力发展绿色生产、积极倡导绿色出行与绿色消费。城乡结合部绿色生产就是要采用低碳环保的生产方式开展生产活动，做

---

① ［美］迈克尔·克尔伯格：《超越竞争文化：在相互依存的时代从针锋相对到互利共赢》，上海社会科学院出版社1995年版，第2页。

② （清）阮元校刻：《十三经注疏》，中华书局1980年版，第632页。

③ 费孝通：《从反思到文化自觉和交流》，《读书》1998年第11期。

大做强绿色产业。要采用新能源技术进行绿色生产，促进资源的循环和可持续利用，降低生产活动的污染物排放等，从而实现生产方式的绿色化。绿色消费就是要树立一种理性的、环保的、可持续性的消费观念。它主要包括：选择绿色产品消费；适度消费，不铺张浪费；对消费产生的垃圾进行环保处理。城乡结合部尤其要通过绿色治理理念，科学引导"拆二代"的生活方式。

"绿色"是公园城市的底色，城市"治理"自身也有一个"绿色化"过程，二者水乳交融于公园城市这个城市命运共同体之中。公园城市视域下的城乡结合部治理，就是要依据不同城市的历史和现实情况，以满足人民美好生活需要作为治理宗旨，在扬弃传统城市治理经验的基础上不断创新，着力打造统筹生产、生活、生态三大布局的城乡结合部绿色治理新格局，进而深入推进城市治理体系和治理能力现代化。

8. 以社会治理质量评估为突破口，加快城乡结合部社会治理创新

长期以来，城乡结合部社会治理创新乏力，一个非常重要的原因就是没有树立以治理质量为目标的治理导向。在城乡结合部社会治理中，树立"以人民为中心的工作导向"，就是要千方百计提升城乡结合部社会治理质量，不断提升城乡结合部人民群众的安全感、获得感、归属感与幸福感。因此，以城乡结合部社会治理质量评估为抓手，构建城乡结合部社会治理质量评估指标体系是创新城乡结合部社会治理路径的重要突破口。在打造城乡结合部治理共同体的基础之上，明确城乡结合部社会治理质量评估指标体系的主要维度与各级指标。通过城乡结合部社会治理评估指标体系的构建与运行，一方面能有效发展与完善城乡结合部合作治理共同体，增强城乡结合部社会治理能力，提升城乡结合部社会治理质量；另一方面也能为城乡结合部社会治理质量风险等级评估与预案设置奠定坚实的基础。

城乡结合部社会治理质量评估并不意味着城乡结合部社会治理创新流程的结束，还需要对城乡结合部社会治理质量风险进行评估，并根据风险等级进行有效治理，才能确保城乡结合部社会治理质量的持续提升，进而努力实现城乡结合部社会稳定和谐与可持续发展。

解决城乡结合部社会治理中的诸多问题，最重要的还是"人"的问题。城乡结合部大量问题的存在，很大程度上在于很多城乡结合部是

"一盘散沙"。以提升城乡结合部组织力为重点，在尊重城乡结合部人民共同利益的基础上，遵循共建共治共享的治理逻辑，打造城乡结合部社会治理共同体，以治理共同体推进利益共同体和家园命运共同体建设，应是破解城乡结合部社会治理困境的善治之道。

第 四 章

共建共治共享的社会治理共同体：
城乡结合部社会治理创新的关键点

我国正处于全面深化改革的关键时期，正在进行着人类历史上最大规模的城市化。伴随着快速的工业化与城市化，我国已发生了巨大的社会变迁。在经济社会急剧双转型的今天，如果不能与时俱进地创新社会治理，将无法应对复杂的社会问题与治理障碍。城乡结合部作为城市化进程中的前沿阵地，这种既不同于城市又不同于农村的城乡混合地带，是社会治理的重点、难点区域与社会焦点之所在。如何在我国经济社会双转型的背景下，创新城乡结合部社会治理路径，全面提升城乡结合部社会治理质量，就成为摆在党和政府面前的一道无法回避的难题。党的十八届五中全会提出"构建全民共建共享的社会治理格局"。在此基础上，党的十九大提出"打造共建共治共享的社会治理格局"。因此，城乡结合部社会治理路径创新，必须将全民共建共治共享纳入社会治理格局中，构建一个多元主体共治的社会合作治理共同体，这是城乡结合部社会治理创新的关键点，也是城乡结合部社会治理路径创新的突破口。

第一节　共建共治共享与社会合作
治理共同体的关系

"全面深化改革的总目标是完善和发展中国特色社会主义制度，推进国家治理体系和治理能力现代化"①。当前，创新社会治理体制机制是推进国家治理体系和治理能力现代化的重要举措。随着改革开放不断深

---

① 《中共中央关于全面深化改革若干重大问题的决定》，人民出版社 2013 年版，第 3 页。

化，我国社会结构也发生了深刻变动、社会事务日趋复杂，由单一治理主体垄断的社会治理体制已难以适应社会治理创新的现实需求。当前，打造多元社会主体共治的社会合作治理共同体，就成为创新社会治理体制的基本思路与现实路径。

"共同体"一词早在古希腊时期就已出现，主要是指为完成某些善业而形成的社会团体。在亚里士多德看来，"所有城邦都是某种共同体，所有共同体都是为着某种共同的善而建立的……所有共同体中最崇高、最有权威，并且包含了一切其他共同体的共同体，所追求的一定是善"①。在卢梭看来，"一旦人群结成了一个共同体之后，侵犯其中的任何一个成员就不能不是在攻击整个共同体；而侵犯共同体就更不能不使它的成员同仇敌忾"②。实际上，真正的共同体都具有命运休戚与共的特征，即命运共同体。2011 年 9 月 6 日，《中国和平发展》白皮书首次提出了命运共同体的概念。2012 年 11 月 8 日，胡锦涛在党的十八大报告中首次提出了人类命运共同体的概念。2013 年 3 月 24 日，习近平在莫斯科国际关系学院发表演讲，第一次向世界传递了对命运共同体概念的理解。2017 年 1 月 19 日，习近平在瑞士日内瓦召开的"共商共筑人类命运共同体"高级别会议上，发表题为《共担时代责任，共促全球发展》的主旨演讲，提出"牢固树立人类命运共同体意识"。党的十九大报告中提出，"推动构建人类命运共同体。"2018 年 3 月 11 日，第十三届全国人民代表大会第一次会议，又将"推动构建人类命运共同体"写入了《中华人民共和国宪法》。

在现代治理语境中，"社会合作治理共同体"实质上是一种社会公共事务的治理体制，是"多元治理主体之间依照民主治理与公共性规范而建立起来的一个具有共同价值、目标和利益的共同体"③。并且，社会合作治理共同体的构建并非将多元治理主体机械组合或强制整合，而是建立在相互认同、相互信任、相互合作的基础上，从而实现多元治理主体的功能互补、协调行动和资源整合。党的十九大提出进一步完善"党委

① 苗力田：《亚里士多德全集》第 9 卷，中国人民大学出版社 2003 年版，第 1 页。
② ［法］让·雅克·卢梭：《社会契约论》，何兆武译，商务印书馆 2003 年版，第 23 页。
③ 冯文静：《治理共同体视角下民主行政社会构建思考》，《人民论坛》2014 年第 35 期。

领导、政府负责、社会协同、公众参与、法治保障的社会治理体制",为打造社会合作治理共同体提供了中国特色社会治理创新的理论依据与实践路径。这一共同体以法治保障为平台,以执政党、人民政府、社会组织、公民大众为基本社会治理主体,极大地拓展了社会治理主体的范围。各参与治理主体通过平等协商、相互沟通、互相型构来解决社会公共事务治理问题,最终实现共生共容、共建共治、共享共荣。

一　打造城乡结合部社会合作治理共同体需要城乡结合部全民共建共治共享

在我国长期的社会治理实践中,形成了单一的权威治理体制,即党委政府是政治生活的绝对供给主体。这一单一的权威治理体制一度忽视了社会组织和公众对社会公共事务的参与式治理,难以满足市场经济深入发展与现代社会治理的现实需要。因此,拓展社会治理的参与主体,调动全体人民共建共享,并在共建共享中走向合作共治,就成为社会合作治理共同体构建中的关键环节。首先,在社会合作治理共同体中,治理主体不再仅局限于与社会治理直接相关的特定群体,而是全体民众。"全民"是"现代国家治理体系中政府、市场和社会三大领域内所有机构、组织、群体、团队和个体的泛称"①。其次,参与社会治理的全体民众不再是仅仅承担辅助性的治理工作,而是独立的社会治理主体,这是各治理主体的一项基本的社会责任。这就要求我国在社会治理中,必须遵循党的十九大确立的"五位一体"社会治理体制的要求,尽快改变原有的把党委政府作为唯一权威治理主体的思维定式,积极培育多元化的社会治理主体,正确处理各种治理主体间的关系,增强各治理主体参与社会治理的能力。

城乡结合部作为"城市之尾、农村之首",它的特殊地理位置决定了城乡结合部社会问题的复杂性。其中人口结构的复杂性尤为突出。相较于城市而言,城乡结合部地区以其低廉的房租与物价,吸引大量从农村到城市务工的外来人口来此定居。城乡结合部"人口倒挂"现象严重,

---

① 宋学增、蓝志勇:《社会管制的全民共建共享机制:一个分析框架》,《经济社会体制比较》2016 年第 2 期。

成员结构复杂，形成了熟人社会与陌生人社会并存的复杂社会格局。城乡结合部群体的异质性和频繁的流动性导致该地区社会成员的观念与利益诉求日益多元化，带来了一系列的融合与治理难题。从根本上讲，城乡结合部之所以会出现如此多难以解决的社会问题，归根到底还是因为缺乏一个可供多元主体进行有效沟通、充分交流的合作共治平台。在当前的社会治理中，仅由传统的单一权威治理主体已难以解决城乡结合部所出现的复杂性治理问题，这就需要社会治理在创新中积极稳妥地向多中心治理模式转变。要切实按照党的十八届五中全会提出的"人人参与、人人尽力、人人享有"和党的十九大提出的"构建全民共建共治共享的社会治理格局"的基本要求，通过构建多元主体共商共建共治共享的社会合作治理共同体，带动城乡结合部全体民众参与城乡结合部社会事务合作共治中来，在全体城乡结合部人民共建共治共享中实现城乡结合部社会治理共同体间的有机衔接和良性互动，进而进一步推动城乡结合部社会治理路径创新。

二 共建共治共享是打造城乡结合部社会合作治理共同体的根本路径

党的十九大明确指出，"国家一切权力属于人民……用制度体系保证人民当家作主"①。共建共治共享就是要让人民群众在社会治理中"人人参与、人人尽力、人人享有"。这充分说明了，共建共治共享是打造城乡结合部社会合作治理共同体的根本路径。

首先，共建共治是共享的前提与基础，共享需要通过共同建设共同治理来实现。"幸福是奋斗出来的"。共享的成果要通过共建共治来打造。"共建是基础，突出制度和体系建设在社会治理格局中的基础性、战略性地位；共治是关键，要求树立大社会观、大治理观，将党总揽全局、协调各方的政治优势同政府的资源整合优势、企业的市场竞争优势、社会组织的群众动员优势有机结合起来，打造全民参与的开放治理体系。"② 城乡结合部是乡村到城市的过渡形态，在发展过程中呈现出农

---

① 习近平：《决胜全面建成小康社会 夺取新时代中国特色社会主义伟大胜利——在中国共产党第十九次全国代表大会上的报告》，人民出版社 2017 年版，第 34—35 页。

② 《习近平新时代中国特色社会主义思想三十讲》，学习出版社 2018 年版，第 235 页。

村社区和城市社区并存的特殊社会格局，社会成员利益关系尖锐复杂，区域文化异质化，面临着社会治理现代化转型的巨大压力。城乡结合部社会高质量治理要求多元社会治理主体在党组织的领导下，围绕公共利益，不断凝聚共识、减少分歧、集中智慧、形成合力。城乡结合部社会合作治理共同体的构建，能够有效地通过城乡结合部社会治理主体内部整合，进一步增强共建共治的质量。以"全民共享"为追求目标，多元治理主体不再仅是"分蛋糕"的分利个体，更是"做蛋糕"的共建共治型的治理主体。

其次，共享是共建共治的目的，共享为共建共治提供了动力。"共享是目标，要使社会治理的成效更多、更公平地惠及全体人民，不断增加人民的获得感、幸福感、安全感。"[①] "全民共享"体现了党的十八届五中全会提出的"共享发展"理念。"十三五"时期是全面建成小康社会的决胜阶段，其中最关键的就是解决发展中的不平衡不充分问题。我国社会治理长期处于"城乡分治"的局面，客观上形成了城乡差异性的公共服务体系。克服和解决城乡社会发展中的不平衡问题是全面建成小康社会无法回避的问题，而这个问题在城乡结合部表现得尤为明显。在城乡结合部广泛调动多元治理主体的力量，通过构建社会合作治理共同体，让治理主体共享发展成果，不仅充分彰显了我国社会治理创新的目标，也是全面建成小康社会、实现共同富裕的重要标志。

三　打造共建共治共享的城乡结合部社会合作治理共同体是社会主义本质的深刻反映

共享观念源于平等思想。我国自古以来就有"不患寡而患不均"的平等（均）思想。孔子说过"有国有家者，不患寡而患不均，不患贫而患不安。盖均无贫，和无寡，安无倾"[②]。《老子》云，"天之道，损有余而补不足"，"高者抑之，下者举之；有余者损之，不足者补之"[③]。在近

---

① 《习近平新时代中国特色社会主义思想三十讲》，学习出版社 2018 年版，第 235 页。
② 杨伯峻：《论语译注》，中华书局 1980 年版，第 172 页。
③ 陈鼓应：《老子注释及其评介》，中华书局 1984 年版，第 346 页。

代，孙中山创立的"三民主义"就是一套以平等为基本价值的理论体系。① 孙中山认为，不解决民生的"富足"，"纯是少数人的富，不是多数人的富。那种少数人的富，是假富，多数人的富，才是真富"②。这里面已包含了近代早期的"共同富裕"思想。

在列宁看来，"共同工作的成果不应该归一小撮富人享受，应该归全体劳动者享受"③。邓小平说过，"共同致富，我们从改革一开始就讲，将来总有一天要成为中心课题"④。"坚持共享发展，就是要坚持发展为了人民、发展依靠人民、发展成果由人民共享"⑤。因此，共享改革成果是实现共同富裕的必然逻辑。而共建共治则是更好地保障共享，更好地推动共同富裕目标实现的手段。因此，打造共建共治共享的社会合作治理共同体是实现共同富裕和伟大中国梦具有重要价值指向的实现路径。

"社会主义的目的就是要全国人民共同富裕，而不是两极分化。"⑥ 当前，城乡结合部地区却由于城市化的快速推进，贫富两极分化日益加剧；拉大贫富差距的内容不只局限于经济层面，而且扩展到精神文化生活层面。针对城乡结合部出现的一系列突出、尖锐的治理问题，应把城乡结合部多元主体都调动起来，共同参与、共同治理、共同享有，推动城乡结合部社会多元治理主体平等参与、对话协商，从而实现偏好的聚合与一致的共识。通过打造社会合作治理共同体让城乡结合部多元社会治理主体在社会公共事务治理中履行不同的职责，承担不同的角色，发挥各自不可替代的作用。因此，随着城乡结合部利益冲突与社会矛盾凸显，迫切需要加快推进多元主体共建共治共享，切实打造城乡结合部社会合作治理共同体，这是实现社会共同富裕的必然要求，也是对社会主义本质的深刻反映。

---

① 《孙中山选集》，人民出版社1981年版，第903页。

② 《孙中山全集》第6卷，中华书局1985年版，第56页。

③ 《列宁选集》第1卷，人民出版社1960年版，第391页。

④ 《邓小平文选》第3卷，人民出版社1993年版，第364页。

⑤ 《中国共产党第十八届中央委员会第五次全体会议文件汇编》，人民出版社2015年版，第13页。

⑥ 《邓小平文选》第3卷，人民出版社1993年版，第110—111页。

四　打造共建共治共享的城乡结合部社会合作治理共同体是构建和谐社会的必由之路

"社会和谐是中国特色社会主义的本质属性，是国家富强、民族振兴、人民幸福的重要保证。"[①] 社会治理的一个基本目标就是促进社会和谐。当前我国正经历前所未有的大变革，利益格局深刻调整，思想观念深刻变化。城乡结合部和谐社会构建是一个长期的过程，不可能一蹴而就。旧的矛盾解决了，新的矛盾还会产生，必须深入探讨化解和预防社会矛盾的新手段、新措施。而共建和谐民生体系，共享改革发展成果，打造共建共治共享的社会合作治理共同体是化解城乡结合部社会矛盾、促进社会和谐的根本途径。共建共治共享的主体是广大人民群众，共建共治共享的根本目的是造福人民群众，实现广大人民群众的根本利益。打造共建共治共享的社会合作治理共同体，就是以满足人民群众的新期待为出发点，以社会体制创新为切入点，以社会和谐为基本目标的社会治理创新的重要内容。

随着城市化进程的不断加快，城乡结合部区域所面临的治理困境不断凸显：城乡二元交叉管理、社会治安顽疾难以有效治理、基础设施建设滞后、社会治理公众参与度低、内部发展不平衡，等等。如果治理不善，这些治理难题就很有可能成为诱发该地带不稳定的导火索。课题组调查表明，80%的社会冲突都与城乡结合部治理环境恶化有关。当前，城乡结合部和谐治理已成为我国社会主义和谐社会建设的重点、难点与焦点问题。通过打造城乡结合部共建共享的社会合作治理共同体，增进多元治理主体的沟通与互信，形成多元参与主体的良性互动，应是有效破解城乡结合部治理困境的路径。参与主体热情的高与低、参与渠道的疏与堵、参与机制的顺与阻，都直接影响着城乡结合部社会合作治理共同体的有效运行。2014 年，课题组在徐州市泉山区的城乡结合部——十里社区调研时发现，新任书记充分依托村民代表组成的村民理事会在村务管理中广泛征求民意、积极吸纳村民代表参与决策，充分发挥社区志愿组织在社区治理中的作用，初步形成了城乡结合部社区合作共治的治

---

① 《中共中央关于构建社会主义和谐社会若干重大问题的决定》，人民出版社 2006 年版，第 1 页。

理格局，赢得了老百姓的民心。因此，创新社会治理，应充分调动各参与主体融入基层社会公务事务的治理中来，让城乡结合部的广大人民群众在"共建共治中共享，共享中共建共治"。以切实打造好合作治理共同体为现实路径，在广大城乡结合部"最大限度增加和谐因素，增强社会发展活力"，进一步推进社会主义和谐社会建设。

第二节　城乡结合部社会合作治理 共同体的构成要素

当前，我国社会治理结构正处于从管制型向治理型迈进的阶段。国家正处在从传统社会向现代社会全面转型期，这就容易导致各种社会矛盾相互交织、社会风险纠葛叠加，社会问题复杂多样。作为我国社会风险最为集中的区域，城乡结合部在社会治理中无疑隐藏着一系列的社会治理问题。面对城乡结合部利益冲突与社会矛盾交织的社会治理格局，"任何一个行动者，不论是公共的还是私人的，都没有解决复杂多样、不断变动的问题的知识和信息；没有一个行动者有足够的能力去有效地利用所需要的工具；没有一个行为者有充分的行动潜力去单独主导（一种特定的管理活动）……基于这样一个前提，人们对公共管理的多主体性认识逐步达成共识"①。"高度复杂性和高度不确定性条件下的社会治理应当是一种合作治理，这种治理因为拥有了道德属性而具有灵魂性，从而可以纠正既往社会治理体系中客观责任设置上的僵化。"② 这就要求我们必须创新城乡结合部的社会治理体制，打造社会合作治理共同体以回应复杂的社会治理问题所隐含的对参与主体多元化的迫切需求。"完善党委领导、政府负责、社会协同、公众参与、法治保障的社会管理体制"，实质上是多元主体参与全民共建共治共享在社会治理体制中的体现，这就为城乡结合部社会合作治理共同体的构建提供了目标指南与现实路径。城乡结合部社会合作治理共同体的打造，就是要通过坚持基层党委的领

① 刘智勇：《柔性组织网络建构：基于政府、企业、NPO、市民之间参与与合作的公共服务供给机制创新研究》，《公共管理评论》2008 年第 2 期。

② 张康之：《走向合作的社会》，中国人民大学出版社 2015 年版，第 1 页。

导核心地位，发挥政府负责作用，鼓励社会组织协同参与，依托全体城乡结合部人民共同建设，从而形成共建共治共享的多元主体合作治理共同体。课题组在全国代表性的城乡结合部调研结果表明，城乡结合部治理效能与城乡结合部"五位一体的多元共治格局"完善程度呈正相关。

党的十八大提出的"五位一体"社会管理体制，是合乎我国国情、具有创造性的社会合作治理结构，该多元共治体制经党的十九大进一步完善，最终形成以"党委领导、政府负责、社会协同、公众参与、法治保障"为基本内容的社会合作治理体制。它将全社会的治理主体统一起来，形成以法治为保障的"党—政府—社会组织—公众"合作共治的治理模式。其中，中国共产党是"五位一体"治理结构中的领导者，政府是社会治理活动的负责者，社会组织是自主性治理的承担者，公众是积极参与社会治理的实践者。党的十九大提出的"五位一体"社会治理体制，既是城乡结合部社会治理创新的重要内容，也是城乡结合部社会治理创新的基本目标和现实路径。

一　法治保障是根本

党的十八大对社会治理格局进行了重新阐释，即"加快形成党委领导、政府负责、社会协同、公众参与、法治保障的社会管理体制"。这一界定相较于党的十七大提出的"四位一体"的管理格局，新增了"法治保障"这一重要内容。党的十九大提出的"完善党委领导、政府负责、社会协同、公众参与、法治保障的社会治理体制"，进一步让"法治保障"为共建共治共享的社会合作治理共同体构建提供了基础性保障。加强和创新社会治理，必须以法治化治理为保障，遵循法治思维，将社会治理创新纳入法治化的轨道，稳步推进我国社会治理体系和治理能力现代化。

城乡结合部在迈向社会治理现代化的过程中，面临着庞大而复杂的社会治理问题，出现了人口比例倒挂、社会利益主体快速分化、权势阶层与弱势群体冲突不断加剧、基层政府与基层干部在征地拆迁过程中频频使用暴力等纷繁复杂的现象。课题组在东、中、西部代表性城乡结合部的调研发现，基层领导干部与黑恶势力勾结是半数以上的城乡结合部社会治理陷入困境的重要因素。"法治是国家治理体系和治理能力现代化的重要依托",要擅于运用法治"统筹社会力量、平衡社会利益、调节社会关系、规范社会行为"①。面对城乡结合部社会治理的巨大挑战,依法治理才是撬动城乡结合部社会治理创新最有力的杠杆。加强城乡结合部社会治理的法治化,就是要明确保障该地区多元社会治理主体的法律地位、凸显法治在社会治理中的基础性作用,规范各参与主体的行为,界定各参与主体的权力(利)边界,加快形成多元共治的社会治理格局。在创新城乡结合部社会治理过程中,党要坚持依法执政,要在领导立法、监督执法,维护宪法和法律的权威中起到引领作用;政府要加快法治政府建设,完善权力清单和责任清单,始终坚持依法行政,要习惯在法治的环境下用权,坚决做到"法无授权不可为";各类社会组织要坚持依法参与,增强自律性和自我管理能力,努力提高社会组织自身的自主性;公民要坚持依法维权,依法有序有效参与社会治理,不断提高自身的法律素养,逐步树立起对法律的认同感和敬畏感。城乡结合部社会治理创新只有在法治的轨道上进行,才能最大程度地激发多元治理主体的活力,全面提升社会治理质量,深入推进城乡结合部社会治理能力现代化。

二 党委领导是核心

列宁曾指出:"党的任务是对所有国家机关的工作进行总的领导。"②党的十九大明确指出:"党政军民学,东西南北中,党是领导一切的。"③中国特色社会治理的最大特色就在于始终坚持和完善党的领导。在全面创新社会治理体制的新形势下,党组织应集中扮演好社会治理创新的领导者、协调者、保障者、激励者四种角色。通过各级党组织的凝聚力和组织动员能力,激发社会活力,释放社会自身的发展潜力,推动社会治理创新。④

城乡结合部基层党委是创新城乡结合部社会治理体制,构建城乡结合部共建共治共享合作治理共同体的领导核心。城乡结合部基层党组织

---

① 人民日报社论:《实现依法治国的历史跨越》,《人民日报》2014年10月24日第3版。
② 《列宁全集》第43卷,人民出版社1987年版,第64页。
③ 习近平:《决胜全面建成小康社会 夺取新时代中国特色社会主义伟大胜利——在中国共产党第十九次全国代表大会上的报告》,人民出版社2017年版,第20页。
④ 孙涛:《论党委领导与社会治理体制创新》,《云南行政学院学报》2015年第1期。

既承接和执行上级党组织的路线、方针和政策,又要对城乡结合部政治、经济、社会、文化、生态实施全面领导。因此,在城乡结合部合作治理共同体中,基层党委既发挥着党组织体系中承上启下的中枢作用,又发挥着领导城乡结合部基层政权的核心作用。城乡结合部基层党组织发挥领导核心作用应注意以下几个方面的问题:第一,要转变基层党组织的领导方式。城乡结合部的基层党组织要转变过去大包大揽的领导方式,要学会通过政治领导发挥基层党组织的优势,把提升基层党组织的执政能力和推进多元社会力量共建共治共享结合起来,真正发挥基层党组织"推动发展、服务群众、凝聚人心、促进和谐"的领导作用。第二,要始终坚持党要管党、从严治党,进一步加强基层党组织自身建设。基层党组织要着力提高领导素质,改善领导方式,始终把带领多元社会治理主体打造共建共治共享社会合作治理共同体,实现城乡结合部社会和谐作为根本任务。第三,发挥基层党员的模范带头作用。提高党员干部协调群众利益关系、做好群众工作、应对突发事件的能力,让基层党员成为创新社会治理体制的资源优势,更好地创新公共服务,满足广大人民群众的内在需求。第四,基层党组织要建立健全科学有效的诉求表达机制、权益保障机制和利益协调机制,有效激发城乡结合部社会治理创新的内在力量,努力化解基层社会矛盾,将问题解决在萌芽状态。

课题组在各地城乡结合部调研的结果表明,城乡结合部党组织执政能力与城乡结合部社会治理质量完全呈正比。哪里的城乡结合部党建工作做得好,基层党组织执政能力强,哪里的城乡结合部就风清气正、充满活力、和谐稳定。在快速城市化的背景下,防范和化解城乡结合部的社会风险,跳出维稳怪圈,提升城乡结合部社会治理效能,关键在于提升城乡结合部基层党组织的执政能力,强化基层党组织整合功能,在整合城乡结合部各种党员资源的基础上,充分发挥党员先锋模范作用,形成党员队伍的合力,牢记全心全意为人民服务的根本宗旨,进一步提高城乡结合部基层党组织带领群众构建共建共治共享社会治理共同体的能力与水平。

三　政府负责是关键

作为一种新的社会治理体制,共建共治共享型的合作治理共同体的形成，打破了传统单一的治理模式，标志着既有的社会治理模式向多元主体合作共治的治理模式转变。然而，在我国长期社会治理实践中，一直存在着强政府的治理传统，政府一度扮演着支配者的角色。实际上，这在社会治理创新中，难免会出现一些社会治理主体权力边界含糊不清的问题。这集中表现在政府在哪些方面负责、负责到什么程度等问题上面。"政府负责"不代表政府什么事情都要负责，更不意味着政府什么事情都包揽到底；政府负责更多地意味着要首先划清政府与市场、政府与社会的边界，实现政府的归政府、市场的归市场、社会的归社会。也就是说，政府在社会治理中的负责作用，更多的是主导规则的制定和监督规则的有效运行。城乡结合部基层政府的负责作用，就是要在依法治理过程中，充分引导和动员各种社会治理主体力量参与社会治理，打造城乡结合部社会合作治理共同体，实现城乡结合部基层政府治理能力现代化。从"独揽"到"负责"的思路创新与制度创新，为的是更好地让政府担当起必须承担的社会责任，不断改进政府服务方式，提高政府服务质量和治理水平；同时也为了更好地调动其他社会主体的力量，让它们承担好各自的社会责任，在党组织的领导下全面推进城乡结合部整体性治理。

当前，城乡结合部在城乡二元体制的影响下，正经历着二元管理体制向社区治理体制转轨的阵痛。在城乡结合部农转居过程中，村委会也跟着摇身一变成为居委会；在城市化快速扩张与蔓延的情势下，广大城乡结合部农村社区面临着向城市社区转轨的困境。课题组调研发现，80%的城乡结合部社会治理还处于碎片化状态。城乡结合部作为推进城市治理体系现代化的桥头堡，核心问题是要提高城乡结合部治理共同体的治理能力，明确权力的边界，发挥好公共权力的"元治理"的作用，并为其他社会主体参与社会治理提供有效服务。具体来说，城乡结合部公共权力组织要切实"在社会治理体系中应发挥负责作用，做社会治理规则的'主导者'和'制定者'，做社会利益博弈的'协调器'与'平衡器'"①。

多元社会主体的合作治理是人类社会治理模式的全新形态，它意味

---

① 丁冬汉：《从"元治理"理论视角构建服务型政府》，《海南大学学报》2010 年第 5 期。

着单一主体的社会治理模式走向终结，[1] 推动中国特色社会主义进入"共治"时代。这样，以往政府为单一治理主体将不再适用，城乡结合部基层政府应充分利用自身资源，激发多元社会主体的积极性与主动性，为形成共建共治共享的社会合作治理共同体而与时俱进地加快体制机制创新。

四　社会协同是重点

党的十八大报告在"五位一体"的社会治理体制中强调了"社会协同"的重要作用。党的十八届五中全会提出了"协调发展"的新理念，为充分发挥多元主体协同治理提供了理论依据。现代社会治理成败的关键在于能否形成真正意义上的社会合作。而社会协同是合作治理的初级阶段，打造社会合作治理共同体是实现多元参与主体合作治理的根本途径。各类社会组织作为社会合作治理的重要主体，是实现政府与社会共建共治的桥梁与纽带，在社会治理中具有不可替代的积极作用。政府不仅需要赋权于社会，激发社会组织的活力，还应充分发挥"龙头型"社会组织的引领和整合作用，为中小社会组织搭建平台，形成"政府—龙头型社会组织—中小社会组织"协同合作的良好互动关系。

城乡结合部基层社会组织在打造城乡结合部社会合作治理共同体的过程中所发挥的协同作用主要表现为：第一，承担基层政府的部分职能。党的十八届三中全会强调，"适合由社会组织提供的公共服务和解决的事项，交由社会组织承担"。城乡结合部基层社会组织有效弥补了政府和市场供给的缺陷，"担负起社会自我管理的职责，解决或参与那些既不适于遵照政权机关规则又无法采用市场运作的问题"[2]，使基层政府从具体公共事务中解脱出来。第二，培育现代公民精神，推动公民依法、广泛、有序参与社会治理。城乡结合部基层社会组织作为公民自愿加入的合法

---

[1]　张康之、张乾友：《民主的没落与公共性的扩散——走向合作治理的社会治理变革逻辑》，《社会科学研究》2011年第2期。

[2]　张小劲、于晓虹：《推进国家治理体系和治理能力现代化六讲》，人民出版社2014年版，第90页。

的社会团体，对于约束和规范公众的行为，促进公众形成共同的社会认同感，造就具有公共精神的公民，提高公民能力具有重要的作用。第三，发挥化解社会矛盾的作用。城乡结合部各类矛盾、冲突日益加剧，潜在的不和谐因素大量增加，如果处理不当就会引起公众对基层政府合法性的质疑，甚至有可能爆发大规模的群体性事件。在化解基层社会矛盾的问题上，城乡结合部基层社会组织由于更贴近群众，就更容易承担起协调利益关系、缓解社会矛盾的责任。此外，基层社会组织还可以引导公众以合理合法的形式表达利益诉求，从而避免局部性的冲突演变为大规模的全局性冲突。正如埃莉诺·奥斯特罗姆所言，人类社会中的自我组织和自治实际上是更为有效的管理公共事务的制度安排。① 城乡结合部社会组织作为社会资源配置的"第三只手"，以其独特的优势弥补了政府与市场在资源配置中的缺陷，通过承担起城乡结合部越来越多的公共事务，保障公民的合法权益，化解社会矛盾，成为缓解政府与其他多元社会治理主体间冲突的减震器。

由于在快速城市化过程中，城乡结合部发展很大程度上体现出一种因制度性安排而"被推进"的局面，社会组织的发展更远远滞后于城市化的进程。城乡结合部因其"城不城、村不村"的特殊社会样态，各种矛盾与问题汇聚于此，治理难度可想而知。处在转型中的城乡结合部基层政府也难以应对复杂多样的社会治理问题。因此，充分引导和发挥城乡结合部社会组织在社会治理中的独特作用，无疑是创新城乡结合部社会治理的重要突破口。在城乡结合部基层党委和政府的支持和引导下，厘清基层政府与社会组织的职能边界，推进政府还权于社会，鼓励城乡结合部社会组织积极参与公共事务，与其他治理主体形成优势互补、良性互动的合作伙伴关系，从而提高城乡结合部基层社会自治的内在活力与治理水平。

五 公众参与是基础

"人民当家作主是社会主义民主政治的本质特征。"② 为此，在人民主

---

① 毛寿龙、李梅：《有限政府的经济分析》，上海三联书店 2000 年版，第 171 页。
② 习近平：《决胜全面建成小康社会 夺取新时代中国特色社会主义伟大胜利——在中国共产党第十九次全国代表大会上的报告》，人民出版社 2017 年版，第 36 页。

权意义上，全体人民即社会治理的最重要主体。现代社会是一个参与型的社会，公民参与社会治理是公民权利的回归。在推动社会治理体制创新的过程中，党委领导是政治保障，政府负责是关键，社会协同是重点，而公众参与则是打造共建共治共享的社会合作治理共同体的基础力量。

　　社会治理离不开公众依法、广泛、有序的政治参与。公众参与是我国社会治理体制向现代化转型的动力机制，是现代民主政治发展的必然要求。第一，公民有序参与基层社会治理的前提是公民要有公民意识与公民精神。"人们不仅呼吁有教养的、以功绩为基础的公共服务，也同样需要谙熟宪法、热心公共事务、见多识广的公民。这种公民精神的观念主张公众不应仅仅关注自身利益，而且应追求公共利益。"① 要让城乡结合部公众改变对公共事务的冷漠态度，就必须唤起他们参与社会治理的意识，提高他们参与社会治理的公民能力。第二，要搭建好公众参与的制度平台，推动公民大众组织化参与。社会组织作为政府与公众双向沟通的载体，可为公众参与社会治理提供顺畅的通道。为此，要积极发挥"两新组织"协调群众多元利益、满足多元主体治理诉求的作用。第三，创新公众参与城乡结合部社会治理机制。公众参与是否有效以及参与质量如何，不应由政府来判断，而应通过作为参与主体的公众感受来确认。在城乡结合部社会治理创新中，不断提升公众参与质量是城乡结合部社会治理质量提升的关键。课题组在成都市、徐州市城乡结合部的调研中发现，在公众广泛有效有序参与基层公共事务治理的城乡结合部，公众对村居"两委"的满意度高达92%以上;公众参与度与城乡结合部群众满意度与社会和谐度呈正比。因此，城乡结合部要着力打造公众参与社会治理机制，保障公众广泛、有序、有效参与社会治理。要建立健全城乡结合部利益沟通机制、利益协调机制、协商合作机制、共享机制、评估机制等，突出公众在社会合作治理共同体中的法定地位与重要作用。第四，打造公民参与的虚拟公共领域。在当今社会，越来越多的公众以虚拟网络空间为载体介入社会公共事务，参与公共政策制定，进而影响社会治理进程和治理体系完善与运行。总之，构建全民共建共享的合作

---

　　① ［美］乔治·弗雷德里克森:《公共行政的精神》，张成福等译，中国人民大学出版社2003年版，第37页。

治理共同体，必须培养公民精神与责任意识，保障公众有序参与、平等协商，让公众更好地行使民主权利，自我消解社会矛盾，推动社会安定有序、和谐发展。

在城乡二元体制还没有完全消解的情况下，广大城乡结合部既有城市社区的居民自治，也有农村社区的村民自治，再加上大量外来人口的涌入，人口倒挂现象严重，甚至流动人口数量已远超原住人口的数量，使得城乡结合部民主政治开展起来极为复杂与困难。如何充分调动原住人口，尤其是流动人口参与城乡结合部合作共治，是广大城乡结合部不得不直面并应对的巨大挑战。实践证明，只有构建中的城乡结合部合作治理共同体确保多元治理主体权利公平、机会公平，让城乡结合部公众在多元共治体制中能够更有获得感，才能真正引导城乡结合部广大人民参与城乡结合部社会治理。而通过打造共建共治共享的社会治理共同体，让城乡结合部基层群众能够依法、广泛、有效、有序地参与社会公共事务的治理，才能让城乡结合部公共政策更加符合基层群众的公共利益，从而进一步推动城乡结合部公众与公共部门合作互动，这对于进一步完善和创新城乡结合部社会治理体制，深入推进城乡结合部社会治理体系和治理能力现代化都有着重大的理论价值和现实意义。

第三节　构建城乡结合部合作治理共同体
"五大要素"互动模型

从党的十八大提出，经党的十九大确立，"党委领导、政府负责、社会协同、公众参与、法治保障"为基本内容的中国特色社会治理体制内在地包含了社会治理共同体的五大构成要素。中国特色社会治理体制的五大构成要素也是我国社会治理创新的五大维度。而城乡结合部合作治理共同体的"五大要素"——法治保障、党委领导、政府负责、社会协同、公众参与——是构建城乡结合部多元主体互动模型的五个维度。法治保障是根本，党委领导是核心，政府负责是关键，社会协同是重点，公众参与是基础。其中，城乡结合部基层党组织是社会合作治理共同体的领导核心，领导城乡结合部其他多元社会主体全面开展治理工作；基层政府是社会合作治理共同体的责任担当者，承担社会事务治理的组织与指导工作;基层社会组织是基层政府与城乡结合部公众互动的重要纽带;公众是社会合作治理共同体的基础力量,也是实现城乡结合部社会治理合法化的基础;法治保障是"党—政府—社会组织—公众"良性互动的制度平台与根本保障。我们以城乡结合部合作治理共同体五大要素为主体框架,构建了城乡结合部"社会合作治理共同体五大要素互动模型",如图 4 – 1 所示。

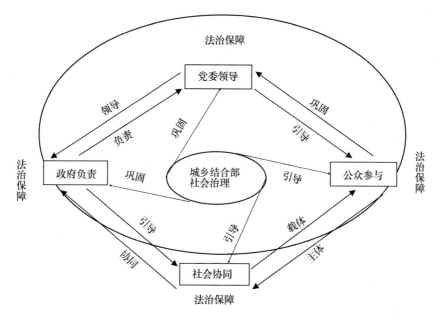

图 4 – 1　社会合作治理共同体"五大要素"互动模型

城乡结合部合作治理五大要素的良性互动实质是在法治保障的框架内,"党—政府—社会组织—公众"多元治理主体关系的互构过程,促使城乡结合部多元参与主体互动合作成为社会治理的常态。

一　法治:城乡结合部多元治理主体互动的制度保障

城乡结合部社会治理创新的重要目的就是要处置城乡结合部社会矛盾与冲突,有效化解城乡结合部社会风险,构建和谐有序的城乡结合部社会合作治理共同体。然而,当前城乡结合部还存在诸多亟待解决的显性和隐性的不和谐因素。尤其是城乡结合部快速无序蔓延成为诱发社会冲突与群体性事件的重大风险地带，和谐稳定依然是城乡结合部社会治理创新的重要目标。实践证明，当前采用"花钱买平安"和强制性"维稳"的手段，不仅容易误导城乡结合部公众产生不良的心理预期，而且易使潜在矛盾越积越深。因此，必须运用法治化的手段解决矛盾纠纷，妥善处理群众各种利益冲突，防止矛盾激化，促进社会和谐。

在这个"共治"的新时代，要"提高领导干部运用法治思维和法治方式深化改革、推动发展、化解矛盾、维护稳定的能力"。作为社会矛盾与冲突重灾区和社会焦点，城乡结合部基层党组织更要习惯在法治的框架内依法执政，发挥"总揽全局、协调各方"的能力；城乡结合部地区基层政府在城乡结合部社会治理过程中，要在法律授权的范围内依法行政，坚决做到"法无授权不可为"，积极推动大包大揽的单一主体治理向多元主体共治模式转变；各类基层社会组织要不断增强其自律、自我管理的能力，依法参与城乡结合部社会公共事务，充分发挥社会"黏合剂"的作用，成为连接政府与公众的桥梁纽带；城乡结合部社会公众要依法积极参与社会事务治理，依法监督社会治理过程，防止公权力的滥用。在城乡结合部社会治理创新中，要让人民监督权力，确保权力在法治的轨道上运行。

二　基层党委：城乡结合部总揽全局、协调各方的领导核心

面对城乡结合部日益复杂的社会治理形势，城乡结合部基层党组织要通过改善领导方式、提高服务水平，来提升社会治理水平。党在社会治理中承担着"领导核心"和"执政力量"的双重角色。如果党的执政表现为超越社会多元治理主体的高度集中的一元化领导，就容易形成"全能主义"的领导模式。这不仅不利于党的执政能力提升，更难以实现构建共建共治共享社会合作治理共同体的目标。因此，城乡结合部基层党委要转变对社会治理各项事务进行大包大揽的治理模式，注重引导和发挥其他社会治理主体的能动性，在城乡结合部治理中更好地扮演"总揽全局、协调各方"的领导角色。

城乡结合部基层党组织在领导社会治理创新的过程中，要统筹党组织与政府、社会组织、公众的关系，确保党的领导核心地位，充分发挥不同社会治理主体自身优势，着力推动多元主体互动合作。在城乡结合

部社会合作治理实践中,基层党委发挥的总揽全局、协调各方的作用主要表现在三个方面:第一,城乡结合部基层党委要处理好与行政组织的关系。基层党委是开展城乡结合部社会合作治理的政治保障,领导基层政府开展社会公共事务治理。基层党委要处理好其领导界限,要防止出现以党代政、党政不分的乱象;要科学理顺党政关系,形成党政合力,这是创新城乡结合部社会合作治理共同体的关键。第二,城乡结合部基层党委要处理好与社会组织的关系。基层党委要充分发挥社会组织在密切联系群众、传达群众心声等方面的作用,大力培育和支持社会组织发展,将社会组织纳入城乡结合部公共事务治理过程中来,充分发挥政府与公众互动的桥梁作用。第三,城乡结合部基层党委要处理好与基层群众的关系。当前在城乡结合部土地利益问题上,党群、干群矛盾愈演愈烈,极有可能成为引发群体性事件的导火线。"党的基层组织是确保党的路线方针政策和决策部署贯彻落实的基础。"[1] 作为党在城乡结合部工作的领导载体和战斗堡垒,城乡结合部基层党委要切实想群众之所想、急群众之所急,做城乡结合部群众利益的代言人、群众工作的带路人、群众生活贴心人,在党的群众路线与"三严三实"教育实践中,进一步密切联系群众,建立健全对话沟通互动模式。党员干部要围绕事关群众切身利益的公共事务互动沟通,有效回应群众诉求,重塑共产党员在城乡结合部群众中的丰碑。

三　社会组织:城乡结合部政府与公众互动的纽带

党的十九大报告指出,要充分"发挥社会组织作用,实现政府治理和社会调节、居民自治良性互动"[2]。这就要求在城乡结合部社会治理创新中不断优化基层政府和社会组织合作治理结构,以规避城乡结合部可能出现的各类治理风险。要优化城乡结合部合作治理结构就必须首先厘清政府与社会组织的权力边界。城乡结合部基层政府在社会事务治理过

---

① 习近平:《决胜全面建成小康社会　夺取新时代中国特色社会主义伟大胜利——在中国共产党第十九次全国代表大会上的报告》,人民出版社 2017 年版,第 65 页。

② 习近平:《决胜全面建成小康社会　夺取新时代中国特色社会主义伟大胜利——在中国共产党第十九次全国代表大会上的报告》,人民出版社 2017 年版,第 49 页。

程中，既要以其公共性的角色，积极承担起社会治理的职责，充当元治理的角色，又要积极支持和培育社会组织，引导和规范社会组织发展，并且与基层社会组织构建起对等、契约式的合作伙伴关系，共同承担治理公共事务的责任。由此，在推动城乡结合部社会治理创新的过程中，首先要确立政府在多元合作治理格局中的主导地位，"政府要保留自己对治理机制开启、关闭、调整和另行建制的权力"①。其次，要明确城乡结合部基层政府的权力边界，建立健全城乡结合部基层政府"权力清单"和"责任清单"。城乡结合部基层政府要鼓励社会力量参与公共事务的治理，把一些不应该由政府承担或政府管不好的职能转移给社会组织，通过购买公共服务的方式，培育和孵化社会组织，不断提升社会组织治理能力建设，重构城乡结合部基层政府与社会力量关系，实现政府依法行政与社会组织依法自治的有机衔接和良性互动。

城乡结合部社会组织是沟通政府与公众的桥梁纽带。城乡结合部在城市化快速推进的过程中出现了多元社会主体利益的快速分化，这使得城乡结合部社会治理面临着极大的挑战，城乡结合部基层群众作为社会合作治理的主体之一，在个人问题无法得到解决、个体诉求无法进行表达的情况下，基层群众应通过自愿合作来解决共同的问题。而城乡结合部社会组织既能自上而下地输送政府治理的要求，吸纳更多社会群众参与到治理中来，又能自下而上反映群众的各种利益诉求，有利于基层政府了解与把握民意。因此，要充分发挥城乡结合部基层社会组织的桥梁纽带作用，更好地发挥社会组织反映群众利益诉求，释放社会压力，缓解社会矛盾的作用，推动城乡结合部多元治理主体间良性互动。

第四节　创新城乡结合部社会合作治理
共同体"五大要素"互动机制

城乡结合部社会治理质量与基层党委、政府、社会组织、公众等多元治理主体间的互动与合作能力密不可分。适宜的互动机制能够促进城

---

① 王诗宗：《治理理论的内在矛盾及其出路》，《哲学研究》2008 年第 2 期。

乡结合部社会合作治理体制"五大要素"间良性互动。"机制"一词源于希腊文,指"机器的构造和工作原理"①。后来将"机制"一词引申到社会领域,就产生了各种各样的社会机制,一般"泛指一个工作系统的组织或部分之间相互作用的过程和方式"②。城乡结合部社会合作治理体制表现为"五大要素"间的关系结构。互动机制表现为如何协调五大要素间的关系,把五大要素有机联系起来。通过互动机制的有机协作,让以五大构成要素为基础的城乡结合部社会合作治理体制充满生机与活力。

城乡结合部基层党委政府作为机制建设的首要主体,承担着建立健全各种社会治理机制的功能。由城乡结合部基层党委政府主导建立健全的"五大要素"互动机制,并不是说基层党委政府可以随意而为,而应依法对社会组织和公众参与社会治理的需求进行科学回应。因此,尽管基层党委政府是互动机制建设的主导力量,但这绝不意味着社会组织和公民大众就是旁观者,他们无疑也是城乡结合部社会合作治理共同体的重要治理主体。此外,创新"五大要素"互动机制,还要明确到底建立什么样的机制的问题。构建城乡结合部"五大要素"互动机制,就是在党委政府的领导下,构建多元治理主体制度化的沟通渠道和参与路径,从而使五大要素处于多元相互作用之中,让城乡结合部社会合作治理体制真正运转起来。

一　创新"五大要素"互动的法治保障机制

在构成中国特色社会治理体制的五大要素中,法治保障是前提。创新五大要素互动的法治保障机制,必须"坚持依法治国、依法执政、依法行政共同推进,坚持法治国家、法治政府、法治社会一体建设"③。这表明,法治不仅是实现国家治理体系和治理能力现代化的必然路径,也是社会治理体制创新的保障机制。当前我国城乡结合部大多数社会治理机制创新都缺乏法定地位,随意性比较明显,多元治理主体的角色界定

---

① 孔伟艳:《制度、体制、机制辨析》,《重庆社会科学》2010 年第 2 期。

② 同上。

③ 《中国共产党第十届中央委员会第四次全体会议公报》,人民出版社 2014 年版,第 5 页。

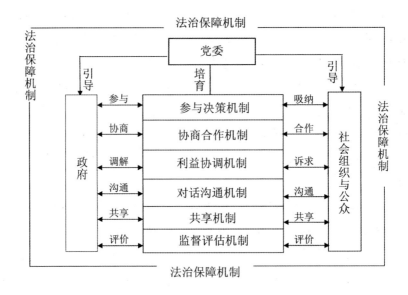

图 4 - 2 城乡结合部五大要素互动机制模型

也模糊不清。因此，城乡结合部作为社会冲突尤为严重的区域，必须以完善法治保障机制为抓手，协调平衡多元治理主体的利益关系，积极培育各参与主体树立牢固的法律信仰，自觉将法律内化为自己的行动准则。由此可见，实现城乡结合部社会合作治理共同体构成要素的良性互动必须与时俱进地构建法治保障机制。目前，我国城乡结合部社会合作治理取得了许多创新成果，但是要使这些经过实践检验的成果形成长效机制，就需要通过构建法治保障机制来实现。法治保障机制应是刚性的、规范的，不应因领导干部的好恶而改变，也不应因基层党委政府领导班子的改变而改变。要让有效运转起来的法治保障机制切实起着维护城乡结合部多元合作治理平台的作用，为城乡结合部多元社会治理主体的共建共治共享提供底线意识与安全保障。

二 创新五大要素互动的决策参与机制

社会合作治理的核心在于合作决策。社会组织与公民大众是否能够制度化参与公共事务决策，是衡量城乡结合部社会治理共同体效能的基本尺度。"如果没有公众的积极参与，政府是很难使其行动合法化的。"①
要把公众参与决策的广度与深度作为衡量城乡结合部决策合法性的重要
依据。通过对各地城乡结合部的调研发现，当前我国城乡结合部社会公
共事务的决策参与机制已基本确立。这种决策参与机制就是以基层党委
为核心、基层政府为主导、社会组织为依托、基层群众广泛参与为特征
的社会公共事务决策参与机制。然而，当前我国城乡结合部社会合作治
理的决策参与机制还不健全，公民大众参与公共事务在很大程度上还流
于形式，多元治理主体沟通互动程度不高，决策的合法性不足。

城乡结合部多元治理主体的决策参与，其实质就是各治理主体的平
等对话与交流。没有社会组织和公众的积极参与，构建和完善城乡结合
部社会合作治理体制便无从谈起。社会治理主体的依法有序参与是实现
合作治理的基础。要推进和创新城乡结合部社会合作治理体制，就必须
完善决策参与机制，通过平等对话和沟通达成共识、做出决议，避免决
策过程的形式主义。在建立健全城乡结合部决策参与机制过程中，要始
终坚持科学决策、民主决策、依法决策有机统一，建立健全决策问责和
纠错制度，"凡是涉及群众切身利益的决策都要充分听取群众意见，凡是
损坏群众利益的做法都要坚决防止和纠正"②。

三　创新五大要素互动的协商合作机制

中国特色协商民主是我国人民民主的重要实现形式。"有事好商量，
众人的事情由众人商量，是人民民主的真谛。"③ 城乡结合部正处于利益
冲突与社会矛盾聚集的焦点，多元化的利益主体容易诱发各种利益冲突
与不确定风险。因此，在城乡结合部社会治理过程中建立健全协商合作
机制就显得十分必要。通过多元主体的协商合作，能够很好地实现城乡
结合部基层党委政府与基层社会组织、基层公众的有机衔接和良性互动。

①　［美］盖伊·彼得斯：《政府未来的治理模式》，张成福、吴爱明译，中国人民大学出版
社 2001 年版，第 59 页。

②　胡锦涛：《坚定不移沿着中国特色社会主义道路前进　为全面建成小康社会而奋斗——
在中国共产党第十八次全国代表大会上的报告》，人民出版社 2012 年版，第 29 页。

③　习近平：《决胜全面建成小康社会　夺取新时代中国特色社会主义伟大胜利——在中国
共产党第十九次全国代表大会上的报告》，人民出版社 2017 年版，第 37—38 页。

当前，城乡结合部基层党委政府开始由单一主体的管理体制向多元主体合作共治的治理体制迈进。基层党组织政府不再大包大揽各种公共事务，而是把那些更适合社会组织来承担的事务交给它们处理。构建城乡结合部协商合作机制，就要求基层党委政府与社会组织之间、公众与公众之间、公众与社会组织之间协同合作。因此，在城乡结合部公共事务治理中实现多元主体共同参与，就需要进一步完善和创新协商合作机制，通过对话协商、交流合作，能够增进多元主体互信互动，就共同关心的公共事务、公共问题采取集体行动，从而建立一种多元参与主体合作共赢的社会治理格局。要积极培养城乡结合部公众的参与意识与议事能力，促进城乡结合部区域社会的良性发展；积极扶持基层社会组织，增强社会组织在基层社会治理过程中的独立性与主动性，从而在协商合作机制的推动下实现多元治理主体的有机对接与良性互动，切实推进城乡结合部社会治理创新。

四　创新五大要素互动的利益协调机制

党的十九大提出了"坚持以人民为中心"的治国理政方略，"把人民对美好生活的向往作为奋斗目标"[①]。为此，"要更加自觉地维护人民利益，坚决反对一切损坏人民利益、脱离群众的行为"[②]。问卷调查表明，城乡结合部"以人民为中心"的工作导向在现实中并没有得到很好落实，超过92%的城乡结合部居民认为，"城乡结合部区域的社会矛盾主要来源于自身的利益没有得到维护"。可以说，维护好、保障好、平衡好城乡结合部各种社会主体的利益，是城乡结合部社会治理路径创新的重要前提。因此，在城乡结合部社会治理过程中，要及时解决各利益主体的分歧，化解社会矛盾，就要构建起相应的利益协调机制。课题组在调研中发现，群众的一些正当的利益诉求往往会被地方政府视为影响城乡结合部和谐稳定的消极因素，不仅得不到重视还会受到打压。忽视弱势群体与少数人的利益诉求，是许多矛盾纠纷由小变大、由简单变复杂的

---

① 习近平：《决胜全面建成小康社会　夺取新时代中国特色社会主义伟大胜利——在中国共产党第十九次全国代表大会上的报告》，人民出版社2017年版，第37—38页。

② 同上书，第15页。

重要因素。

为此,要充分发挥基层党委政府在社会合作治理中的主导作用,积极引导基层社会组织发挥利益协调与矛盾调解作用。要正确处理城乡结合部各方利益,尤其是在事关人民群众切身利益的事务方面,各参与主体需要通过直接对话,进行信息沟通交流,以此来消除信息不对称、不通畅所产生的合作隔阂,从而在共建共享、共治共赢的基础上解决利益冲突。同时,要建立健全利益纠纷化解机制。城乡结合部社会治理主体在合作中难免会出分歧甚至矛盾冲突,建立健全利益纠纷调解机制是非常必要的。与协商合作机制相比,纠纷调解机制主要指矛盾纠纷的"事后调节"。通过纠纷调解机制及时化解城乡结合部多元治理主体间的矛盾纠纷,能够有效推进城乡结合部多元社会治理主体形成共识、走向合作与和谐。

五　创新五大要素互动的对话沟通机制

多元参与主体开展合作治理活动是基于一定话语权的,城乡结合部多元共治离不开"话语民主"的支撑。"话语民主"是指人们围绕公共事务开展自由平等的辩论、对话、协商并最终形成政治共识的过程。[①] 当前,由于历史文化传统与政治文化的影响,多元治理主体在对话沟通中依然存在着许多亟待解决的障碍与困境。一方面,一度"大政府、小社会"的治理体制致使政府对社会组织与公民大众管控的格局积重难返,社会力量的利益诉求得不到充分表达;另一方面,公民社会贫弱、社会组织发育不足也制约着社会力量在治理过程中与政府、强大利益集团平等对话沟通。因此,在城乡结合部社会合作治理过程中尤其要注重平等对话机制的构建与完善。通过完善平等对话机制来建立多元治理主体应有的话语权,从而使广大公众有能力有底气参与城乡结合部基层社会公共事务治理。

平等对话机制意味着城乡结合部基层党委政府要避免在社会合作治理活动中"独白",要开展广泛平等的对话交流,建立健全多元对

---

① 李文辉、史云贵:《当代中国地方治理中的话语民主论析》,《湖北社会科学》2010 年第5 期。

话机制，充分调动多元社会治理主体参与平等对话机制，从而为解决利益冲突提供一种新的渠道。此外，随着互联网普及，越来越多的城乡结合部居民通过网络参与城乡结合部社会公共事务治理，参与能力也在不断提升，这就为平等对话机制的构建提供了一个虚拟网络平台。这样，网络议政也为多元主体进行平等对话沟通提供了更为便利的平台与路径。

六　创新五大要素互动的共享机制

创新促进五大要素良性互动的共享机制，既是落实共享发展新理念的要求，也是全面落实"打造共建共治共享的社会治理格局"的现实需要。城乡结合部共享机制就是为实现城乡结合部多元治理主体重新分配资源以达到均衡状态的一种治理机制。城乡结合部处在城市与农村的过渡地带，社会成员的异质性突出，人口倒挂现象严重。而城乡结合部资源客观上具有稀缺性和排他性，不同治理主体在追求自身利益的同时，不可避免地要同其他群体或个人的利益产生矛盾冲突，极易爆发群体性事件，使城乡结合部成为社会风险的高发地带与社会治理的重点、难点区域。为破解城乡结合部治理困境，引导城乡结合部多元治理主体参与社会合作治理，实现"共享发展"，非常有必要在城乡结合部社会合作治理过程中建立健全共享机制，发挥多元治理主体共建共治共享合力。首先，从城乡结合部资源共享来看，在合作治理共同体中，没有哪个治理主体拥有足够的资源可以独立解决所有的问题。这就意味着不同社会治理主体应充分利用自身资源实现优势互补、充分合作，以期实现城乡结合部社会治理效能的最大化。其次，从城乡结合部信息资源共享来看，在城乡结合部社会合作治理共同体中，构建一个立体开放、多重互动的信息共享平台，既可以有效降低多元主体参与协商谈判的成本，又可为不同治理主体构建起便利的沟通、协调机制，使各方平等享有参与治理的机会。城乡结合部信息资源共享，尤其对于构建城乡结合部社会治安防控体系，提高城乡结合部流动人口的管理水平，提升城乡结合部社会治理精细化程度极为重要。

七　创新五大要素互动的监督机制

城乡结合部社会合作治理共同体的构建需要建立一套完善的监督机制来发现问题与及时纠偏。基层党委政府在社会合作治理共同体中处于主导地位，对不同治理主体协商合作过程进行监督是党委政府的重要职责。不同治理主体间的相互监督是确保合作行为顺利推进的关键。有效的互动监督机制是为增强城乡结合部社会合作治理过程的透明度，确保城乡结合部多元治理主体合作共治的有效性，实现城乡结合部社会合作治理顺利开展的重要机制。首先，保障城乡结合部基层党委政府及其相关部门职能相对独立、权力相互制衡，是构建多元主体互动监督机制的基础。其次，构建科学的互动监督体系，形成内部监督与外部监督相结合的局面。建立健全监督制度和监督体系，在保证各种监督形式独立性与权威性的基础上，进一步加强监督体系内的协商合作是完善监督机制的关键环节。再次，对城乡结合部多元治理主体治理工作的各个阶段进行事前、事中、事后的全面监督，是完善监督机制的重要内容。最后，多元治理主体在具体社会事务治理过程中彼此相互监督可以更好地达到社会合作治理的效果，减少或避免多元治理主体合法权益受到侵害。

此外，为确保城乡结合部社会公共事务合作共治的科学性、规范性与民主性，还非常有必要建立健全城乡结合部社会合作治理的科学评估机制。目前，城乡结合部社会治理评估机制构建的难点在于缺乏一套科学有效的评估指标体系来反映真实的治理效能与治理水平。本书在第五章将以社会治理质量评估为抓手，明确城乡结合部社会治理质量指标内涵，量化社会治理质量指标，并在此基础上构建城乡结合部社会治理质量评估指标体系。

在创新城乡结合部五大要素互动的过程中，法治保障机制、决策参与机制、协商合作机制、利益协调机制、对话沟通机制、共享机制、监督机制、评估机制之间相互联系、缺一不可。只有上述一系列互动机制相互关联、相互补充、相互辅助，才能促进"五大要素"有机衔接和良性互动，城乡结合部多元治理主体才能发挥共振效应，共同奏响城乡结合部合作共治的和谐乐章。以法治保障为平台，打造以党委政府、社会组织与公众为多元参与主体的社会合作治理共同体是创新城乡结合部社会治理的关键点。而课题组在对城乡结合部社会治理实践进行广泛调查和深入访谈的基础上，以社会治理质量评估为抓手，构建城乡结合部社会治理质量评估指标体系，将是创新城乡结合部社会治理的突破口。

第 五 章

社会治理质量评估：城乡结合部
社会治理创新的突破口

党的十九大发出了"质量强国"号召，并实施了一系列推进高质量发展的策略。显然，高质量发展不应仅指经济高质量发展，而应包括政治、经济、社会、文化、生态在内的全方位的高质量发展。社会治理质量应是衡量社会高质量发展的最重要标志。长期以来，城乡结合部社会治理创新乏力，一个非常重要的原因就在于没有树立以治理质量为目标的思维导向。在城乡结合部社会治理中，坚持"以人民为中心"的工作导向，就是要千方百计提升城乡结合部社会治理质量，不断提升城乡结合部人民群众的获得感、归属感与幸福感，不断满足人民对美好生活的新期待。因此，以城乡结合部社会治理质量评估为抓手，构建城乡结合部社会治理质量评估指标体系是创新城乡结合部社会治理路径的重要突破口。在打造城乡结合部合作治理共同体的基础之上，要明确城乡结合部社会治理质量评估指标体系的主要维度与各级指标。城乡结合部社会治理评估指标体系的构建与运行，一方面能有效发展与完善城乡结合部合作治理共同体，增强城乡结合部社会治理能力，提升城乡结合部社会治理质量；另一方面也能为城乡结合部社会治理质量风险等级评估与预案设置提供坚实的基础。

第一节　城乡结合部社会治理质量评估
指标体系构建的原则与流程

构建城乡结合部社会治理质量评估指标体系的首要任务就是要明确

评估指标体系构建的原则与流程。构建原则就是指标体系构建过程中需要遵循的准则，主要包括一般性科学原则与特殊性价值追求原则，这是评估指标体系构建的重要导向。评估指标体系构建流程则是评估指标体系设计所遵循的基本步骤。有了明确的原则与构建步骤，就能够保障评估指标体系设计的科学性、有效性与可行性。

一 城乡结合部社会治理质量评估指标体系构建的原则

从前述基本概念解读与城乡结合部现状、问题的分析中我们可以看出，城乡结合部社会治理是一个复杂的综合性系统，城乡结合部社会治理质量评估指标体系是城乡结合部社会治理质量的系统反映。因此，应当尽量全面、客观地反映构成这一系统的各主体要素及其内涵，使得城乡结合部社会治理质量指标体系构建目标与构建指标实现有机联系。在确立城乡结合部社会治理质量评估指标体系时，我们需要明确评估指标体系构建需要遵循的一般原则与特殊原则。一般原则主要强调运用通用的科学定量方法来构建城乡结合部社会质量评估指标体系，体现的是工具理性特征。而特殊原则强调要根据研究内容的具体特征遵循一些特殊化或个性化原则。这些原则具有一定的价值导向功能，能够为城乡结合部社会治理质量评估指标体系构建提供价值支撑。

（一）城乡结合部社会治理质量评估指标体系构建的一般原则

城乡结合部社会治理质量评估指标体系是评估指标筛选、评价指标权重设定以及质量分级标准三者的统一。要从"质量"这样一个崭新的视角对城乡结合部社会治理进行评估，确定社会治理质量评估指标，明确评价指标权重，并确定分级标准。如果没有科学的理论作为指导，没有科学的方法作为支撑，没有科学的过程作为保证，那么研究结果一定会大打折扣。虽然本书构建的城乡结合部社会治理质量评估指标体系是导向性的科学评价标准，而非强制性的行政技术标准，但是我们也应把科学性原则、可行性原则、系统性原则与可比性原则作为指导城乡结合部社会治理质量评估指标体系构建的一般原则。

1. 科学性原则

城乡结合部社会治理质量评估指标体系构建的科学性原则主要体现在理论与实践的结合，以及所采用的研究方法是否符合科学性等方面。

第一,评估指标体系的构建须以科学理论为指导,以使城乡结合部社会治理质量评估指标体系在基本概念与逻辑结构上更加规范、严谨与合理。为此,要抓住城乡结合部社会治理的实质,并根据评估体系设计,有针对性地反映城乡结合部社会治理的客观情况。

第二,要科学构建城乡结合部社会治理质量评估指标体系的逻辑模型。运用科学的逻辑模型为城乡结合部社会治理质量评估提供研究的科学依据与数据支撑。通过逻辑模型的运用能够将城乡结合部社会治理质量形成的抽象概念进行较为清晰的逻辑还原,从而实现城乡结合部社会治理质量的数据化评估。

第三,评估指标体系的构建还应有科学的方法与手段。无论是采用定性方法还是构建相应的标准模型,都必须在客观基础上对相应内容进行概括性描述。要能够抓住最具代表性、最本质以及最为重要的东西进行相应的研究。在构建评估指标体系中,对客观对象描述得越清楚、越简洁,也就越科学、越符合实际。课题组在定性与定量方面都遵循了科学方法来构建城乡结合部社会治理质量评估指标体系。

第四,科学设计与筛选评估指标。在指标设计与筛选过程中需要遵循科学性原则。一是在指标设计方面要遵循"一致性"与"特征性"原则。一致性强调评估指标概念的本身要统一,特征性强调社会治理质量评估指标体系要能够较为全面地反映城乡结合部社会治理质量的基本特征。二是评估指标的筛选要遵循"理论的规定性"与"过程的严谨性"。理论的规定性强调指标的筛选要遵循科学的理论,且该理论能够有效反映社会治理质量的基本全貌;过程的严谨性主要强调指标的筛选要严谨并符合科学规范,能够经得起城乡结合部社会治理实践的检验。

2. 可行性原则

构建评估指标体系的最终目的是将其运用到实际的评估之中,更好地反映城乡结合部社会治理现状及程度,从而有效提升城乡结合部社会治理能力,进而提高城乡结合部社会治理质量。因此,从前期评估指标体系构建的资料获取以及后期实地调研资料数据的处理角度来看,要使评估指标体系及其指标含义明确、所指相关内容数据便于收集,这样才能让指标体系运用更具有操作性。

第一,城乡结合部社会治理质量评估指标体系要能够反映当前广大城乡结合部的实际情况。城乡结合部社会治理相比其他区域社会治理有较大的不同，这里的社会矛盾在城市化的推动下更加集中与尖锐。因此，城乡结合部社会治理质量评估指标体系构建应真实反映城乡结合部实际存在的社会情况。同时，评估指标体系的设计还要体现出不同区域城乡结合部的差异，不同等级城市的城乡结合部社会治理问题可能有不同的特点，这就要求在评估指标体系设计中考虑不同地区的实际情况。

第二，评估指标体系设计要具有实践可行性。在评估指标体系设计过程中要保证设计与筛选的指标能够在实际评估中切实可用。这就要求评估指标简单易懂，并能在自身允许的条件下获得分析数据。对于那些不能够找到数据验证的指标设计要慎重考虑。指标的设计要着重考虑数据收集的便利性与可操作性。

第三，评估指标体系的设计与筛选要具有实际的可测量性。实际可测性要求指标是能够通过观察或测量的方式来获得明确的结果或结论。城乡结合部社会治理质量评估指标体系的构建要求尽量可测量的指标，以便保证调研与评估的可操作性与客观性。

3. 系统性原则

城乡结合部社会治理是一个复杂的系统工程。因此，构建城乡结合部社会治理质量评估指标体系需要遵循系统性原则。系统性原则要求城乡结合部社会治理质量评估指标体系构建能够全面、系统地反映城乡结合部社会治理质量现状。

第一，城乡结合部社会治理质量评估指标体系构建要能够体现"整体性"特征。系统性原则要求评估指标体系必须全面体现所要达到目标的整体性，指标内容应能够全面、系统地反映城乡结合部社会治理质量基本状况，不能在任何重要的方面有所遗漏；否则，评估结果就会出现较大的偏差。

第二，城乡结合部社会治理质量评估指标体系构建要能够体现不同侧面的"代表性"。不同侧面的代表性要求我们在评估指标体系设计过程中坚持用全面性、整体性、系统性的视角考察城乡结合部社会治理质量的同时，还要明确质量评估的重点。由于研究条件与精力的限制，我们不可能在每一方面都做到尽善尽美，因此在设计指标时应兼顾能够反映不同侧面特征的指标。

第三,城乡结合部社会治理质量评估指标体系构建要能够体现各组成部分系统的"有机统一"。城乡结合部社会治理质量评估指标体系主要是由指标筛选、权重分配以及质量分级这三大部分组成,这三者都是城乡结合部社会治理质量评估指标体系不可或缺的组成部分。评估指标体系不是指标的简单集合,而是由多个不同指标构成的有机整体。围绕着全面客观地评估城乡结合部社会治理质量,各项指标都应代表一定的符号与价值,各级指标之间、各项指标之间都应有着内在的逻辑关系。

4. 可比性原则

一般来讲,我们设计的城乡结合部社会治理质量评估指标体系要求既能运用质量评估指标进行跨地区横向比较,又能对同一地区城乡结合部在不同时间的社会治理质量进行纵向比较。这就是说,我们设计的指标体系应在时间与空间上具有可比性原则。

这要求我们做到:第一,城乡结合部社会治理质量评估指标体系构建要具有一定的"独立性"。在设计城乡结合部社会治理质量评估指标体系中,要保证各指标具有相对的独立性,同一层次的指标不能交叉重叠,否则将无法进行有效比较。要根据不同大类将不同指标进行属性归类,各指标间不能有重叠与交叉,从而使横纵比较更加准确有效。第二,城乡结合部社会治理质量评估指标应具有"一致性"。评估指标的"一致性"即要求评估指标体系要有共同属性,这样才能比较两个具体评估对象在这一方面的差异。一方面,运用城乡结合部社会治理质量评估指标体系在横向不同地区间进行对比时,除了要求口径范围一致外,还要求在相对数、比例数等方面的一致性;另一方面,在进行纵向追踪评估时,要保证同一城乡结合部社会治理质量"历时性"可比。在设计城乡结合部社会治理质量评估指标体系时,既要充分体现城乡结合部社会治理的"此时此地"的实际情况,又要对未来发展有所预见,而力求保持一定的连续性。

(二) 城乡结合部社会治理质量评估指标体系构建的特殊原则

如前所述,构建城乡结合部社会治理质量评估指标体系除了需要依据共同遵守的基本原则外,还要评估指标体系能够彰显当前社会治理的价值取向。这些价值取向不同于前面一般原则的工具属性特征,而是更具有宏观的、价值性的构建导向。这就是城乡结合部社会治理质量评估指标体系需要遵循的特殊原则。城乡结合部社会治理质量评估指标体系所遵循的特殊原则是从长远战略的视角出发，要求评估指标体系设计必须有正确的价值导向，尤其要体现"以人为本""公平正义""法治""共建""共享""共治"的特殊原则。评估指标体系构建如若不遵循这一系列基本价值导向，将会使评估指标体系沦为短期即时的"工具"，不仅会陷入"为了评估而评估"的怪圈，而且也不能真实反映广大城乡结合部社会治理质量。因此，构建城乡结合部社会治理质量评估指标体系只有遵循一定的特殊价值导向原则，才能让指标彰显价值，增进指标与价值的有机融合，这样的指标体系才更具有长远性与可持续性。

1. 城乡结合部社会治理质量评估指标体系构建的"以人为本"原则

社会治理的首要价值取向是"以人为本"的目标导向。以人为本的思想在古今中外都一直是关注的焦点。我国古代儒家学者强调"民为邦本""君舟民水"等治国理念彰显了以人为本的思想，强调国家治理要以天下苍生为念，要以人民的生存、生活为念。西方从古希腊时期"人乃万物尺度"到文艺复兴时期对人性的重视，尤其是以卢梭为代表的西方人民主权理论，充分彰显了以人为本的治国思想。毛泽东提出的"为人民服务"思想是我们党以人为本思想的源泉。进入了新时代，社会治理必须"坚持以人民为中心"的工作导向，"坚持以人为本，尊重人民主体地位，发挥群众首创精神，紧紧依靠人民推动改革，促进人的全面发展"①。社会治理的最终目的是为了保障和实现最广大人民群众的根本利益，实现人的全面发展。以人为本的社会治理理念表明了城乡结合部社会治理的出发点与落脚点都要考虑社会中"人"的要素。坚持"以人为本"的原则，要求城乡结合部社会治理质量评估指标体系构建要充分体现"以人民为中心""以服务为重点"。

第一，城乡结合部社会治理质量指标体系构建要彰显"以人民为中心"的主线。"为什么人的问题，是检验一个政党、一个政权性质的试

---

① 刘开法：《习近平中国特色社会主义思想研究》，《经济研究导刊》2013年第16期。

金石。"① 党的宗旨是立党为公、执政为民，全心全意为人民服务，党的一切工作都是为了让人民满意；而让人民满意最好的办法就是创造条件让人民参与。这就要求城乡结合部社会治理质量评估要更加注重公众参与，尤其是要注重弱势群体与边缘群体（流动人口）对社会治理质量评估的影响，从而实现城乡结合部社会治理质量评估主体由传统的"政府中心型"转向"公众中心型"，进而真正构建以人为本的评估指标体系。以人民为中心的城乡结合部社会治理质量评估指标体系的构建能够真正发现城乡结合部社会治理质量问题，进而从公众需求的视角来提升城乡结合部社会治理质量。

第二，城乡结合部社会治理质量指标构建要彰显"以服务为重点"的要求。在当代中国，"治理就是服务"，治理创新实际上也是服务内容、服务方式方法的创新。基本公共服务是影响社会治理质量的重要因素之一。以人为本的治理理念强调关注和促进人的全面发展，而基本公共服务就是促进人们全面发展的重要手段。因此，在城乡结合部社会治理质量评估指标体系构建过程中，要充分体现公共服务在社会治理质量评估中的重要性。基本公共服务包括教育、就业、劳动保障、基础设施建设、医疗卫生、文化体育、环境保护、社会治安等。因此，在评估指标构建时需要充分涵盖这些基本公共服务内容。

以人为本的原则充分表明，城乡结合部社会治理评估指标体系的构建要充分彰显那些能够促进人全面发展的要素，能够突出体现人民群众获得感、安全感、幸福感、公平感、主人翁感的要素，指标体系设计要充分体现公众的利益诉求与民生需求的元素。

2. 城乡结合部社会治理质量评估指标体系构建的"公平正义"原则

社会治理的重要任务之一就是营造公平和谐的社会环境。② 当前，实现和维护社会公平正义已成为我国社会治理的基本目标之一。城乡结合部作为一个既不同于城市又不同于农村的城乡混合区域，其社会治理更

① 习近平：《决胜全面建成小康社会　夺取新时代中国特色社会主义伟大胜利——在中国共产党第十九次全国代表大会上的报告》，人民出版社 2017 年版，第44—45 页。
② 徐猛：《社会治理现代化的科学内涵、价值取向及实现路径》，《学术探索》2014 年第5 期。

要着力实现社会的公平正义。党的十八大报告把公平正义定位到了"中国特色社会主义的内在要求"的高度，这说明了公平正义对于中国特色社会治理的重要性。[①] 党的十八届三中全会强调，"必须以促进社会公平正义、增进人民福祉为出发点和落脚点全面深化改革"[②]。"全面建成小康社会必须坚持人民主体地位的原则，必须维护社会公平正义，保障人民平等参与、平等发展权利，充分调动人民群众的积极性、主动性和创造性。"[③] 为此，"必须多谋民生之利，多解民生之忧，在发展中补齐民生短板、促进社会公平正义"[④]。因此，构建城乡结合部社会治理质量评估指标体系要把是否促进社会公平正义作为根本性原则进行考量。基于社会公平正义原则，城乡结合部社会治理质量评估指标体系构建应遵循如下导向。

第一，权利本位导向。传统社会管理强调的是"官本位""政府本位""权力本位"，而现代社会治理则要求向以公众为中心的"公民本位""权利本位"理念转变。如何彰显以公民为中心的权利本位导向已成为当前社会治理创新中的重要内容。正如理查德·C. 博克斯所言，"21世纪的改革家们将今天的创新视为是一个创建以公民为中心的社会治理结构的复兴实验过程"[⑤]。城乡结合部社会是一个不同群体聚集的社会，在这里各种利益主体聚集，多元利益冲突问题凸显。在构建城乡结合部社会治理质量指标体系中只有体现以公民权利为导向的评价指标才能彰显社会治理公平正义的价值导向。

第二，社会公平导向。社会治理创新的目的不仅仅是提高社会效率，更重要的是能够彰显社会公平，尤其是要注重权利公平、规则公平、机会公平。社会治理创新就是要强调对社会公平的维护。公平是和谐的基

---

① 习近平：《紧紧围绕坚持和发展中国特色社会主义学习宣传贯彻党的十八大精神》，《求是》2012 年第 23 期。

② 《中共中央关于全面深化改革若干重大问题的决定》，《求是》2013 年第 22 期。

③ 《中共中央关于制定国民经济和社会发展第十三个五年规划的建议》，《人民日报》2015 年 11 月 4 日第 1 版。

④ 习近平：《决胜全面建成小康社会　夺取新时代中国特色社会主义伟大胜利——在中国共产党第十九次全国代表大会上的报告》，人民出版社 2017 年版，第 23 页。

⑤ 曾维和、贺连辉：《社会治理体制创新：主体结构及其运行机制》，《理论探索》2015 年第 5 期。

础。社会公平的程度在很大程度上决定了社会稳定的程度。快速城市化过程中城乡结合部社会问题与矛盾十分突出，在该区域，机会、权利、规则公平方面十分羸弱。因此，在构建城乡结合部社会治理质量评估指标体系中始终坚持社会公平导向是非常重要且必要的。

第三，程序正义导向。公平正义价值的实现必须借助程序正义来保障。没有程序的正义，是最终无法实现的虚假正义。程序正义是指在社会治理活动中必须遵循一定的合理、合法的过程或步骤。程序正义是保证实质正义或公正的关键环节。在创新社会治理的过程中，必须高度重视社会治理的程序正义问题，所有社会治理活动都必须遵守法定的程序，不但实体上合法，程序上也要合法。[1] 如果程序本身是正义的，社会治理活动就具有了合法性，这样它就不会因遭受不同治理主体或治理对象的挑战，而备受质疑。[2] 因此，在当前城乡结合部社会治理陷入"维稳"怪圈的情况下，如何将程序正义纳入城乡结合部社会治理质量评估指标体系之中是本书迫切需要解决的问题。

3. 城乡结合部社会治理质量评估指标体系构建的法治原则

"全面依法治国是中国特色社会主义的本质要求和重要保障。"[3] 法治是创新社会治理的前提和保障。法治的核心要义是把社会治理纳入法治化轨道，实现社会治理体系和运行机制的法治化、制度化。[4] 当前，在中国特色的"党委领导、政府负责、社会协同、公众参与、法治保障"的"五位一体"的社会治理格局中，法治保障是基础前提。法治既是社会治理的工具，也是社会治理体制机制运行的支撑性平台。因此，城乡结合部社会治理质量评估指标体系构建必须坚持法治原则。

第一，评估指标体系要彰显法治思维。社会治理法治化，首先需要法治思维先行。法治思维是社会治理需要遵循的最为基本的思维模式。

---

[1] 黄旭东：《论法治视域下的社会治理》，《探求》2015年第3期。

[2] 赵孟营：《治理主体意识：现代社会治理的技术基础》，《中国特色社会主义研究》2015年第3期。

[3] 习近平：《决胜全面建成小康社会　夺取新时代中国特色社会主义伟大胜利——在中国共产党第十九次全国代表大会上的报告》，人民出版社2017年版，第22页。

[4] 时圣玉、陈春燕：《提高社会治理法治化水平的思考》，《河北青年管理干部学院学报》2015年第6期。

社会治理创新需要运用法治思维和法治方式，在科学立法、严格执法、公正司法、全民守法中促进社会既充满活力又和谐有序。[①] 法治思维也是一种法治精神。要把法治思维贯穿于社会治理的各个环节，成为社会治理主体立法、执法、守法的自觉。只有如此，才能有效化解社会矛盾、维护社会秩序、促进社会和谐。

第二，评估指标体系要融入"法治指标"。法治指标是衡量社会治理质量的重要尺度。法治指标涵盖了社会治理多元主体，尤其是党委依法执政、政府依法行政、公众与社会组织依法参与等。法治指标不仅仅是内容上的合法性，还包括程序上的合法性。因此，在城乡结合部社会治理质量测度标准构建中，必须将法治指标融入社会治理质量评估指标体系的构建与运行。

4. 城乡结合部社会治理质量评估指标体系构建的"共建"原则

党的十八届五中全会提出"构建全民共建共享社会治理格局"[②]。党的十九大在此基础上进一步提出了"打造共建共治共享的社会治理格局"[③]。这说明，社会治理过程也是一个多元社会主体"共建共治共享"的过程。在共建共治共享的过程中，共建共治是前提，共享是目的。"共建共治"要求多元社会治理主体必须践行合作共建、合作共治原则，在此基础上实现社会共治。社会共建共治的目的是共享。基于共享权的共治型社会治理，是指以保障公民的共享权基础，公民与政府共同治理社会的社会治理模式。共享权，指向的是公民的共享权利而非国家机关间的共享权力，是公法权利而非私法权利。[④] 因此，在城乡结合部社会治理质量评估指标体系构建过程中必须充分彰显合作共建原则。

第一，城乡结合部社会治理质量评估指标体系构建应体现"政府与社会合作共建"的内容。在社会治理格局中，虽然党委政府处于领导和负责的地位，但社会治理是一个多元主体合作共治的过程，不是党委政

---

① 龚维斌：《社会治理新常态的八个特征》，《中国党政干部论坛》2014 年第 12 期。

② 《中国共产党第十八届中央委员会第五次全体会议公报》，人民出版社 2015 年版，第 17 页。

③ 习近平：《决胜全面建成小康社会 夺取新时代中国特色社会主义伟大胜利——在中国共产党第十九次全国代表大会上的报告》，人民出版社 2017 年版，第 49 页。

④ 罗英：《基于共享权的共治型社会管理研究》，《法学论坛》2013 年第 1 期。

府能够完全承担得了的。为此，在打造共建共治共享的社会治理格局中，应在发挥党委领导、政府负责作用的同时，更加强调社会组织和个体公民的作用，使他们成为社会治理的重要主体，加快形成政府与社会共建共治共享的新格局。因此，在城乡结合部社会治理质量评估指标体系构建过程中必须充分考虑政府与社会合作共建的相关要素与指标。

第二，指标体系构建应彰显"社会自治"的内容。共建共治共享社会治理格局的最终落脚点在城乡基层。广大城乡社区是基层群众共建共治共享的根据地与试验田。社会基层群众是社会治理创新的最直接参与者。只有基层群众可以借助各种社会组织进行有效的利益维护和愿望表达，并能得到有效快速回应时，社会组织才能发挥改革的助推器与安全阀作用，才能形成社会治理的活力源泉。[①] 因此，城乡结合部社会组织及其参与治理的效能，应是当前城乡结合部社会治理质量评估的重要衡量标准，在城乡结合部社会治理质量评估指标体系构建过程中必须得到充分彰显。

5. 城乡结合部社会治理质量评估指标体系构建的"共享"原则

共建共治共享社会治理格局的构建，落脚点还是在共享上。如何让广大群众共享社会治理成果就成了衡量社会治理质量的重要标准。社会治理是一个多元主体良性互动的过程。在良性互动过程中需要合作共建原则，更需要成果共享的原则来保障。只有广大城乡结合部居民共享城乡结合部社会治理创新成果，社会治理才能获得持续动力，城乡结合部社会治理质量才能得到有效提升。因此，城乡结合部社会治理质量评估指标体系设计必须彰显"共享"原则。

第一，指标体系设计应体现"不同群体利益共享"内容。"良好的制度、利益共享的规则与原则，可以有效地引导人们最佳地运用其智识从而有效引导有益于社会目标的实现。"[②] 城乡结合部是一个多元利益主体聚集的区域，多元主体间异质性凸显，如何实现多元利益主体共享社会治理成果就成了衡量城乡结合部社会治理质量的关键问题。因此，在指

[①] 万明国、陈萌:《县权、县政和县域治理的逻辑关联与进程》,《北京航空航天大学学报》2015 年第 3 期。

[②] 潘红祥:《公共政府、法治政府与和谐社会》,《法学评论》2006 年第 6 期。

标体系设计中彰显不同利益主体共享原则是衡量城乡结合部社会治理质量的重要因素。

第二，指标体系设计应体现"平台共享"的内容。城乡结合部合作治理共同体作为一个多元主体受益的共享平台，是城乡结合部社会治理质量提升的重要载体。打造以"党委领导、政府负责、社会协同、公众参与、法治保障"为基本内容的城乡结合部社会合作治理共同体平台能够真正彰显"共享"原则，这也是指标体系设计中必须重点考虑的内容。

6. 城乡结合部社会治理质量评估指标体系构建的"共治"原则

从社会管理到社会治理，虽然是一字之差，但背后逻辑意蕴却大为不同。社会治理要求多元主体合作、共建、共治、共享，这本身就要求社会治理方式必须遵循民主性原则。社会治理的民主性很大程度上取决于社会治理主体的多元性，即"共治"。① 城乡结合部社会治理质量评估指标体系的设计必须体现民主性原则。

第一，指标体设计要体现政府治理的民主性。政府治理民主性要求政府在社会治理中要践行民主决策。现代社会治理本质上是多元社会主体共同参与的治理。政府要积极引导多元利益主体参与社会治理，这是政府开放性与透明性的具体体现，也是提升社会治理质量的重要方式。

第二，指标体系设计要体现基层自治的直接民主原则。"人民当家作主是社会主义民主政治的本质特征"，要"用制度体系保证人民当家作主"。② 保障人民群众在他们自己的城乡家园行使当家作主的权利，是社会主义民主的应有之义。城乡结合部社会治理质量，在很大程度上取决于城乡结合部民主质量。在广大城乡社区保障和实施以"五个民主"③ 和"四个自我"④ 为基本内容的基层民主实践活动，是人民群众在基层社会

---

① 夏远永：《新常态下社会治理的内涵、特征及未来前瞻》，《人民论坛》2015 年第 17 期。

② 习近平：《决胜全面建成小康社会　夺取新时代中国特色社会主义伟大胜利——在中国共产党第十九次全国代表大会上的报告》，人民出版社 2017 年版，第 36 页。

③ "五个民主"是指党的十九大报告中提出的，保证人民依法实行"民主选举、民主协商、民主决策、民主管理、民主监督"。"五个民主"是在党的十六大、十七大、十八大提出"四个民主"（民主选举、民主决策、民主管理、民主监督）基础上的发展与完善。

④ "四个自我"是指党的十七大、十八大提出的基层群众依法实行以"自我管理、自我教育、自我服务、自我监督"为基本内容的基层群众自治活动。

实现当家作主最切实的基层民主活动。这些基层民主自治实践是基层社会治理不可或缺的重要组成部分。可以说,城乡结合部社会治理质量的高低,很大程度上体现在城乡结合部社会治理的民主化程度上。

二　城乡结合部社会治理质量评估指标体系构建的流程

确立城乡结合部社会治理质量评估指标体系构建流程是城乡结合部社会治理质量评估指标体系构建的关键。构建流程也就是构建应遵循的基本环节和重要步骤。只有明确了指标体系构建的步骤,才能从整体上为城乡结合部社会治理质量评估指标体系的构建提供清晰明确的导向。城乡结合部社会治理质量评估指标体系构建是一个系统的流程,它包括评估指标体系模型构建、评估指标体系设计(指标设计、指标筛选、权重赋分)、评估指标体系运行机制、实证追踪检测等流程。具体如图5－1所示。

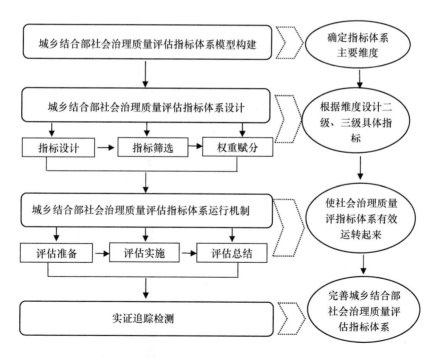

图5－1　城乡结合部社会治理质量评估指标体系构建流程(作者自制)

（一）城乡结合部社会治理质量评估指标体系模型构建

拟构建的城乡结合部社会治理质量评估指标体系模型借鉴了西方比较成熟的绩效棱柱模型（Performance Prism）理论。绩效棱柱模型在改进和完善传统平衡记分卡理论的基础上，更直观、更完整、更全面。绩效棱柱模型是一个三维绩效框架模型，它的五个面分别代表组织绩效内在因果关系的五个关键要素：利益相关者的贡献、利益相关者的满意、组织战略、业务流程和组织能力。该模型既注重利益相关者的价值取向，又重视对能力、过程与结果的评价。在借鉴绩效棱柱模型理论的基础之上，课题组依据绩效棱柱模型的基本维度，结合城乡结合部合作治理共同体模型的构建，对绩效棱柱模型进行修正，确定城乡结合部社会治理质量评估指标体系的主要宏观维度，从而为后面具体的指标设计创造条件。

（二）城乡结合部社会治理质量评估指标体系设计

该指标体系设计是在模型构建与维度确定的基础上进行具体的指标设计。该部分是本章的主体部分，也是指标体系构建的关键环节。在模型构建与宏观维度确定的基础上，本部分主要任务就是：一是确定城乡结合部社会治理质量评估指标体系内涵。内涵的厘清有利于接下来具体指标的构建。二是在确定好城乡结合部社会治理质量评估指标获取方法的基础上，根据确定的具体维度指向来确定二级（基本指标）、三级指标（具体指标）。三是对确定好的基本指标与具体指标进行相应的量化。在量化过程中运用相应科学的方法对基本指标与具体指标进行权重赋分，从而为后面的实证检测提供质量测评依据。

（三）城乡结合部社会治理质量评估指标体系运行机制

城乡结合部社会治理质量评估指标体系的运行机制主要涉及如何使指标体系真正运转起来的问题。具体包括：第一，城乡结合部社会治理质量评估的准备工作。这包括构建评估组织与制度、确定评估相应的主体、分值量化的具体步骤与方法。第二，确定城乡结合部社会治理质量评估的实施方案。具体包括指标构建的可能数据来源，运用什么样的方法对数据进行分析，等等。第三，对城乡结合部社会治理质量进行分级的等级确定。根据赋分对不同维度的具体指标进行评分；在评分的基础上来确定城乡结合部社会治理质量的等级，亦即将城乡结合部社会治理质量分为"优秀""良好""中等""合格""较差"五个等级层次的质量评估分级标准。

（四）实证追踪检测

实证追踪检测是指对城乡结合部社会治理质量评估指标体系进行现实追踪检测。通过实地问卷调研、深度访谈、数据收集等方式对评估指标体系进行实证检测。课题组在众多调研对象中，特别选取了三个典型的城乡结合部作为课题研究的"试验田"进行社会治理质量评估的持续追踪研究。在持续追踪检测中对城乡结合部社会治理评估指标体系进行不断修正与完善，从而能够更好地评估城乡结合部社会治理质量，并为完善城乡结合部社会治理质量风险等级评估与实施预案奠定坚实基础。

第二节　城乡结合部社会治理质量评估指标体系的模型构建

本节所探讨的城乡结合部社会治理质量评估模型是基于绩效棱柱模型的，而绩效棱柱模型又是对平衡计分卡模型的优化与完善。英国克兰菲尔德学院的安迪·尼利（Andy Neely）、克里斯·亚当斯（Chris Adams）和迈克·肯尼尔利（Mike Kennerley）在对平衡记分卡总结与完善的基础上提出了绩效棱柱模型（Performance Prism）方法。绩效棱柱模型理论将所有利益相关者的愿望和要求都作为考核对象，绩效棱柱模型是基于利益相关者利益最大化的绩效测量与管理模型，是对平衡记分卡理论的完善与超越。绩效棱柱模型作为一种比较成熟的科学测评工具，其理念与社会治理质量有高度一致性。课题组把合作治理共同体模型与绩效棱柱模型有机结合起来，确定城乡结合部社会治理质量评估指标体系的主要维度。

一　绩效棱柱模型简介

（一）绩效棱柱模型的基本框架

绩效棱柱法于 2000 年首先提出，是一个以利益相关者为主要核心的三维框架评估模型。绩效棱柱模型主要运用于研究和测量组织管理绩效问题。绩效棱柱模型的框架设计具有很大的弹性空间，该框架既适合于宽泛的要求，也适合严格的要求。

绩效棱柱模型框架主要有以下三方面的设计考量:[①] 第一，对于组织长期发展而言，如果只考虑单一的或者某一层面的利益主体显然是不够的，应考虑到所有相关者的利益；第二，应从战略、流程、能力等方面优化排列组合，让组织成员利益共享，以实现组织的可持续发展；第三，组织与成员之间要明确各自的责权利。可以说，绩效棱柱展示的是全面的绩效测评结构，它建立在一直处于弥补自身不足的最优结构的基础之上。

（二）绩效棱柱模型的主要构成要素

绩效棱柱模型主要由利益相关者的贡献、利益相关者的满意、组织战略、业务流程与组织能力这五大要素组成。[②] 其中，利益相关者的贡献与利益相关者的满意分别位于棱柱的上下两个底面，具体如图 5 - 2 所示。

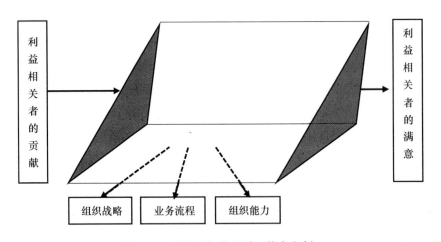

图 5 - 2　绩效棱柱模型图（作者自制）

如图 5 - 2 所示，模型的输入端是利益相关者的贡献，输出端是利益

① 江南春、徐光华：《企业战略绩效评价模型研究》，《企业经济》2007 年第 11 期。

② 李开琴、张廷君：《多维度创新社会治理绩效评估》，《中国社会科学报》2016 年 4 月 27 日第 4 版。

相关者的满意,中间部分分别是组织战略、业务流程与组织能力。"利益相关者的贡献"强调组织发展需要从利益相关者那里获得什么;"利益相关者的满意"强调谁是组织的利益相关者,他们的愿望与要求是什么;"组织战略"强调组织应采用什么战略来满足利益相关者的需求;"业务流程"强调组织需要什么样的流程方式才能落实战略;"组织能力"强调组织需要什么样的能力才能开展和改善组织业务流程。绩效棱柱模型相对于平衡积分卡模型而言,既强调了利益相关者的价值取向,又注重对利益相关主体结果满意度评价,同时特别强调提升利益相关主体满意度的过程与能力等方面的全面评价。① 可以说,绩效计量评价贯穿于绩效棱柱模型的各个方面,每一方面可以由不同的量化指标组成,通过众多量化指标所组成的评价指标体系能够达到组织责任认定与绩效评价的目的。

二 绩效棱柱模型在公共部门中的应用

当前,我国公共部门绩效评估主要采用的是顾客满意度方法。但仅凭顾客满意度的结果导向型绩效评估往往具有单一性与片面性。当前,绩效棱柱理论不仅在私人部门得到了广泛应用,许多公共部门也开始采用绩效棱柱模型来解决公共部门绩效评估问题。国内已有一些学者开始将绩效棱柱模型引入相关部门绩效评估中。常伟等将绩效棱柱模型引入城市经营之中,在以利益相关者主体分析的层面运用了绩效棱柱模型,构建了"内外兼具"的城市政府组织能力分解模型,对利益相关主体需求和贡献的关键要素进行对比分析。② 倪星等综合运用绩效棱柱模型等方法,提炼了一套价值取向与指标体系紧密结合的地方政府绩效评估指标体系模版,切实改善了我国地方政府绩效评估实践。③ 徐刚等将绩效棱柱模型引入政府编制绩效评估中。在借鉴与修正绩效棱柱模型基础上构建了"利益相关者—直接利益者—利益相关者"等利益相关主体和"条

---

① [英]安迪·尼利、克里斯·亚当斯、迈克·肯尼尔利:《战略绩效管理:超越平衡计分卡》,李剑锋译,电子工业出版社 2004 年版,第 126 页。

② 常伟、张道宏、李建:《利益相关主体分析:绩效棱柱模型在城市经营绩效管理中的应用》,《城市发展研究》2008 年第 1 期。

③ 倪星、余琴:《地方政府绩效指标体系构建研究——基于 BSC、KPI 与绩效棱柱模型的综合运用》,《武汉大学学报》(哲学社会科学版)2009 年第 5 期。

件—战略—流程—能力—结果"等利益相关客体共同构设的双价值框架体系。① 彭兰香等运用绩效棱柱模型对浙江省相关公共部门五水共治项目绩效进行了研究，构建了适合我国公共部门水环保绩效评价体系，并提出了提升水环保绩效的对策建议。② 李开琴分析了绩效棱柱模型法在社会治理绩效评估中应用的可能性与可行性，认为绩效棱柱模型是一种全面的绩效质量评估方法，对创新社会治理绩效评估体系有重大的意义。③

绩效棱柱模型法在公共部门中的广泛应用并取得良好成效与认可，充分说明了绩效棱柱模型的广泛适应性。综合以上理论分析与实践总结，课题组认为，在社会治理质量评估中也适用绩效棱柱模型法，利用绩效棱柱模型方法构建城乡结合部社会治理质量评估指标体系是切实可行的。

三 绩效棱柱模型对社会治理质量评估的指导作用

绩效棱柱模型在公共部门的广泛应用说明，绩效棱柱模型完全能够为社会治理创新所用。绩效棱柱模型的特点及其具有的优点表明，它与公共部门绩效评估具有高度契合度。而公共部门绩效评估在很大程度上表现在社会治理质量的评估上面。绩效棱柱模型对社会治理质量评估的指导价值主要体现在以下几方面。

（一）有助于以"公众为核心"的多元社会治理质量评估体系的形成

构建以"公众为核心"的多元社会治理质量评估指标体系是由党的宗旨和"以人民为中心"的工作导向决定的。与传统平衡计分卡模型只关注股东与顾客的绩效评价不同，绩效棱柱模型明确了坚持以利益相关者价值取向的观点，也就是说绩效棱柱模型考虑了所有利益相关者的利益。新时代社会治理与传统社会管理的单一主体模式不同，社会治理强调多元主体的合作共治。这些主体具体包括党组织、政府、企事业单位、社会组织、社区（村）、公众等。可以说，这些都是城乡结合部社会治理

---

① 徐刚、刘明广：《政府编制绩效评估机制：棱柱构架及双价值向度》，《哈尔滨工业大学学报》（社会科学版）2012 年第 6 期。

② 彭兰香、李佳丽、刘婷：《基于绩效棱柱和 PSR 模型的水环保绩效审计评价体系构建研究——以浙江省"五水共治"为例》，《财经论丛》2015 年第 5 期。

③ 李开琴、张廷君：《多维度创新社会治理绩效评估》，《中国社会科学报》2016 年 4 月 27 日第 4 版。

质量评估的相关者，而不能仅仅把目光聚焦在党委政府层面上。党的十九大提出了"打造全民共建共治共享的社会治理格局"的战略要求，这一要求表明，在这个"共建共治共享"的新时代，城乡结合部社会治理质量评估更应注重公众对于社会治理质量评估的参与度，要加快实现社会治理质量评估主体由"政府中心型"转向"公众中心型"，从而构建以公众为中心的社会治理质量多元主体评估体系。因此，棱柱绩效模型能有效推动"以公众为中心"的城乡结合部社会治理质量评估体系的构建与运行。

（二）有利于促进社会治理质量评估的"结果评估"与"过程评估"良性互动

绩效棱柱模型既注重结果评价，又注重过程与能力评价。这样的评估模型既能够提升组织的业务能力，也能够提升相关利益主体的满意度。城乡结合部社会治理质量评估不能只注重对公众满意度的测量，还需要注重对政府、基层自治组织、其他社会组织等多元主体参与社会治理活动与互动过程的评估。较之于"社会管理"，社会治理更加重视社会主体的多元参与，更加强调社会治理的过程，更加注重社会治理主体间的互动。社会治理不是政府单方面强制使用权力的过程，而是政府与多元社会主体的有效协商、互动与对话的过程。① 因此，绩效棱柱模型的过程与结果导向，能够为城乡结合部社会治理质量评估指标体系的构建提供科学指导与实施路向。

（三）能够实现社会治理质量评估的"全面性"

绩效棱柱模型强调绩效评估的全面性，这与城乡结合部社会治理评估是一种"全面质量"评估是不谋而合的。这种全面性主要体现在以下两个方面：一是对利益相关者的贡献与满意度的全面评价；二是对组织绩效"输入—输出"过程的全面评价。绩效棱柱模型这种绩效全面评估方法对城乡结合部社会治理质量评估具有非常大的启示。城乡结合部社会治理是一个多元治理主体"共建共治共享"的互动过程。在这个过程中，需要做到主体参与的全面性、主体投入（贡献）的全面性、主体满意的全面性。也只有实现社会治理质量评估的全面性，才能够真正实现

---

① 张成福、李丹婷：《公共利益与公共治理》，《中国人民大学学报》2012 年第 2 期。

"以评促建"，高效打造全民共建共治共享的社会治理格局。

（四）有利于在社会治理质量评估中兼顾治理的"长远目标"与"短期目标"

城乡结合部社会治理质量评估应是"长远目标"与"短期目标"的有机统一。而绩效棱柱模型法既注重长远目标的实现，也兼顾短期目标的实现。在绩效棱柱模型中，利益相关者的贡献体现了对长远目标的把握，而利益相关主体的满意度则是对短期目标的兼顾。在当前的城乡结合部社会治理创新中，既要注重社会稳定和谐的当下效果，更要关注城乡结合部"人的全面发展"，不断满足人民对美好生活的需要。而包括城乡结合部在内的所有基层社会治理创新，说到底都是为了"促进人的全面发展"，都是为了全面提升社会生活质量，进而不断满足人民对美好生活的向往。因而，城乡结合部社会治理质量评估必须处理好"当前"与"长远"的关系。通过借鉴绩效棱柱模型就能够为构建城乡结合部社会治理质量评估指标体系提供"当前"与"长远"的目标考量。

四 构建城乡结合部社会治理质量评估模型

鉴于绩效棱柱模型在公共部门的成功运用以及对社会治理质量评估的现实指导意义，课题组基于绩效棱柱模型设置了城乡结合部社会治理质量评估的基本维度。在社会治理理论的指导下，结合社会治理质量的内在规定性，综合考虑城乡结合部社会治理的投入、过程、产出及社会效果，课题组建构了城乡结合部社会治理质量评估的绩效棱柱模型（如图5-3所示）。

下面，课题组就如何在棱柱绩效模型基础上建构并完善城乡结合部社会治理质量评估模型做如下解读。

（一）按照城乡结合部社会治理质量评估的要求调整并确定维度名称

构建城乡结合部社会治理质量评估指标体系，必须根据城乡结合部社会治理具体情况，把绩效棱柱模型设计与城乡结合部社会治理共同体模型有机结合起来，从城乡结合部社会治理的特征出发对各维度重新确定，以更好地满足城乡结合部社会治理质量评价指标构建的要求。

1. 将"战略"调整为"合作治理共同体"

在企业管理中，战略是企业发展的长远指导目标。在社会治理中也

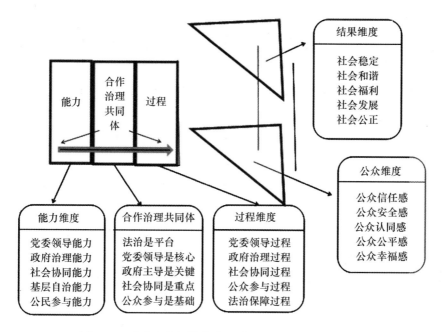

图5-3 城乡结合部社会治理质量评估模型(作者自制)

需要战略方针的指引,但这种战略不仅仅是理念上的战略,更是真正可以实践的战略。而城乡结合部合作治理共同体战略就是一种从理念到实践的战略体现。在理念方面,合作治理共同体强调共建、共治、共享;在实践上,合作治理共同体强调党委、政府、社会、公众等主体在法治平台上的良性互动,从而形成一个产生合力效应的合作治理共同体。因此,在城乡结合部社会治理质量评估模型构建中,将战略调整为合作治理共同体,既符合城乡结合部社会治理质量评估的内在要求,也能积极回应构建共建共治共享合作治理共同体的社会治理创新实践。

2. 将"利益相关者的贡献"维度调整为"公众"维度

在社会治理中,"公众"的名称显然比企业管理者的"顾客""股东"等利益相关者的名称更加简洁、明晰,也更加符合城乡结合部社会治理的主体性要求。社会治理虽然也具有"管理性"特征,但社会治理更具有"公共性"特征。使用"利益相关者"一词在一定程度上满足了社会治理的要求,也涵盖了社会治理主体的广度,但却不能真正彰显城乡结合部社会治理创新中"以人民为中心"的工作导向。"公众"在

"党委领导、政府负责、社会协同、公众参与、法治保障"的社会治理体制中是最基本的五个维度之一。使用"公众"一词更能符合社会治理的语境要求。在企业管理里面，公众、股东等利益相关者更多的是权利，而义务相对来说并不多，同时这些群体更多具有"利己"的特征。而社会治理中的"公众"应是更多具有公共精神与公共意识的个体或群体；这里的"公众"不仅仅是指个体，而且还可以代指参与社会治理不同形式的组织。公众维度主要评估公众对社会治理质量的主观感知，亦即通过客观量表或问卷设计来系统了解公众对城乡结合部社会治理质量总体评价的"质量感知"。

3. 将"利益相关者的满意"维度调整为"结果"维度

在企业管理中，利益相关者满意度是企业通过一系列战略、流程、组织方面的努力所获得顾客、股东等相关群体的结果性评价，这也是对企业产出质量的评价。在社会治理中，公众对社会治理的满意度也是对社会治理产出结果的有效评价；社会治理产出是客观的，但公众评价却更多是主观的。因此，社会治理的产出应是主客观的结合。在企业管理中，企业获得利益相关者满意度是为了追求企业未来的更高利润；而在社会治理中，公众满意度评价是为了让政府和其他社会主体提供更优质的公共服务，满足公众的社会需求，以追求更高的社会治理，更好地满足人民对美好生活的需要。为此，课题组将"利益相关者的满意"维度调整为"结果"维度，就是为了凸显社会治理的"服务质量"。这里的"服务质量"指的是政府与社会组织为公众提供公共产品与公共服务的效能，以及公众对政府、社会组织提供公共产品、公共服务可及性、公平性、满意度的"质量感知"。

4. 将"流程"维度调整为"过程"维度

在企业管理中，"流程"一词主要指企业为了实现一定的组织目标而实行的一系列"管理流程""经营流程""业务流程"等内部综合流程总称。在绩效棱柱模型中，"流程"维度主要指企业内部流程。对城乡结合部社会治理而言，同样需要对社会治理流程进行评估。社会治理流程应包括党组织、政府、社会组织、公众等多元主体参与社会治理的过程和多元主体互动的过程。因此，在社会治理中将"流程"修改为"过程"更合适。社会治理过程也是党委领导过程、政府治理过程、社会协同过程、公众参与过程、法治保障过程的有机统一。"过程"维度强调社会治理质量是一种"过程质量"，社会治理本身就是一系列活动过程。社会治理评估不仅要看结果，更要注重过程。这一过程也是多元主体互动的过程，是衡量社会治理质量的重要尺度。

另外，城乡结合部社会治理质量评估绩效棱柱模型中的能力维度与绩效棱柱模型的能力维度基本保持一致。但是二者所包含的意蕴却大有不同。绩效棱柱模型中的能力维度主要是指企业自身的组织能力，而社会治理中的能力维度则包括政府能力、社会组织能力、自治组织能力、公民个人能力等。因此，社会治理中的能力维度具有更加丰富的内涵，在维度的全面性、社会性、公共性等方面都与企业管理中的组织能力维度有着重大区别。

（二）关于绩效棱柱模型的维度关系阐释

课题组在绩效棱柱模型的基础之上，根据城乡结合部社会治理质量评估的内在要求对模型进行了修正，形成了城乡结合部社会治理质量评估模型的五个基本维度。下面对这些维度的基本要素及其在整个模型中的作用进行具体阐释。

1. 合作治理共同体是统领

在城乡结合部社会治理质量评估模型中，合作治理共同体处于统领地位。城乡结合部社会治理不应是政府管理与基层自治的"两张皮"，而应是政府依法治理与基层社会依法自治的有机衔接和良性互动，并在有机衔接与良性互动中打造合作治理共同体。城乡结合部合作治理共同体强调党委、政府、社会组织、公众、法治等治理要素间的良性互动，深入推进共建共治共享的社会治理体系建设。在城乡结合部社会治理质量评估模型中，合作治理共同体的统领地位集中表现为统领能力维度、过程维度、公众维度、结果维度等方面。在合作治理共同体中，多元主体良性互动能力主要体现在能力维度与过程维度。城乡结合部社会治理是一个动态的过程，而社会治理质量是能力与水平的彰显。能力、质量、过程都需要通过能力维度与过程维度的要素互动得以实现。只有注重社会治理过程与能力评估过程才能真正反映城乡结合部社会治理质量。结果维度与公众维度是合作治理共同体效能的彰显，也是城乡结合部社会治理质量优劣的集中体现。因此，城乡结合部社会治理质量评估模型，只有围绕着合作治理共同体，从能力维度、过程维度、公众维度、结果维度来对合作治理共同体的社会治理质量进行科学评价，才能真正评估好城乡结合部社会治理质量的现状。

2. 公众维度是核心

所有的社会治理创新活动都是为了更好地服务于人民，不断满足公众对高质量社会生活的需要。因此，公众维度在城乡结合部社会治理质量评估模型中应处于核心地位。在城乡结合部社会治理质量绩效棱柱模型中，无论是能力维度、过程维度还是结果维度，都贯穿了公众满意度目标。党的十九大提出了"打造全民共建共治共享的社会治理格局"，这无疑要求社会治理质量评估要切实践行"以人为本"的基本理念，始终坚持人民主体地位，始终坚持"以人民为中心"的工作导向。在城乡结合部社会治理质量评估中必须充分发挥公众在社会治理中的主体作用。缺少"公众"维度的城乡结合部社会治理质量评估模型，犹如无本之木、无源之水。因此，在城乡结合部社会治理质量评估模型中，"公众"的主体要素贯穿了其他各维度之中。这既包括公众维度的公平、信任、安全、认同、幸福等方面的感知，也包括能力维度的公众参与能力、过程维度的公众参与过程、结果维度的公众满意度等内容。

3. 能力维度是关键

"完善党委领导、政府负责、社会协同、公众参与、法治保障的社会治理体制"，"打造共建共治共享的社会治理格局"的战略任务，[①] 都对各种社会治理主体新时代下的治理能力提出了新的更高的要求。由此看来，能力维度无疑是城乡结合部社会治理质量评估模型中的关键维度。一般来讲，社会治理能力与社会治理质量具有正相关性。社会治理能力越强，社会治理质量自然也就越高。在城乡结合部社会治理质量评估模型中，能力维度显得尤为关键。如果没有能力维度的支撑，公众维度、过程维度、结果维度等各要素就可能会呈现负面效应。因此，社会治理能力维度对于社会治理质量有着举足轻重的影响。科学评估城乡结合部社会治理质量，就需要对评估模型中的能力进行分类。根据城乡结合部

① 习近平：《决胜全面建成小康社会　夺取新时代中国特色社会主义伟大胜利——在中国共产党第十九次全国代表大会上的报告》，人民出版社 2017 年版，第 49 页。

社会治理质量的内在要求,本书将能力维度分为党委领导能力、政府治理能力、社会协同能力、基层自治能力以及公民参与能力五个方面。也就是说,在能力维度中,不仅仅包括政府治理能力,还包括其他多元主体参与社会治理的能力。社会组织及公众参与能力的培育是社会治理质量评估的关键因素。因此,如何通过指标体系来量化城乡结合部社会组织、基层自治组织等社会主体的自治能力来评估城乡结合部社会治理质量就显得尤为关键。

4. 过程维度是保障

过程维度是城乡结合部社会治理质量评估模型中的保障性维度。新时代下的社会治理本质上是多元社会主体在协商与合作的基础上进行共建共治共享的一系列活动或活动过程。在城乡结合部社会治理质量评估模型中,过程维度是能力维度与公众维度的载体性保障。没有过程维度的载体支撑,能力维度与公众维度就很难得到彰显;没有过程维度就不会有结果维度。过程维度主要包括党委领导过程、政府治理过程、社会协同过程、公众参与过程、法治保障过程五个方面。其中政府治理过程主要是指政府在社会治理中能否按照制度规范的要求依法开展治理活动;社会协同过程主要涉及社会组织能否在城乡结合部社会治理中依法发挥协同治理作用;公众参与过程主要涉及城乡结合部居民以"五个民主""四个自我"为基本内容的基层群众自治活动依法实施情况;法治保障过程主要涉及城乡结合部社会治理法治平台建设及其运行情况。

5. 结果维度是目的

结果维度是城乡结合部社会治理质量评估模型中的目的性维度。城乡结合部社会治理质量评估所追求的重要目标之一就是要构建和完善城乡结合部共建共治共享的合作治理共同体。在城乡结合部社会治理质量评估模型中,结果维度强调的是"输出",亦即能力维度、公众维度、过程维度的设计与评估,都是为了实现结果维度的目标。"增进民生福祉是发展的根本目的。"[①] 课题组结合"不断满足人民日益增长的美好生活需要"的社会治理战略性新使命,将城乡结合部社会治理的结果维度分为

[①] 习近平:《决胜全面建成小康社会 夺取新时代中国特色社会主义伟大胜利——在中国共产党第十九次全国代表大会上的报告》,人民出版社2017年版,第23页。

社会稳定、社会和谐、社会福利、社会发展、社会公正等内容。这些内容既包含了社会治理的短期目标，也包含了长远的战略目标，从而有效保证了城乡结合部社会治理质量评估的基本要求。

第三节　城乡结合部社会治理质量评估的指标体系设计

城乡结合部社会治理质量评估指标体系的设计是本书的核心与关键之一。在前面构建原则与流程、模型构建、维度确定的基础之上，本节重点在于确定城乡结合部社会治理质量评估指标体系的具体指标，包括指标获取依据、权重赋分、指标量化等内容。通过评估指标体系的设计，能够为城乡结合部社会治理质量评估提供科学有效的技术支撑。

一　城乡结合部社会治理质量评估指标体系设计的指标获取依据

设计城乡结合部社会治理质量评估指标体系，关键要从多种途径获取指标要素的相关信息，并依据一定的原则选定城乡结合部社会治理质量评估指标。获取指标常见的方法有文献分析法、问卷调查法、深度访谈法、现场观察法、实地测量法，等等。本课题遵循一般指标设计方法，综合交叉运用文献分析法、问卷调查法与理论分析法等方法来设计城乡结合部社会治理质量评估指标。

（一）运用文献分析法来获取城乡结合部社会治理质量评估指标

文献分析法主要是针对已有文献的分析来获取研究对象所需信息的一种研究方法。文献分析法能够为课题组提供丰富且必要的文献参考资料。城乡结合部社会治理质量评估指标体系设计的文献参考资料主要来源于以下几方面。

1. 党的重要报告

党的重要报告是城乡结合部社会治理质量评估指标设计的首要参考文件，也是最为权威的文件来源。在党的系列重大报告中，有关社会治理创新的系列论述是本指标设计的主要参考依据。党的十八大关于"五位一体"社会治理体制的论述，党的十八届三中全会关于创新社会治理体制的论述，党的十八届四中全会关于以法治促进社会治理创新的论述，党的十八届五中全会关于"构建共建共享社会治理格局，推进社会精细化治理"，尤其是党的十九大关于"打造共建共治共享的社会治理格局"等一系列创新社会治理的重要论述，都是城乡结合部社会治理质量指标体系设计的重要文献参考。

2. 学术期刊论文

学术期刊论文是本书指标设计的重要参考来源。国内外关于"社会治理""社会质量""公园城市"及其相关方面的学术论文，尤其是核心期刊以上级别的论文，都是经过同行专家严格评审通过的，具有较高的参考价值。课题组在收集整理社会治理绩效、政府绩效、社会治理评价指标体系、社会质量评估等方面高质量学术论文的基础上，结合城乡结合部社会治理质量评估的现实要求，对符合要求的指标进行频度统计，选择那些使用频度较高的研究指标，并与城乡结合部社会治理质量的概念及评估内容进行精准对接，从而使城乡结合部社会治理质量评估指标体系更具有科学性、全面性、系统性与操作性。

（二）运用问卷调查法来获取城乡结合部社会治理质量评估指标

问卷调查法是本书指标设计的重要方法之一。问卷调查法主要是一种对被调查者主观感知信息收集的方法，也是评价指标体系设计常用的一种方法。一般指标可以分为主观指标与客观指标，主观指标是指通过问卷调查形式获得的情绪调查指数，而客观指标则是指反映社会现象的数据。问卷调查法属于主观指标测量范畴，是主观指标设计的重要依据与参考。城乡结合部社会治理质量评估指标体系有很多维度涉及主观指标的设计，尤其公众感知维度是典型的主观指标范畴，需要通过设置问卷的方法来获取相应的指标数据。课题组根据研究对象的规定性，对社会治理方面研究专家与城乡结合部社会治理创新实践者进行问卷调查，并在数据整理的基础上运用统计分析方法对专家意见进行分析处理，进一步完善城乡结合部社会治理质量评估指标体系。

（三）运用理论分析法来获取城乡结合部社会治理质量评估指标

城乡结合部社会治理质量评估指标的构建需要借助理论分析法，通过对社会治理质量内涵及其构成要素的理论分析，提炼出质量维度最本质的东西，进而设计出社会治理质量的具体指标。城乡结合部社会治理质量评估指标的设置是在治理理论、社会质量理论、社会治理创新理论、合作治理理论的指导之下进行的。城乡结合部社会治理质量评估指标体系的构建基于绩效棱柱模型的基本框架，充分对接社会质量理论的基本要素，对城乡结合部社会治理质量进行科学分析，设计评估指标，建立科学、全面、系统的城乡结合部社会治理质量评估指标体系。

二　城乡结合部社会治理质量评估指标体系的设计

课题组根据城乡结合部社会治理质量内涵与属性，依托相关理论基础，结合社会合作治理共同体模型与城乡结合部社会治理质量评估模型，在已有研究成果及征求相关专家的基础之上，确定了公众维度、能力维度、过程维度、结果维度4个一级指标（维度指标）、19个二级指标（基本指标）、111个三级指标（具体指标）。

（一）城乡结合部社会治理质量评估指标的公众维度指标构成

公众维度主要是指公众满意度评价。只有当城乡结合部社会治理活动能够满足公众需求，并被广大公众认可与接受时，这样的城乡结合部社会治理才是高质量的。公众是城乡结合部社会治理共同体构建的基础。社会治理活动归根结底还是为公众服务。离开了公众的参与，城乡结合部社会治理评估就成了政府的"独白"，没有任何合法性的基础。因此，公众是社会治理质量评估十分重要的参与主体，而公众满意度评价是城乡结合部社会治理质量评估的重要内容。社会治理质量，尤其是服务质量需要通过公众的主观满意度评价来获取。因此，完全有必要通过公众满意度评价对城乡结合部社会治理质量进行评估。本维度主要以社会质量理论模型为基本参照，结合城乡结合部具体问题，构建的公众维度由公众安全感、公众信任感、公众公平感、公众认同感、公众幸福感5个基本指标及24个具体指标组成。在整个城乡结合部社会治理质量评估指标体系中，公众维度一级指标权重为25%，亦即公众维度总分为25分。社会治理质量归根到底是一种服务质量，而公众是这种服务质量的体验者与感受者，需要考虑将分值比重加大，这也凸显了社会治理评价以公众为核心、以人为本的原则（具体见表5-1）。

表 5 – 1　　　　　　　　**城乡结合部社会治理质量评估指标体系**
——公众维度指标构成

维度	基本指标	具体指标
公众维度 (25分)	公众安全感 (5分)	居住环境安全感（1分）
		自身安全感（1分）
		就业/劳动安全感（1分）
		食品/药品安全感（1分）
		财产安全感（1分）
	公众信任感 (5分)	对基层自治组织的信任感（1分）
		对公务人员的信任感（1分）
		对邻里的信任感（1.5分）
		对外来流动人口的信任感（1.5分）
	公众公平感 (6分)	利益分配的公平感（1分）
		社会保障的公平感（1分）
		教育的公平感（1分）
		基层政治参与的公平感（1分）
		人际公平感（1分）
		收入公平感（1分）
	公众认同感 (5分)	对基层政府的认同感（1分）
		对公民身份的认同感（1分）
		对社会组织的认同感（1分）
		对社区文化的认同感（1分）
		社会价值的认同感（1分）
	公众幸福感 (4分)	对社区/社会的归属感（1分）
		对不同群体的接纳感（1分）
		对自身社会价值感（1分）
		对社会发展的希望感（1分）

资料来源：作者自制。

（二）城乡结合部社会治理质量评估指标体系的能力维度指标构成

设置能力维度主要是为了对城乡结合部合作治理共同体中各主体参与社会治理活动效能进行科学评估。社会治理质量提升在很大程度上来讲是能力水平的彰显。提升社会治理质量关键在于提升社会治理能力。

因此，在城乡结合部社会治理质量评估中，需要对多元主体参与社会治理能力进行科学评估。为此，当前迫切需要全面提高多元社会主体治理能力，这主要包括党委政府创新社会治理的能力，各类社会组织参与社会治理的能力，社会自我调节的能力和社区居民自治的能力。① 由此看来，城乡结合部社会治理质量评估，关键在于对多元主体治理能力的评估。课题组认为，城乡结合部社会治理质量评估指标的能力维度，主要由党委领导能力、政府治理能力、社会组织协同能力、基层组织自治能力、公民参与能力这5个二级指标及30个具体指标构成。鉴于社会治理能力在城乡结合部社会治理质量评估中的关键地位，拟将城乡结合部能力维度占比确定为30%，亦即赋予能力维度的总分值为30分。这主要考虑能力是质量的本质彰显，是城乡结合部社会治理质量的直接体现（具体见表5-2）。

表5-2   城乡结合部社会治理质量评估指标体系
——能力维度指标构成

维度	基本指标	具体指标
能力维度 （30分）	党委领导能力 （6分）	总揽全局能力（1分）
		凝聚人心能力（1分）
		自我学习能力（1分）
		组织发展能力（1分）
		公共服务能力（1分）
		防腐拒变能力（1分）
	政府治理能力 （6分）	科学发展能力（1分）
		民主决策能力（1分）
		资源整合能力（1分）
		公共服务能力（1分）
		社会保障能力（1分）
		自我创新能力（1分）

① 魏礼群：《积极推进社会治理体制创新》，《行政管理改革》2014年第8期。

续表

维度	基本指标	具体指标
能力维度 (30 分)	社会组织协同能力 (6 分)	自我管理能力 (1 分)
		资源整合能力 (1 分)
		公共服务能力 (1 分)
		自我学习能力 (1 分)
		社会共治能力 (1 分)
		社会共享能力 (1 分)
	基层组织自治能力 (7 分)	自我发展能力 (1 分)
		自我管理能力 (1 分)
		自我服务能力 (1 分)
		自我教育能力 (1 分)
		自我监督能力 (1 分)
		共建共享能力 (1 分)
		自我认同能力 (1 分)
	公众参与能力 (5 分)	民主选举能力 (1 分)
		民主协商能力 (1 分)
		民主决策能力 (1 分)
		民主管理能力 (1 分)
		民主监督能力 (1 分)

资料来源:作者自制。

（三）城乡结合部社会治理质量评估指标体系的过程维度指标构成

社会治理是一个多元主体合作共治的过程，绝不只是党委政府自己的事。社会治理质量评估也是一个过程评估，而不仅是能力与结果的评估。在企业管理领域，全面质量管理理论强调产品的设计过程、制造过程、使用过程、服务过程等质量过程管理。社会治理强调更加注重多元主体的参与过程，更加注重多元主体的互动过程。因此，社会治理质量评估的重要内容就是对多元治理主体的参与过程和互动过程进行科学评价。也就是说，在对城乡结合部多元合作治理共同体进行治理质量评估时，既要对不同主体参与社会治理过程进行科学评价，也要对各种社会治理主体间互动效果进行科学评价。遵循党的十八大及其历届全会精神，尤其是遵循党的十九大关于完善"五位一体"社会治理体制和打造"共建共治共享"社会治理格局的新要求，城乡结合部社会治理质量评估指标体系的过程维度，主要包括党委领导过程、政府治理过程、社会组织协同过程、公众参与过程、法治保障过程这 5 个二级指标及 31 个具体指标。课题组拟将城乡结合部社会治理质量评估指标体系过程维度的权重确定为 25%，亦即赋予过程维度的总分值为 25 分。

　　课题组这样做主要是因为过程维度与公众维度一样是衡量城乡结合部社会治理质量的重要保障性指标（具体见表 5 – 3）。

表 5 – 3　　　　　城乡结合部社会治理质量评估指标体系
——过程维度指标构成

维度	基本指标	具体指标
过程维度 （25分）	党委领导过程 （6分）	党委全面依法执政（1分） 党组织对"两新"组织全覆盖（1分） 基层党组织组织力强（1分） 党委全程领导共建共治共享活动（1分） 党委落实"三重一大"（1分） 领导干部廉洁自律（1分）
	政府治理过程 （4分）	政府全面依法行政（1分） 全面落实权力清单制度（1分） 政务流程公开透明（1分） 服务公众便捷无障碍（1分）
	社会组织协同过程 （4分）	社会组织登记率（0.5分） 社会组织结构合理性（0.5分） 社会组织公众满意度（1分） 社会组织承接公共服务能力（1分） 社会组织参与社会治理效果（1分）
	公众参与过程 （4分）	参与政府听证会效果（0.5分） 参与基层民主管理效果（1分） 参与基层民主监督效果（1分） 参与基层民主选举效果（1分） 参与社会组织效果（0.5分）

续表

维度	基本指标	具体指标
过程维度 （25分）	法治保障过程 （7分）	党委全面依法执政（1分） 政府全面依法行政（1分） 社会组织依法协同治理（1分） 公众依法参与治理（1分） 司法公正（1分） 公民权利依法保障（1分） 法治文化成熟度（1分）

资料来源：作者自制。

（四）城乡结合部社会治理质量评估指标体系的结果维度指标构成

结果维度主要是对社会治理的绩效评价。城乡结合部社会治理的主要任务是通过合作治理共同体来协调社会关系、规范社会行为、化解社会矛盾、应对社会风险、解决社会问题、保持社会和谐，从而进一步促进社会公正，推动社会和谐有序发展。结果评估不是"为结果而结果"。社会治理质量评估的结果应具有回应性，即要能把评估结果应用到社会治理创新中去，边评估边总结，以评促建，从而让城乡结合部社会治理主体、法律制度、流程方法、路径等不断优化完善，最终实现"完善党委领导、政府负责、社会协同、公众参与、法治保障的社会治理体系"，"打造共建共治共享的社会治理格局"[1] 的目标。在城乡结合部社会治理质量评估中，既要注重过程与能力，也要对过程与能力所产生的治理绩效结果进行评估。借助绩效评估结果能够更好地完善评估流程与方法，为进一步创新和完善城乡结合部社会治理体制，推进社会治理社会化、法治化、精细化提供新的思维与路向。课题组在认真研究后认为，城乡结合部社会治理质量评估的结果维度主要由社会稳定、社会和谐、社会发展、社会公正这4个二级指标及26个具体指标构成。鉴于城乡结合部社会治理质量评估结果维度的具体指标多为客观性指标，课题组拟将城

---

① 习近平：《决胜全面建成小康社会　夺取新时代中国特色社会主义伟大胜利——在中国共产党第十九次全国代表大会上的报告》，人民出版社2017年版，第49页。

乡结合部社会治理质量评估指标体系的结果维度确定为总比例的 20%，目的是为了突出过程导向。这样，绩效维度分值相比其他维度相对较低一些（具体见表5-4）。

表5-4　　　　城乡结合部社会治理质量评估指标体系
——结果维度指标构成

维度	基本指标	具体指标
结果维度 （20分）	社会稳定 （4分）	年度群体性事件发生率（1分） 年度"非访"人数（0.5分） 年度常驻人口失业率（1分） 年度安全生产事故发生率（0.5分） 年度食品药品安全抽检合格率（0.5分） 年度环境污染事件发生率（0.5分）
	社会和谐 （4分）	年度刑事犯罪发生率（1分） 年度劳资纠纷发生率（0.5分） 年度非正常死亡率（0.5分） 年度邻里纠纷发生率（1分） 年度干群纠纷发生率（1分）
	社会发展 （4分）	绿色产业发展水平（1分） 贫困发生率（1分） 流动人口子女入学率（0.5分） 养老保险覆盖率（0.5分） 第三产业比重（0.5分） 环境质量综合指数（0.5分）
	社会公正 （8分）	城乡结合部地区基尼系数（1分） 基本公共服务支出占财政总支出比重（1分） 本地居民与外来人口消费水平比（1分） 流动人口子女入学率（1分） 城乡居民人均可支配收入比（1分） 不同行业间收入差距比（1分） 城乡居民养老保障水平比（1分） 城乡结合部人口的性别比（1分）

资料来源：作者自制。

第四节 城乡结合部社会治理质量 评估指标体系的运行

构建城乡结合部社会治理质量评估指标体系的最终目的就是要让评估指标体系真正运转起来，真正起着对城乡结合部社会治理质量进行动态测评的作用。要想让城乡结合部社会治理质量评估指标体系真正运转起来，还需要一套运行机制。这套运行机制应包括分值量化、评价主体、评价方法、评价程序、质量等级划分等具体操作性方案。我们将城乡结合部社会治理质量评估指标体系的运行分为评估准备、评估实施与评估总结三个阶段。

一 评估准备

评估前的准备工作是指标体系实际运转的必要前提。评估准备阶段的主要任务是设计评估方案、确定评估相关主体、建立评估组织、分析评估对象、科学赋予分值等内容。

1. 构建评估组织

为确保城乡结合部社会治理质量评估工作顺利进行，课题组首先成立了"城乡结合部社会治理质量评估课题组"。课题组成员由相关领域的专家、部分城乡结合部领导及其工作人员、相关青年老师、部分博士和硕士研究生所组成。课题组首席专家史云贵教授长期从事城乡结合部社会治理创新研究，有着丰富的基层社会治理理论和实践经验；相关青年教师、博士和硕士研究生具有较强的理论功底与田野调查能力。课题组根据课题研究的要求，成立了指挥协调中心与执行中心，前者由首席专家史云贵教授组织、指导实地调研，后者主要由冉连博士组织相关人员进行实地调研与数据收集。针对实际调研需求，指挥协调中心组织相关领域专家对实地调研的课题组成员进行了为期 7 天的调查方法培训，包括问卷调查法、深度访谈法、焦点团体法、神秘顾客体验法，等等。同时，依据区域确定 8 个调查小组，对每一个调查小组进行具体分工，使之熟悉自己的角色与职责，明确评估目的与操作规范。

2. 确定评估主体

如前所述，城乡结合部社会治理主体是一个多元主体共建共治共享的社会治理共同体。在多元合作治理共同体中，多元社会主体有机衔接和良性互动，共同推动城乡结合部社会合作治理共同体持续健康发展。因此，城乡结合部社会治理质量评估主体应包括城乡结合部党政部门、经济社会组织、村（居）民、专家学者等多元社会主体。具体而言，现阶段城乡结合部社会治理质量评估主体应包括县（区）、乡（镇）、街道办等相关部门公务人员、同级人大政协委员、居民自治组织、社会组织、经济组织、中介评估机构、村民代表、相关专家等多元评价主体。城乡结合部社会治理质量评估具有多元主体、内外兼顾、过程导向、服务导向等特征，应构建一个多元主体广泛、有效、有序参与的城乡结合部社会治理质量评估体系。

3. 指标的检查与再确认

城乡结合部社会治理质量评估指标体系设计主要采用简单分类评分法，对城乡结合部社会治理质量评估指标体系进行量化处理。总分值为100分，公众维度占25分，能力维度占30分，过程维度占25分，结果维度占20分。在评估前非常有必要对三级评估指标体系设置的科学性、合理性、可操作性进行再次检查与确认。课题组在对城乡结合部社会治理质量评估指标体系系统检查与完善的基础上确认了三级评估指标。课题组认为，经系统检查并修正后的城乡结合部社会治理质量评估指标体系具有科学性、合理性与可操作性。一是构建的城乡结合部社会治理质量评估指标体系突出了"质量"评估，重点凸显了"过程"维度。二是着重突出了"能力"维度。社会治理质量本质上是一种社会治理能力与水平的彰显。如何有效评估城乡结合部社会治理主体参与社会治理的能力，是社会治理质量评估的重点与难点部分，故能力维度的分值为30分。三是将"公众"与"过程"维度并重作为质量评估的重要参考。公众是社会治理质量评估必须依赖的重要社会主体，该部分主要以主观测评为主。过程维度主要对城乡结合部多元主体参与社会治理过程进行评估，以客观指标为主、主观指标为辅。"公众"与"过程"维度的总分值为50分，可见二者对城乡结合部社会治理质量评估的重要性。四是突出了城乡结合部社会治理质量评估不完全以结果为导向。为了打破传统社会治理效能评估过度依赖结果评估的怪圈，课题组把城乡结合部社会治理质量评估结果维度的分值进行了适度调低（20分）。另外，关于二级指标与具体指标分值的分配,课题组主要采用专家咨询法与层次分析法来确定指标的分值与权重分配。

二　评估实施

评估信息的收集是整个评估工作的基础。城乡结合部社会治理质量评估的实质就是对相关数据进行收集、分析与运用。科学运用信息数据收集的方法与途径,可以为指标体系的构建与运行奠定良好的基础。

1. 数据收集

数据收集主要包括城乡结合部社会治理质量评估问卷的设计、发放与回收,部分行政部门相关资料的收集、对相关利益主体进行深度访谈资料的收集。数据收集过程是评估工作的关键,课题组专门组织相关课题组成员在东、中、西部城乡结合部进行抽样调查。调研中收集的数据主要有两类:一是主观方面的信息获取,如公众满意度、感知度、认可度等,可以通过问卷与访谈获得;二是客观数据的获取,如犯罪发生率、基础设施覆盖率、流动人口子女入学率等,可采用查阅资料库、向相关部门申请、现场观察法、实地调查法等方法获取(具体见表5-5)。

表5-5　　　　　　　　　　　评估数据来源

类别	评估对象	可能的数据来源	评估主体
公众维度	公众安全感	问卷调查	本地居(村)民、流动人口
	公众信任感	问卷调查	本地居(村)民、流动人口
	公众公平感	问卷调查	本地居(村)民、流动人口
	公众认同感	问卷调查	本地居(村)民、流动人口
	公众幸福感	问卷调查	本地居(村)民、流动人口
能力维度	党委领导能力	统计数据、问卷、访谈	相关党组织及党组负责人
	政府治理能力	统计数据、问卷、访谈	公务人员、统计部门、村(居)民
	社会组织协同能力	统计数据、问卷、访谈	社会组织负责人、工作人员
	基层组织自治能力	问卷、访谈	村(居)民、村(居)委员会、业主委员会、议事会、非正式组织
	公众参与能力	问卷、访谈	本地居(村)民、流动人口

类别	评估对象	可能的数据来源	评估主体
过程维度	党委领导过程	统计数据、问卷	相关党组织及党组负责人
	政府治理过程	统计数据	相关统计部门
	社会协同过程	统计数据、问卷	社会组织负责人、工作人员
	公众参与过程	问卷调查	本地居（村）民、流动人口
	法治保障过程	统计数据、问卷、访谈	相关统计部门、工作人员、公众
结果维度	社会稳定	统计数据	统计部门
	社会和谐	统计数据	统计部门
	社会发展	统计数据	统计部门
	社会公正	统计数据	统计部门

资料来源：课题组制定。

2. 数据统计分析

统计分析主要是运用现代统计方法，特别是运用 SPSS 等统计分析工具，对收集的数据进行系统分析。这些信息既包括直接数据，也包括间接数据。直接数据主要根据问卷量表进行统计；间接数据主要通过统计部门或相关网络公开数据库获取。通过数据分析结果，按照五级评分法进行具体评分。分值为 0.5 分的具体打分区间为：0—0.2 为较差，0.25—0.3 为合格，0.35—0.4 为中等，0.4—0.45 为较好，0.45—0.5 为优秀；分值为 1 分的具体打分区间：0—0.4 为较差，0.4—0.5 为合格，0.5—0.6 为中等，0.7—0.8 为较好，0.9—1 为优秀。评分原则始终遵循逆向指标的评估标准与分值高低相对应，亦即逆向指标的问卷设计与数据收集要与整体评分、计分标准相适应。

三　评估总结

城乡结合部社会治理质量评估按照五级分类法，分为优秀型社会治理质量城乡结合部、良好型社会治理质量城乡结合部、中等型社会治理质量城乡结合部、合格型社会治理质量城乡结合部、较差型社会治理质量城乡结合部五种质量等级。其中总分为 30 分的"能力维度"指标中，27—30 分为优，23—26 分为良好，19—22 分为中等，15—18 分为合格，

15 分以下为较差;总分为 25 分的"公众维度"与"过程维度"指标中,22—25 分为优,18—21 分为良好,14—17 分为中等,11—14 分为合格,11 分以下为较差;总分为 20 分的"结果维度"指标中,18—20 分为优,15—17 分为良好,12—14 分为中等,10—11 分为合格,10 分以下为较差。综合加总以上评分,在总分 100 分值的标准下,可以得到城乡结合部社会治理质量的总体等级分值标准(具体见表 5 - 6)。

表 5 - 6　　　　　　　城乡结合部社会治理质量评估的分级标准

质量等级	分级标准
优秀型社会治理质量城乡结合部	社会治理质量指数积分在 90—100 分
良好型社会治理质量城乡结合部	社会治理质量指数积分在 80—89 分
中等型社会治理质量城乡结合部	社会治理质量指数积分在 70—79 分
合格型社会治理质量城乡结合部	社会治理质量指数积分在 60—69 分
较差型社会治理质量城乡结合部	社会治理质量指数积分在 0—59 分

资料来源:课题组制定。

城乡结合部社会治理质量评估指标总分为 100 分。90—100 分为优,80—89 分为良好,70—79 分为中等,60—69 分为合格,0—59 分为较差。评估等级为"优",则说明该城乡结合部社会治理质量高,可以作为典型或治理模范进行宣传推广。评估等级为"良好",说明该城乡结合部社会治理质量较高,但存在一些需要完善的地方。评估等级为"中等",则说明该城乡结合部社会治理质量一般,还有较多需要改进和完善的内容与环节。评估等级为"合格",则说明该城乡结合部社会治理质量存在诸多亟待解决的隐性或显性问题与矛盾,若不及时改进,将会陷入治理困境。评估等级为"较差",则说明该城乡结合部社会治理质量低下,社会治理能力严重滞后,需要进行系统整顿。

通过对全国 24 个城乡结合部抽样调查和数据统计分析,结果表明:没有任何一个城乡结合部社会治理质量获得"优秀"等级;仅有 2 个城乡结合部社会治理质量获得"良好"等级;10 个城乡结合部社会治理质量获得"合格"等级;总体合格率仅 60%。也就是说,约有 40% 的城乡结合部社会治理质量处于"较差"状态。由此也验证了城乡结合部是我国社会治理的重点、难点与焦点，是全面推进基层社会治理体系和治理能力现代化的攻坚性工程。课题组通过对城乡结合部社会治理质量等级的划分，借助动态追踪检测，对典型的城乡结合部地区进行质量等级评定，这些评定结果能为下一步城乡结合部社会治理质量风险等级评估与预案制定提供明确而有效的参考。尤其是针对那些仅获得"中等""合格""较差"等级的城乡结合部，应及时确定辖区正面临着何种类型的治理质量风险以及实施何种应对预案。

此外，还需要明确几个问题：第一，城乡结合部社会治理质量的评估标准是相对的，不是绝对的。城乡结合部社会治理质量评估主要是对城乡结合部地区的治理能力、程度、水平的评价，许多指标设计仅仅是对这些能力、程度水平的尺度与参考，不存在绝对的评估指标。第二，城乡结合部社会治理质量评估指标体系是动态而非静态的。城乡结合部社会治理质量评估指标不仅是对当前城乡结合部社会治理现状的反映，更是对城乡结合部社会治理创新路向的彰显。第三，城乡结合部社会治理质量评估指标的构建更多的是为了学术研究。该指标体系虽能为相关行政部门提供一些技术性参考，但指标更多的是从学术研究标准的视角来探究城乡结合部社会治理质量，而非完全遵循官方技术标准。

最后，通过评估准备、评估实施与分级标准的确定与检验，课题组将运用评估指标对预先确定的 3 个典型城乡结合部"试验田"进行社会治理质量评估的持续追踪研究。一方面，将再次修正后的指标设计运用到持续追踪研究之中，真正让指标体系运转起来；另一方面，持续追踪研究强调指标体系不是一次性的实践运行，而是要强调多次反复检验，通过持续追踪研究能够不断发现新问题，并通过发现新问题来不断完善城乡结合部社会治理质量评估指标体系，从而充分发挥社会治理质量评估指标体系对增强城乡结合部社会治理能力、提升城乡结合部社会治理质量的导向作用。

第 六 章

社会治理质量风险等级评估与实施预案：
城乡结合部社会治理创新的着力点

风险是现代社会的重要特征，社会发展速度越快、社会复杂性越高，社会风险可能就越大。预警、防范、化解社会风险的能力是社会治理能力的重要方面。提升社会风险治理能力，要求风险治理理念应从矛盾应对向风险预防转变，全面增强治理的前瞻性和预判性；从关注内部不稳定因素向同时关注内外不稳定因素及其相互作用转变，遵循和运用矛盾的成因诱因理论、燃点引爆点理论、危机生命周期理论等来探索破解方案、优化应急预案，并规划治本之策，有效防范和化解各类风险。[①] 城乡结合部社会治理质量评估指标体系的建构与评估为城乡结合部社会治理路径创新提供了突破口。但是，城乡结合部社会治理质量评估并不意味着城乡结合部社会治理创新流程的结束，还需要对城乡结合部社会治理质量风险进行评估，并根据风险等级进行分类治理，才能全面提升城乡结合部社会治理质量，进而实现城乡结合部社会稳定和谐与可持续发展。

第一节　城乡结合部社会治理质量
风险的概念与特征

毋庸置疑，现代社会是一个高风险的社会。风险概念形成于早期的

---

① 江必新：《把新时代社会治理提升到更高的水平》，《人民日报》2018 年 8 月 5 日第 5 版。

航海业，最初被理解为冒险。随着社会发展，这一概念又逐渐转化为保险和法律方面的术语。① 自 20 世纪 50 年代起，疯牛病、环境污染等事件频发，特别是 1986 年切尔诺贝利核泄漏事件的发生，引起了全球对于风险事件的关注。"风险"也自然成为学者们研究的焦点。尽管风险研究成果不少，但学术界就"风险"的概念并未达成一致，主要形成了三种观点：理性主义视角中的风险观，具有客观性、实体性的特点；建构主义视角中的风险观批判了理性主义视角观的单向性和纯粹性，认为风险既是客观存在的，又是由社会感知和结构建构的，它并不能独立于人类主观价值而存在；现实主义视角下的风险观打破了整体的固相，更强调社会中的个人及其利益的多样性。② 从上述三种风险的观念，可以看出学者对风险的认知也在不断深化与完善。综而言之，风险既是客观存在的，也脱离不了人类的主观建构，不同的个人对于风险的感受与认知是不同的。因而，风险可以被视作一种复杂，且能借由人类认知能力相对确定的危害发生可能性，或导致危害结果的可能性。

质量风险作为风险的一种，一般可以定义为产品或者服务在满足客户需求过程中导致客户利益受损的危害发生的可能性，或者使用该产品（服务）后产生不良后果的可能性。学者们对于质量风险的研究多集中于资产质量风险③、食（产）品质量风险④、供应链质量风险⑤、教育质量风险⑥、质量

---

① 许迈进、章瑚纬：《高校内部治理风险的结构性探源》，《浙江大学学报》（人文社会科学版）2015 年第 3 期。

② 宋宪萍：《社会风险及其治理的研究转向与超越》，《学术研究》2014 年第 7 期。

③ 李燕强：《论信贷资产质量风险防范对策》，《山西财经大学学报》1999 年第 S1 期。

④ 宋跃晋：《产品质量风险探析》，《生产力研究》2005 年第 9 期；刘丽、何有缘：《防范食品质量风险要从提高消费者质量意识做起》，《科学对社会的影响》2008 年第 4 期；岳国君、李向阳：《食品加工企业质量风险突发事件的认知研究》，《预测》2011 年第 6 期。

⑤ 力刚、高滔：《供应链质量风险的应急管理研究》，《标准科学》2009 年第 5 期；颜忠娥：《基于 QFD 的供应链质量风险传递模型研究》，《科技进步与对策》2013 年第 12 期；张智勇、赵俊、石永强：《基于 SLC – SVM 的养老服务供应链服务质量风险识别》，《系统科学学报》2015 年第 2 期。

⑥ 王强：《英国高等教育质量风险管理研究述评》，《科学学与科学技术管理》2004 年第 6 期；詹春燕：《质量风险管理：中国高等教育何以应对？》，《华南师范大学学报》（社会科学版）2008 年第 2 期；车伟民、孔令凯：《我国跨境教育的质量风险分析》，《中国高等教育》2010 年第 5 期。

风险评估①等方面,而关于社会治理质量风险的研究成果较少。当前,黄镇海、李建会,托尼·博韦德、埃克·劳夫勒、肖锋,范逢春,樊凡,托尼·布瓦尔德、埃尔克·洛夫勒、郝诗楠等学者②在社会治理质量风险方面进行了一定的探索。但他们的研究成果主要集中在社会治理质量评估的指标设计上,对社会治理质量风险的研究还不够深入,缺乏社会治理质量风险的分级与应对,尤其是对城乡结合部社会治理质量风险的研究成果更是少之又少。

课题组基于城乡结合部社会治理现状与城乡结合部社会治理质量评估情况,认为城乡结合部社会治理质量风险可定义为:城乡结合部多元社会主体在城乡结合部社会治理活动中因利益冲突等诱因,发生损害城乡结合部社会治理质量的可能性。城乡结合部社会治理质量风险既可能是过程中发生的,也可能是后续产生的,具有政治性、复杂性、模糊性、失灵性等风险特征。

(一)城乡结合部社会治理质量风险的政治性

作为一种有规律的社会现象,政治是一种特定的社会关系,是社会经济的集中表现,是政治主体通过获取和运用社会公共权力来实现政治主体根本利益及其所认可的社会公共利益。③ 在社会主义国家中,政治性与党性是高度统一的。城乡结合部社会治理质量风险的政治性在很大程度上就是指预防城乡结合部政治风险的发生。城乡结合部社会治理质量风险的政治性要求城乡结合部社会治理主体必须始终坚持党的领导,

---

① 林立忠、朱斌:《基于可靠性理论的区域大气环境质量风险评价模型探讨》,《中国人口·资源与环境》2006年第1期;张永忠、于小丛:《基于信誉的在线交易产品的质量风险评估模型》,《统计与决策》2013年第3期;张敏、程幼明、胡伟、何惠妍:《基于DEMATEL法的质量风险测度与改善分析》,《统计与决策》2014年第12期。

② 黄镇海、李建会:《质量、风险和责任:基于风险社会视角的思考》,《云南财经大学学报》2010年第3期;托尼·博韦德、埃克·劳夫勒、肖锋:《地方治理质量评估:公共服务的个案研究》,《上海行政学院学报》2010年第1期;范逢春:《县级政府社会治理质量价值取向及其测评指标构建——基于社会质量理论的视角》,《云南财经大学学报》2014年第3期;樊凡:《廉政的规范分析:以国家治理能力和治理质量为视角》,《甘肃理论学刊》2015年第6期;托尼·布瓦尔德、埃尔克·洛夫勒、郝诗楠:《公共治理质量的评估:指标、模型与方法论》,《探索》2016年第1期。

③ 胡象明:《论政府政策行为的政治性质、功能与价值准则》,《武汉大学学报》(哲学社会科学版)2004年第6期。

始终树立"以人民为中心"的工作导向，不忘初心，牢记使命，始终把不断满足城乡结合部人民群众的美好生活需要作为奋斗目标。在城乡结合部社会治理中，充斥着各种不同利益主体间的竞争、博弈、协商与妥协，这一过程本身就具有复杂的政治色彩。城乡结合部社会治理质量风险是在城乡结合部社会治理过程中，或社会治理的后果中产生的，是社会治理的一部分，其自身不可避免地具有政治性。同时，从社会治理目标来看，城乡结合部社会治理质量风险是危及国家与社会和谐稳定的重要因素。在城乡结合部社会风险治理过程中，要尽可能避免社会治理质量风险的长期存在，并及时化解社会治理质量风险以实现国家和社会的长治久安，进而巩固和提升党长期执政的合法性。积聚在城乡结合部的矛盾与冲突，如果得不到及时化解，就有可能成为群体性事件的重要诱因。一旦这些不稳定的诱因被"三股势力"、地方黑恶势力、邪教组织所利用，就有可能导致群体性事件的性质升级并转化为政治性事件。因而，城乡结合部社会治理质量风险较一般质量风险而言，更具有政治性特征。

（二）城乡结合部社会治理质量风险的复杂性

现代社会是一个高度复杂的不确定社会。这种高度复杂的不确定性在城乡结合部表现得尤为突出。一般事物的质量风险所涉及的主体、客体及危害影响相对单一与固定。而城乡结合部社会治理质量风险所涉及的主体、客体以及危害影响都呈现出更为复杂性的特征。就主体而言，城乡结合部社会治理质量风险所涉及的社会主体包括党组织、基层政府、自治组织、企事业单位、社会组织、公众等。城乡结合部社会治理质量风险所涉及的主体数量多、利益诉求具有多样性、治理能力参差不齐，尚未形成高效能的治理共同体。就客体而言，城乡结合部社会治理质量风险的客体有两类：一类是公共产品与公共服务；一类是社会治理中的人与组织。公共产品、公共服务种类较多，且对于不同区域、不同发展状况的城乡结合部，所提供的公共产品、公共服务的侧重点会有所不同，这就导致了城乡结合部社会治理质量风险所涉客体的复杂性。同时，处于社会治理中的城乡结合部居民与组织的个体差异性，以及治理主体和治理客体的角色在不同情境中的互换，更加剧了城乡结合部社会治理质量风险所涉客体的复杂性。就危害影响而言，一旦发生城乡结合部社会治理质量风险,其波及范围可以延展至整个城乡结合部而非单一组织或个人。而且,社会治理质量风险危害不仅对当下的城乡结合部社会治理产生不良影响,还有可能成为未来一段时期内的潜在风险。潜在的社会治理质量风险危害极易引发次生、衍生危害,或导致危害程度或性质转变。如城乡结合部可能会由简单的公共产品或公共服务提供不到位,引发危及社会和谐稳定的群体性事件发生。

(三) 城乡结合部社会治理质量风险的模糊性

模糊性一般是指由于事物类属划分的不明晰而引起的判断上的不确定性。从风险的定义来看,风险是不确定的。风险既可以是客观的,也可以是建构的。但从人的有限理性上讲,人类是无法在一定的时间内识别出所有风险的。因而,在城乡结合部社会治理中,可能存在着一些质量风险是超出现有认知的。同时,一般的质量风险评估是依据一定的参考标准进行的,从而能够较为精确定位和描述可能存在的风险。但城乡结合部社会治理质量风险很难形成权威性参考标准,因而很难就城乡结合部社会治理质量风险的类别、级别、应对等达成一致性的共识。并且,根据风险的社会放大框架(Social Amplification of Risk Frame)理论,信息过程、制度结构、社会团体行为和个体反应共同塑造风险的社会体验,从而促成风险的放大和风险的弱化现象。[①] 在城乡结合部社会治理中,个人与组织的较强异质性也会使社会治理质量风险的社会体验存在较大的差异性,"专家"对于城乡结合部社会治理质量风险的评估与当地组织和居民的个人体验也存在着差异性,从而可能会导致对城乡结合部社会治理质量风险的发展态势无法做出准确判断。

(四) 城乡结合部社会治理质量风险评估的失灵性

失灵性是指某种事物变得不灵敏或者发挥不了应有的作用。城乡结合部社会治理质量风险评估主要是依据城乡结合部社会治理质量指标并通过问卷调查和访谈的形式获得的。这一评估在客观反映城乡结合部社会治理质量风险的同时,也无法避免调查中存在的主观性。问卷设计与调研中的主观因素有可能使得潜在的或真实存在的风险难以被科学地测量出来,从而导致社会治理质量风险评估失灵的可能性。一方面,作为

[①] 王京京:《国外社会风险理论研究的进展及启示》,《社会学研究》2014 年第 9 期。

学术研究成果与城乡结合部社会治理现状有机结合的产物，城乡结合部社会治理质量指标体系归根结底还是人为设计的结果，不可避免地会渗入设计者的假设与主观意志。尤其是在对评价指标筛选方面存在着设计者的主观性，可能会导致城乡结合部社会治理质量风险评估的不全面性。另一方面，城乡结合部社会治理质量风险评估是依据问卷调查和访谈数据统计分析得来的，而调研对象和数据分析人员也就成为评价城乡结合部社会治理质量风险的重要力量。调研对象的态度、参与的积极性、对真实情况的了解、个人的社会体验都直接或间接地影响着城乡结合部社会治理质量评估数据的真实性与客观性。而数据分析员的个人认知能力与分析水平，无疑也会直接影响城乡结合部社会治理质量风险评估的最终结果。任何一方出现问题，都将导致城乡结合部社会治理质量风险评估难以反映最真实的或潜在的风险情况。

城乡结合部社会治理质量风险所具有的上述特性，使得城乡结合部社会治理质量风险与产品质量风险，甚至与其他区域的社会治理质量风险相比，都有着较大的差异性。城乡结合部社会治理质量风险一旦转化为现实中的危机，将会对城乡结合部社会稳定与和谐造成极大的破坏，并直接影响着我国社会治理体系和治理能力现代化进程。因而，非常有必要针对性地开展城乡结合部社会治理质量风险等级评估，并根据风险等级制定和完善治理预案。

第二节　城乡结合部社会治理质量风险的防治

在中国特色社会主义新时代，社会治理还面临着"发展不平衡不充分问题比较突出，发展质量不高，民生领域还有不少短板，社会矛盾与社会问题交织叠加，社会文明水平尚需提高，党的建设还存在着薄弱环节"① 等一系列严峻的问题。上述社会治理中的各种问题与困境在城乡结合部社会治理中表现得尤为突出。城乡结合部处于城市与乡村的过渡地带，是城市化进程中矛盾与冲突最集中的区域。而城乡结合部社会治理

---

① 习近平：《决胜全面建设小康社会　夺取新时代中国特色社会主义伟大胜利——在中国共产党第十九次全国代表大会上的报告》，人民出版社 2017 年版，第 9 页。

质量风险所具有的政治性、复杂性、模糊性、失灵性等特征，使得城乡结合部社会治理质量风险更加难以被及时识别与预防，也容易造成严重危及社会和谐稳定的群体性事件。迫切需要进一步"加强预防和化解社会矛盾机制建设"①，"建立健全社会预警体系和应急救援、社会动员机制，提高处置突发性事件能力"②。可见，城乡结合部作为我国利益冲突与社会矛盾最集中的地方，社会治理质量风险空前严峻，要求我们必须不断创新体制机制，化解各种治理质量风险，全面提升城乡结合部社会治理质量。要通过构建有效的预警体系与预警机制，及时化解潜在的治理质量风险。当前迫切需要提高城乡结合部社会治理质量风险的警惕性，科学、高效运行城乡结合部社会治理质量风险防治机制，及时化解城乡结合部社会治理质量风险与危机。

一　预警城乡结合部社会治理质量风险的必要性

有效化解城乡结合部社会治理质量风险关乎城乡结合部居民社会治理的切身体验，直接影响到城乡结合部社会治理质量的提升，是城市化进程中提升现代国家治理能力所面临的重要挑战之一。因此，科学预警城乡结合部社会治理质量风险，对维护城乡结合部社会和谐稳定，进而深入推进国家治理体系和治理能力现代化都有着重要的理论价值和现实意义。

（一）防治城乡结合部社会治理质量风险关系当地居民的"获得感"体验

"获得感"原指获取某种利益后所产生的满足感。2015 年 2 月 27 日，习近平总书记在中央全面深化改革领导小组第十次会议上指出，要科学统筹各项改革任务，推出一批能叫得响、立得住、群众认可的硬招实招，把改革方案的含金量充分展示出来，让人民群众有更多"获得感"。③"获得感"一词由此迅速流行，且使用范围出现固化趋势，多用来指人民群众共享改革成果的幸福感。"坚持共享发展，必须坚持发展为了人民、

---

① 习近平:《决胜全面建设小康社会　夺取新时代中国特色社会主义伟大胜利——在中国共产党第十九次全国代表大会上的报告》，人民出版社 2017 年版，第 49 页。

② 《中共中央关于制定国民经济和社会发展第十一个五年规划的建议》，《人民日报》2005 年 10 月 19 日第 1 版。

③ 《出硬招实招让人民有更多获得感》，《人民日报》（海外版）2015 年 2 月 28 日第 1 版。

发展依靠人民、发展成果由人民共享，作出更有效的制度安排，使全体人民在共建共享发展中有更多获得感。"① 党的十九大在此基础上进一步指出，在保障和改善民生中进一步加强和创新社会治理，就是要"坚持人人尽责、人人享有……不断满足人民日益增长的美好生活需要，不断促进社会公平正义，形成有效的社会治理、良好的社会秩序，使人民获得感、幸福感、安全感更加充实、更有保障、更可持续"②。作为城乡结合部社会治理的重要主体之一，城乡结合部居民有效参与城乡结合部社会治理是打造城乡结合部共建共治共享合作治理共同体的重要内容。同时，作为城乡结合部社会治理的受众者，城乡结合部居民也是城乡结合部社会治理质量高低的直接体验者与评价者。他们参与社会治理的获得感在很大程度上要通过其自身参与城乡结合部社会治理来实现。城乡结合部社会治理质量风险的存在可能会直接影响到当地居民参与社会治理的积极性和对当地社会治理成效的满意度，进而削弱他们参与城乡结合部社会治理的意愿与动力，从而影响共建共治共享社会治理共同体运行机制的成效。

（二）防治城乡结合部社会治理质量风险是社会治理供给侧改革的内在要求

美国丹尼尔·贝尔等未来学家在 20 世纪 60 年代就提出了后工业社会的中心是"服务"的观点。在我国，毛泽东最早把"为人民服务"作为我们党的执政宗旨。以邓小平为核心的第二代党中央领导集体提出了以"领导就是服务"为代表的一系列观点。③ 党的十六届六中全会提出，要"建设服务型政府，强化社会管理和公共服务职能"④。当前，我国社会治理正在逐渐实现由管理供给向服务供给、由单向度供给向供给与需求双向互动平衡的转变。特别是经过近些年来的服务型政府建设，我国社会

---

① 《中共十八届五中全会在京举行》，《人民日报》2015 年 10 月 30 日第 1 版。

② 习近平：《决胜全面建成小康社会　夺取新时代中国特色社会主义伟大胜利——在中国共产党第十九次全国代表大会上的报告》，人民出版社 2017 年版，第 45 页。

③ 顾训宝：《领导就是服务：邓小平对服务型政党建设的探索及启示》，《毛泽东思想研究》2016 年第 1 期。

④ 《中共中央关于构建社会主义和谐社会若干重大问题的决定》，《人民日报》2006 年 10 月 19 日第 1 版。

治理中的服务供给逐步完善并得到了人民群众的普遍认可。而要取得良好的社会治理质量,单向度的服务供给输出还是不够的,更需要社会治理供给侧与需求侧之间的平衡。而城乡结合部社会治理质量风险出现的一个重要原因,就在于城乡结合部社会治理主体服务供给不及时,无法满足城乡结合部居民对共建共治共享的新需求。下一步,要切实按照"以人民为中心"的工作导向,把人民对美好生活的向往作为城乡结合部的工作目标,以全面提升城乡结合部社会治理质量为关键点,全面深化城乡结合部社会治理供给侧改革。供给侧改革就是用改革的办法推进结构调整,减少无效和低端供给,扩大有效和中高端供给,增强供给结构对需求变化的适应性和灵活性,提高全要素生产率,使供给体系更好地适应需求结构变化。就城乡结合部而言,供给侧改革实质上就是改革政府公共政策的供给方式,也就是改革城乡结合部公共政策的产生、输出、执行以及修正和调整方式,以更好地与不断满足人民美好生活需要相适应。

(三) 防治城乡结合部社会治理质量风险势在必行

防治社会治理风险的方式方法古已有之。在古代社会,统治者一般通过采风、观风、出巡等政治活动,或通过诽谤木、谏鼓、进善旌等非政府行为防范和控制民众的消极情绪,通过民情上达和上情下达的互动来避免民众的消极情绪在基层集结演变成现实中的危机。[①] 在现代社会,社会治理风险防范需要更加法治化与科学化。我国自 2003 年后逐步建立起较为完善的突发事件应急管理体系。城乡结合部作为特殊的基层社会治理区域,是各类突发事件应急预案具体监测点与实施地。但现行的社会治理风险防治多从"维稳"的基点出发,而没有从社会治理质量视角出发,整体性地评估城乡结合部社会治理质量风险状况,并根据质量风险等级进行有针对性的防治,从而可能导致错失有效预防突发性群体事件的先机。实践证明,社会治理创新,尤其是城乡结合部社会治理创新,不应以"维稳"为出发点与落脚点,而应以"维权"为出发点,以提升社会治理质量、不断满足城乡结合部人民群众美好生活需要为落脚点。另外,在当前城乡结合部社会治理质量风险评估中,由于缺乏客观、可

---

① 武中哲:《健全预警体系构建和谐社会》,《理论学习》2005 年第 11 期。

靠的评估依据，导致风险决策缺乏科学性，而集体决策的决策机制又让追责难以落实，这就更加凸显了完善城乡结合部社会治理质量风险防治体系和机制的重要性与必要性了。

二 城乡结合部社会治理质量风险防范体系

体系是指若干有关事物或某些意识相互联系的系统而构成的一个有特定功能的有机整体。有效应对城乡结合部社会治理质量风险需要构建完善的社会质量风险防范体系。该质量风险防范体系主要包括城乡结合部社会治理质量风险防范主体、城乡结合部社会治理质量风险防范预案、城乡结合部社会治理质量风险防范流程和城乡结合部社会治理质量风险防范保障。

（一）城乡结合部社会治理质量风险防范主体

现代社会治理应是一个多元社会主体合作共治的过程。城乡结合部社会治理主体应是一个共建共享共治的社会治理共同体。因此，城乡结合部社会治理质量风险防治应在城乡结合部共建共享的合作治理共同体框架内进行。一般而言，城乡结合部社会治理主体主要包括：城乡结合部党组织、基层政府、村（居）民委员会、社会组织和公众等。为有效防范城乡结合部社会治理质量风险，可以在城乡结合部设置治理质量风险防治委员会作为领导和决策机构，动员城乡结合部全体社会主体广泛、有效、有序参与城乡结合部社会治理过程。

1. 城乡结合部社会治理质量风险防治委员会及其职责

按照党的十九大提出的"打造共建共治共享的社会治理共同体"的要求，我们建议各地城乡结合部应组建"人人尽责、人人共享"的城乡结合部社会治理质量风险防治委员会。该城乡结合部社会治理质量风险防治委员会由各治理主体推举代表组成，可挂靠城乡结合部现有的应急机构或与相关组织合并。主要职责为：组织城乡结合部社会治理质量风险评估；进行城乡结合部社会治理质量风险决策；启动和修订城乡结合部社会治理质量风险预案；部署和总结城乡结合部社会治理质量风险应急工作；及时通报城乡结合部社会治理质量风险信息，等等。与其他相关组织比较，城乡结合部社会治理质量风险防治委员会具有共建性、共治性、过程性、专业性与高质量的特点。

2. 城乡结合部党组织职责

党的十九大提出了"坚持党对一切工作的领导"的治国方略,并鲜明指出"党政军民学,东西南北中,党是领导一切的"①。党的基层组织是确保党的路线方针政策和决策部署贯彻落实的基础。城乡结合部基层党组织"要以提升组织力为重点,突出政治功能……把基层党组织建设成为宣传党的主张、贯彻党的决定、领导基层治理、团结动员群众、推动改革发展的坚强堡垒"②。为此,我们必须进一步强调,城乡结合部党组织是城乡结合部总揽全局、协调各方的领导核心,要切实担负好"直接教育党员、管理党员、监督党员和组织群众、宣传群众、凝聚群众、服务群众的职责"③。主要职责为:统领城乡结合部社会治理质量风险防范工作;积极打造城乡结合部社会治理质量风险防范共同体,并成为共同体的核心;积极发挥党组织政治引领、凝聚人心和党员先锋模范作用;进一步密切党群干群关系,积极探求城乡结合部社会治理质量风险防范路径。

3. 政府职责

政府职能也叫行政职能,是指行政主体作为国家管理的执法机关,在依法对国家政治、经济和社会公共事务进行管理时应承担的职责和所具有的功能。它体现着公共行政活动的基本内容和方向,是公共行政本质的反映。按照我国当前的行政管理体系,城乡结合部与乡镇(街办)最为密切。城乡结合部社会治理质量风险防治的效能与其所在的乡镇或街办的治理效能密切相关。乡镇(街办)作为同城乡结合部直接打交道的最基层政府(行政组织),应切实按照建设服务型政府的要求,遵循"治理就是服务的理念","主动适应经济社会发展新要求和人民群众新期待,准确把握实现基本公共服务均等化的发展方向,以增强乡镇干部宗旨意识为关键,以强化乡镇政府服务功能为重点,以优化服务资源配置为手段,以创新服务供给方式为途径,有效提升乡镇政府服务水平,切

---

① 习近平:《决胜全面建成小康社会 夺取新时代中国特色社会主义伟大胜利——在中国共产党第十九次全国代表大会上的报告》,人民出版社2017年版,第20页。

② 同上书,第65页。

③ 同上。

实增强人民群众的获得感和幸福感"①。按照"五位一体"社会治理体系的构成和"打造共建共治共享的社会治理共同体"的要求，城乡结合部基层乡镇政府或街道办事处是城乡结合部社会治理质量风险治理的主导力量。主要职责为：依法具体领导和实施城乡结合部社会治理质量风险应急委员会的各项工作；指导城乡结合部社会治理质量风险评估与实施化解预案；积极支持城乡结合部自治组织和其他社会组织协同政府共同治理城乡结合部；等等。

4. 社会组织职责

社会组织是人们为了有效地达到特定目标按照一定的宗旨、制度、系统建立起来的共同活动集体。在社会学里，"社会组织是社会群体的一种特殊形式，是人们为了实现特定的目标，有意识地结合而成的正式社会群体"②。"广义的社会组织包括政府组织、企业组织和公民社会组织；狭义的社会组织主要指非营利部门的组织"③。本书所讲的"社会组织"使用的是狭义的概念。现代社会是组织化的社会。现代社会治理主要依靠社会组织治理。党的十九大在论述提高社会治理"四化"水平时，把"社会治理社会化"放在首要位置。④ 这就是说，创新社会治理必须要把实现社会治理的"社会化"作为基础和最重要的内容。而实现社会治理社会化本质上就是要让社会组织真正承担起社会治理的责任，让社会组织成为治理社会的骨架与基础。作为城乡结合部合作治理共同体的重要组成部分，社会组织有责任，也有义务参与城乡结合部社会治理质量风险防范的各项工作。主要职责为：积极参与城乡结合部社会治理质量评估工作；协助做好城乡结合部社会治理质量风险防范工作；服从城乡结合部社会治理质量风险应急委员会的工作部署等。

---

① 《中办国办印发〈关于加强乡镇政府服务能力建设的意见〉》，《光明日报》2017 年 2 月 21 日第 1 版。

② 《社会学概论》编写组：《社会学概论》，人民出版社、高等教育出版社 2011 年版，第 142 页。

③ 同上。

④ 习近平：《决胜全面建成小康社会　夺取新时代中国特色社会主义伟大胜利——在中国共产党第十九次全国代表大会上的报告》，人民出版社 2017 年版，第 49 页。

5. 公众职责

"人是最名副其实的政治动物,不仅是一种合群的动物,而且是只有在社会中才能独立的动物。"[①] 其实,与其说人是天生的政治动物,倒不如说人是天生的社会动物。"社会是人的生活共同体:个人是社会最基本的单元;社会则是个人组成的共同体。"[②] 人类生活共同体的发展实际上就是个人和社会关系的演变过程。个人只有通过广泛有效有序的政治参与,结合成为生活乃至生命共同体,才能围绕着共同的目标,同心同德、齐心协力,通过不断提升个人所在家园的生活质量,来实现"共同体让生活更加美好"的目标。城乡结合部社会治理质量与公众利益密切相关。加强和创新城乡结合部社会治理,提升城乡结合部社会治理质量就是为了"不断满足人民日益增长的美好生活需要,不断促进社会公平正义"[③]。公众在城乡结合部社会治理质量风险治理中的主要职责为:树立参与城乡结合部社会治理质量风险治理的正确意识;积极参与城乡结合部社会治理质量评估工作;服从城乡结合部社会治理质量风险应急委员会的工作安排;遵守法律法规,做知法、守法、用法的理性公民;在城乡结合部社会治理中保持理性,不盲信盲从;坚决抵制恐怖主义、分裂主义、极端主义、宗族主义等非法组织活动;等等。

(二)城乡结合部社会治理质量风险防范预案

"凡事预则立,不预则废"。对城乡结合部社会治理质量风险应有分级预案,才能做到有备无患。按照《中华人民共和国突发公共事件总体应急预案》的规定,国家突发公共事件应急预案体系包括突发公共事件总体应急预案、突发公共事件专项应急预案、突发公共事件部门应急预案、突发公共事件地方应急预案、企事业单位根据有关法律法规制定的应急预案、大型会展和文化体育等重大活动应急预案。与城乡结合部相关的应急预案包括县(市)人民政府、乡(镇)人民政府、街道办事处、

---

① 马克思:《〈政治经济学批判〉导言》,《马克思恩格斯选集》第8卷,人民出版社2009年版,第68页。

② 《社会学概论》编写组:《社会学概论》,人民出版社、高等教育出版社2011年版,第71页。

③ 习近平:《决胜全面建成小康社会 夺取新时代中国特色社会主义伟大胜利——在中国共产党第十九次全国代表大会上的报告》,人民出版社2017年版,第45页。

村（居）民委员会、城乡结合部社会组织的总体应急预案、单项应急预案等。课题组认为，城乡结合部社会治理质量风险应急预案的设置不是摒弃现有的应急预案，而应是结合城乡结合部社会治理质量评估结果，在共建共治共享合作治理共同体的框架下，聚焦城乡结合部社会治理质量风险，在充分整合现有应急预案的基础上，创新城乡结合部社会治理质量风险分级预案。

课题组认为，城乡结合部社会治理质量风险应急预案与现有预案的关系如图6-1所示。

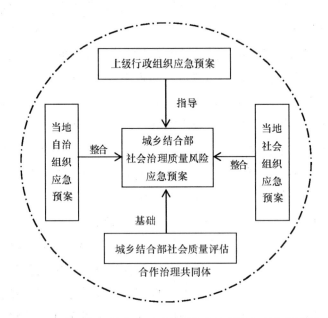

图6-1　城乡结合部社会治理质量风险应急预案与现有预案关系

按照城乡结合部社会治理质量评估结果的划分方法，可以将城乡结合部社会治理质量风险分为五级，分别与优秀型社会治理质量城乡结合部、良好型社会治理质量城乡结合部、中等型社会治理质量城乡结合部、合格型社会治理质量城乡结合部、较差型社会治理质量城乡结合部相对应。鉴于不同等级社会治理质量风险的警情与响应，城乡结合部社会治理质量风险预案划分为三级，具体如表6-1所示。

表6-1　　　　　　　　城乡结合部社会治理质量风险治理预案体系

质量评估等级	优秀	良好	中等	合格	较差
风险等级	Ⅴ级风险	Ⅳ级风险	Ⅲ级风险	Ⅱ级风险	Ⅰ级风险
风险预案	Ⅲ级预案	Ⅱ级预案			Ⅰ级预案

（三）城乡结合部社会治理质量风险防范流程

"流程"是指一个或一系列连续有规律的行动,这些行动以确定的方式发生或执行,促使特定结果的实现。城乡结合部社会治理质量风险防治流程是城乡结合部社会治理共同体打造与城乡结合部社会治理质量评估的交叉产物。它既是城乡结合部社会治理质量评估的过程,同时又可以通过反馈的形式提升城乡结合部社会治理质量。城乡结合部社会治理质量风险防治流程主要包括:运行城乡结合部社会治理质量评估指标体系、判定城乡结合部社会治理质量风险等级、实施城乡结合部社会治理质量风险预案、效果评估与反馈四个环节,如图6-2所示。

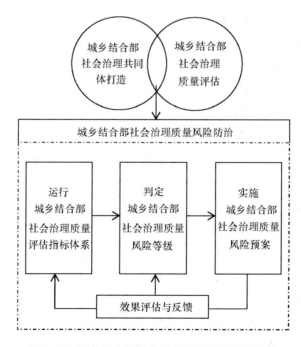

图6-2　城乡结合部社会治理质量风险防治流程

1. 运行城乡结合部社会治理质量评估指标体系

评估指标体系的生命在于实施。一个指标体系如果不运行起来，那就是一个僵化的指标体系，就没有任何实用价值。构建城乡结合部社会治理质量评估指标体系的目的就是要通过运行该指标体系测评城乡结合部社会治理质量高低，并据此划分城乡结合部社会治理质量风险等级，以便为实施质量风险预案奠定基础。运行城乡结合部社会治理质量评估指标体系是防治城乡结合部社会治理质量风险的关键环节。在运行城乡结合部社会治理质量评估指标体系前，需要对问卷和访谈样本进行科学界定，以确保样本的代表性。通过问卷调查和访谈等方式运行城乡结合部社会治理质量评估指标体系，可以为城乡结合部社会治理质量风险等级判断提供依据。通过广泛的问卷调查，并与调研对象充分沟通可获取客观、真实的数据，从而为科学测评城乡结合部社会治理质量获取真实的数据支撑。

2. 判定城乡结合部社会治理质量风险等级

确定风险等级是实施预案的前提。将城乡结合部社会治理质量评估结果上报城乡结合部社会治理质量风险防范委员会，由该委员会对评估结果进行再次审定并确认。如审定结果与评估结果一致，则按照评估结果判定相应的风险等级；如审定结果与评估结果存在较大的偏差，则需由城乡结合部社会治理质量风险防范委员会与城乡结合部社会治理质量评估课题组共同对评估指标、评估流程以及评估结果进行论证，完善评估指标、优化评估流程，适时进行二次评估，并把二次评估结果上报给城乡结合部社会治理质量风险防范委员会并再次确定治理质量风险等级。

3. 实施城乡结合部社会治理质量风险预案

城乡结合部社会治理质量风险防范委员会根据城乡结合部社会治理质量评估结果把城乡结合部社会治理质量风险分为五个等级，并根据不同等级风险制定相应的风险应对预案。在这个过程中，城乡结合部社会治理质量风险防范委员会在党组织的领导下统筹预案实施。最重要的就是要科学划分质量风险等级，根据风险等级及时启动相应预案，并通过科学实施预案尽快化解城乡结合部社会治理质量风险。城乡结合部多元治理主体应按照各自职责，把握好时间节点，及时高效完成预案规定的各自任务。

4. 效果评估与反馈

评估反馈是城乡结合部社会治理质量风险防范流程中的重要环节。城乡结合部社会治理质量评估指标体系、城乡结合部社会治理质量风险等级评估以及城乡结合部社会治理质量风险预案均不是固定不变的,而是要根据城乡结合部社会治理质量风险预案实施的效果及时进行修订和完善。同时,要对城乡结合部社会治理质量风险防范实行责任追究制。对有突出贡献的先进集体和个人要给予表彰和奖励。对那些实施风险应对措施不力或妨碍城乡结合部社会治理质量风险防治行为的组织或个人,要依法给予行政处分,构成犯罪的,要依法追究刑事责任。

(四) 城乡结合部社会治理质量风险防范保障

城乡结合部社会治理质量风险防范在确定了风险防范主体、风险防范预案体系和风险防范流程的基础上,还需要法治、人才、财力、教育培训等方面的保障。

1. 法治保障

"法律是治国之重器,法治是国家治理体系和治理能力的重要依托。"① 城乡结合部社会治理质量风险防治必须依法治理,相关法律法规要能够在城乡结合部社会治理质量风险防治中得到有效贯彻落实。要针对新出现的情况及时向当地立法机关或相关政府职能部门上报,以便该类新情况新问题能够纳入法律法规的范畴之内,从而让防范新情况、新问题、新风险有法可依。"法律的权威源自人民的内心拥护和真诚信仰。"② 要在城乡结合部进一步推进法治文化建设,让法治教育成为城乡结合部国民教育体系和精神文明创建的重要内容,让各种社会治理主体都成为法治的忠实崇尚者、自觉遵守者和坚定捍卫者。

2. 人才保障

包括城乡结合部在内的我国城乡基层最缺人才,也最需要人才。与城市成熟社区相比,城乡结合部更需要人才支撑。加快推进城乡结合部社会治理体系和治理能力现代化,全面提升城乡结合部社会治理质量,

---

① 人民日报社论:《实现依法治国的历史跨越》,《人民日报》2014 年 10 月 24 日第 3 版。
② 《中国共产党第十八届中央委员会第四次全体会议公报》,人民出版社 2014 年版,第 11 页。

必须要有高素质的人才队伍作为保障。当前城乡结合部所在的基层党委政府要"实行更加积极、更加开放、更加有效的人才政策，以识才的慧眼、爱才的诚意、用才的胆识、容才的雅量、聚才的良方"①，努力把各方面人才都聚集到城乡结合部治理创新中来。同时，遵循"人人尽责、人人共享"的原则，在城乡结合部各种社会治理主体"共建共治共享"活动中，"努力形成人人渴望成才、人人努力成才、人人皆可成才、人人尽展其才的良好局面"②。当前，最重要的是要选好"领头羊"，培育好、使用好以村（居）两委为核心的城乡结合部社会治理人才。此外，城乡结合部社会治理共同体还要与各种"智库"建立良好的关系，借助"智库"的专业能力进一步提升城乡结合部社会治理质量风险防范能力。

3. 财力保障

中国特色社会治理创新就是在保障和改善民生中的社会治理创新。城乡结合部社会治理创新必须高度重视保障和改善民生，高度重视补齐民生"短板"工作。因此，城乡结合部社会治理质量风险防范能力与城乡结合部财力保障密切相关。为此，各级党委政府必须加大对城乡结合部的财政投入，进一步"完善公共服务体系，保障群众基本生活，不断满足人民日益增长的美好生活需要，不断促进社会公平正义，形成良好的社会治理、良好的社会秩序，使人民获得感、幸福感、安全感更加充实、更有保障、更可持续"③。当前，要切实用好中央对城乡基层的财政转移支付资金，尤其是要高效使用好中央对城市"棚户区""城中村"的改造专项资金，并给予科学配套，进而全面推进城乡结合部高质量发展，全面加快城乡融合，全面提升城乡结合部社会治理质量。

4. 教育培训

城乡结合部社会治理质量的提升与质量风险的化解都有赖于城乡结合部社会治理主体合作共治城乡结合部的能力与水平。而提升城乡结合部治理主体社会治理能力在一定程度上要靠党委、政府、社会组织对各

---

① 习近平：《决胜全面建成小康社会　夺取新时代中国特色社会主义伟大胜利——在中国共产党第十九次全国代表大会上的报告》，人民出版社 2017 年版，第 64—65 页。

② 同上书，第 65 页。

③ 同上书，第 45 页。

种社会治理主体的教育引导与教育培训。通过广播、电视、图书、宣传册、专题讲座、外出学习等方式对各治理主体进行教育和培训，能够提高多元主体风险防范意识，提升城乡结合部社会治理能力与水平。进一步加强城乡结合部社会治理质量风险防范，全面提升城乡结合部社会治理质量，最重要的还是要全面加强和改善党对城乡结合部工作的全面领导。当前要针对一些城乡结合部基层党组织弱化、虚化、边缘化问题，切实以全面增强城乡结合部基层党组织"学习""政治领导""改革创新""科学发展""依法执政""狠抓落实""驾驭风险"这"七大执政本领"① 为主要内容的教育培训活动，进一步加强和改善基层党组织对城乡结合部的全面领导，进一步提升城乡结合部共建共治共享能力，进一步提升城乡结合部社会治理质量。

城乡结合部社会治理质量风险防范关乎城乡结合部的社会和谐与稳定。通过有效的风险治理流程，能够提升城乡结合部居民社会治理获得感，满足社会治理供给侧改革的内在要求，还可以弥补城乡结合部应急治理中的不足。构建城乡结合部社会治理质量风险防范体系，明确各治理主体职责、风险预案体系和风险治理流程，能够有效促进城乡结合部社会治理质量风险防范工作有序开展。城乡结合部社会治理质量风险防范的一个重要流程就是，在对城乡结合部社会治理质量风险评估的基础上，确定城乡结合部社会治理质量风险等级，进而分级启动城乡结合部社会治理质量风险预案。

第三节　城乡结合部社会治理质量风险等级评估

尽管城乡结合部社会治理质量风险具有政治性、复杂性、模糊性、失灵性特征，有可能导致城乡结合部社会治理质量风险评估难以反映真实的或潜在的风险，但通过科学构建、验证和完善城乡结合部社会治理质量评估指标体系，制定科学合理的调研程序，对问卷调查、深入访谈所获得的数据进行科学分析，最终获得的城乡结合部社会治理质量风险

---

① 习近平：《决胜全面建成小康社会　夺取新时代中国特色社会主义伟大胜利——在中国共产党第十九次全国代表大会上的报告》，人民出版社 2017 年版，第 68—69 页。

等级评估结果还是具有重要的决策参考和现实意义的。科学确定城乡结合部社会治理质量风险等级，并按照社会治理质量风险等级分级实施城乡结合部社会治理质量风险预案，是有效防范城乡结合部各种社会治理风险，不断提升城乡结合部社会治理质量的重要举措。

一 城乡结合部社会治理质量风险等级划分

课题组按照城乡结合部社会治理质量评估结果的优秀、良好、中等、合格和较差五个等级，相应地将城乡结合部社会治理质量风险划分为五个等级，即I级（严重）、II级（较重）、III级（一般）、IV级（轻微）和V级（可忽略），并分别以红色、橙色、黄色、蓝色和绿色进行颜色标识。如表6-2所示。

表6-2　　　　　　　城乡结合部社会治理质量风险等级

风险等级	风险描述	颜色标识	社会治理质量评估
I级	严重	红色	预警
II级	较重	橙色	合格
III级	一般	黄色	中等
IV级	轻微	蓝色	良好
V级	可忽略	绿色	优秀

二 城乡结合部社会治理质量风险的警源、警兆与警情

城乡结合部社会治理质量评估指标体系从"公众维度""能力维度""过程维度""结果维度"对城乡结合部社会治理质量进行整体评估。该指标体系共包含4个一级指标（维度指标）、19个二级指标（基本指标）和111个三级指标（具体指标）。城乡结合部社会治理质量风险的警源、警兆、警情与城乡结合部社会治理质量评估指标变动密切相关。所谓警源是产生警情的根源，是警情的策源地，警兆则是警情在孕育与滋生过程中暴露出来的现象，而警情是社会运行中出现的负面扰动因素发展到

一定程度时的外部形态表现。[①] 不论城乡结合部社会治理质量风险处于哪个等级中,从风险的警源上来讲,具有相似性,都与城乡二元结构、城乡结合部不同利益主体间利益冲突、城乡结合部社会治理质量测评缺失、城乡结合部缺乏战略规划、治理主体能力不足、公民文化培育迟缓等因素密切相关。只不过不同等级的风险警源侧重点有所不同,不同等级的警兆、警情有所区别。

(一) Ⅰ级 (严重) 警兆与警情

当某个城乡结合部社会治理质量评估被为"较差"时,该城乡结合部社会治理质量风险等级被认定为Ⅰ级,即存在严重的社会治理质量风险。

1. Ⅰ级 (严重) 风险的警兆

Ⅰ级 (严重) 风险的警兆为城乡结合部社会治理质量评估总得分为0—59 分。

2. Ⅰ级 (严重) 风险的警情

处于Ⅰ级 (严重) 风险等级中的城乡结合部各项社会治理质量指标得分均很低。

从公众维度来看,公众的安全感、信任感、公平感、认同感和幸福感极低。就公众安全感而言,公众认为自身所处的居住环境安全、人身安全、财产安全、劳动安全、食 (药) 品安全难以保障;就公众信任感而言,基层自治组织、公务人员、邻里、外来流动人口严重缺乏信任感;就公众公平感而言,公众认为在利益分配、社会保障、教育、基层政治参与、人际关系、收入上存在着严重不公;就公众认同感而言,公众对基层政府、公民身份、社会组织、社区文化、社会价值缺乏认同感;就公众幸福感而言,公众对城乡结合部缺乏归属感、对不同群体缺乏接纳感,意识不到自身的社会价值,对社会发展充满悲观情绪,等等。

从能力维度上看,党委领导能力、政府治理能力、社会组织协同能力、基层组织自治能力、公众参与能力不能满足城乡结合部社会治理的新需求。就党委领导能力而言,党组织缺乏统领全局能力,党员队伍涣

---

① 史云贵、赵海燕:《我国城乡结合部社会风险指标体系的构建与群体性事件预警论析》,《社会科学研究》2012 年第 1 期。

散；缺乏自我学习能力，难以发挥组织协调功能。就政府治理能力而言，推动城乡结合部绿色发展能力不足，提供公共产品、公共服务能力不强，社会保障能力较弱，缺乏自我管理能力。就社会组织协同能力而言，社会组织数量少、成熟度低，缺乏公共服务承接与供给能力，难以承担相应的社会治理责任；社会组织与党政机关、公众、其他社会组织间的信任度低，自我管理能力差。就基层组织自治能力而言，自治组织共建共治共享能力缺乏，基层公民文化发展缓慢，自治组织缺乏自我管理、自我服务、自我教育、自我发展、自我监督能力。就公众参与能力而言，公众参与民主选举、民主协商、民主决策、民主管理、民主监督能力不足。

从过程维度上看，党委领导、政府治理、社会组织协同、公众参与、法治保障在一定程度上还缺乏合法性与规范性，难以推动共建共享合作治理共同体有效运行。就党委领导过程而言，一些城乡结合部党组织很少开展基层党组织生活、一些基层党组织基本处于隐形状态，党委领导班子廉洁率很低。就政府治理过程而言，基层政府没有权力清单，公众难以及时或完整地知晓政务信息，行政审批与公共服务事项结办率很低，公众对公务人员投诉难以得到解决，公务人员有贪腐行为。就社会组织协同过程而言，社会组织登记率低且类型单一，难以发挥表达社情民意作用；社会组织承接、购买政府公共服务数量少，参与社公共事务管理频率低。就公众参与过程而言，城乡结合部公众很少参与城乡结合部重大事项听证和以"五个民主"为基本内容的基层民主活动。就法治保障过程而言，法制宣传和教育活动很少，基层政府出台规范性文件合法率低，执法主体和执法程序合法性存在争议，行政争议依法办结率低，司法公正度和公信度低，公众和社会组织合法权益难以得到保障，法治环境满意度低。

从结果维度上看，城乡结合部出现了严重的不稳定、不和谐状态，缺乏社会公正，发展动力严重不足。就社会稳定而言，群体性事件、重大安全生产事故、重大环境污染事件、重大食（药）品安全事件等发生率高，上访集访人口比例大，居民失业率高。就社会和谐而言，刑事犯罪发生率高，非正常死亡人数占总人口比重大，居（村）民邻里矛盾、纠纷发生率高，干群关系恶劣。就社会发展而言，绿色产业发展不足；

第三产业比重低，环境质量综合指数低。就社会公正而言，城乡结合部居民收入差距大，基本公共服务支出占财政总支出比重低，流动人口与当地居民在教育、医疗、社会保障等方面差距大。

（二）Ⅱ级（较重）警兆和警情

当城乡结合部社会治理质量评估为"合格"时，对应的城乡结合部社会治理质量风险等级为Ⅱ级，意味着存在较为严重的社会治理质量风险。

1. Ⅱ级（较重）风险的警兆

Ⅱ级（较重）风险的警兆为城乡结合部社会治理质量评估总得分为60—69分。

2. Ⅱ级（较重）风险的警情

处于Ⅱ级治理质量风险等级中的城乡结合部各项社会治理质量指标得分均较低。

从公众维度来看，公众的安全感、信任感、公平感、认同感和幸福感较低。就公众安全感而言，公众认为自身所处的居住环境安全、人身安全、财产安全、劳动安全、食（药）品安全仅能得到最低限度的保障；就公众信任感而言，公众对基层自治组织、公务人员、邻里居民、外来流动人口缺乏信任感；就公众公平感而言，公众认为在利益分配、社会保障、教育、基层政治参与、人际关系、收入上存在不公平现象；就公众认同感而言，公众对基层政府、公民身份、社会组织、社区文化、社会价值缺乏认同感；就公众幸福感而言，公众对城乡结合部归属感较低、对不同群体接纳度较低、对自身社会价值认同度较低，对城乡结合部发展存在一定的悲观情绪。

从能力维度上看，党委领导能力、政府治理能力、社会组织协同能力、基层组织自治能力、公众参与能力仅能满足城乡结合部社会治理的基本需求。就党委领导能力而言，党组织影响力较弱，党员队伍凝聚力不强，自我学习能力不高，组织协调能力较弱；就政府治理能力而言，能提供基本公共产品、公共服务，能提供基本社会保障，自我管理能力较差，推动绿色发展能力较弱；就社会组织协同能力而言，社会组织数量比较少、成熟度较低，仅能承担非常有限的公共服务、社会治理责任，社会组织与党政机关、公众、其他社会组织间的信任度较低，社会组织自我管理能力较差；就基层组织自治能力而言，自治组织初步具备共建共治共享能力，基层公民文化发展较慢，基层公共事务活动开展频率较低，自治组织初步具备自我管理、自我服务、自我教育、自我发展、自我监督能力；就公众参与能力而言，公众具有参与社会治理的意识，但民主选举、民主协商、民主决策、民主管理、民主监督能力较弱。

从过程维度上看，党委领导、政府治理、社会组织协同、公众参与、法治保障具有基本的合法性与规范性，能够推动共建共治共享合作治理共同体的基本运行。就党委领导过程而言，基层党组织生活开展频率较低、基层党组织能保持基本运转、党委领导班子廉洁率较低。就政府治理过程而言，基层政府有自己的权力清单，政务信息公开的及时性和全面性较差，行政审批与公共服务事项结办率较低，公众对公务人员的投诉仅能得到部分解决，部分公务人员存在贪腐行为。就社会组织协同过程而言，社会组织登记率较低且类型较为单一，社会组织能够基本发挥表达社情民意的作用，社会组织承接、购买政府公共服务数量有限，参与有限的社公共事务管理。就公众参与过程而言，公众参与城乡结合部重大事项听证/咨询、基层民主选举活动、基层民主管理活动、基层民主监督活动和社会组织活动次数较少。就法治保障过程而言，法制宣传和教育活动少，基层政府出台规范性文件合法率较低，执法主体、执法程序合法性存在争议，行政争议依法办结率低，司法公正度、公信度较低，公众和社会组织合法权益仅能得到部分保障，法治环境满意度较低。

从结果维度上看，城乡结合部呈现基本的稳定、和谐状态，社会基本公正，发展动力有限。就社会稳定而言，群体性事件、重大安全生产事故、重大环境污染事件、重大食（药）品安全事件等发生率较低，信访人口比例保持平稳，居民失业率较高；就社会和谐而言，刑事犯罪发生率平稳，非正常死亡人数占总人口比重较高，居（村）民邻里矛盾、纠纷发生率较高，干群关系和谐度较低；就社会发展而言，居民恩格尔系数为50%—59%区间，第三产业发展的比重较低，环境质量综合指数较低，城市化水平较低；就社会公正而言，基本公共服务支出占财政总支出比重较低，居民收入差距较大，流动人口与当地居民在教育、医疗、社会保障等方面存在一定的差距。

（三）Ⅲ级（一般）警兆与警情

当城乡结合部社会治理质量评估为"中等"时，城乡结合部社会治理质量风险相应的等级为Ⅲ级，存在一般的社会治理质量风险。

1. Ⅲ级（一般）风险的警兆

Ⅲ级（一般）治理质量风险的警兆为城乡结合部社会治理质量评估总得分为70—79分。

2. Ⅲ级（一般）风险的警情

Ⅲ级（一般）风险等级的城乡结合部各项社会治理质量指标得分处于中等水平。

从公众维度来看，公众的安全感、信任感、公平感、认同感和幸福感一般。就公众安全感而言，公众认为自身所处的居住环境安全、人身安全、财产安全、劳动安全、食（药）品安全能够得到一定的保障；就公众信任感而言，对基层自治组织、公务人员、邻里、对外来流动人口具有一定信任感；就公众公平感而言，公众认为在利益分配、社会保障、教育、基层政治参与、人际关系、收入上存在一定的不公平现象；就公众认同感而言，公众对基层政府、公民身份、社会组织、社区文化和社会价值认同感一般；就公众的幸福感而言，对城乡结合部归属感一般、对不同群体的接纳度一般、对自身社会价值的认同度一般、对城乡结合部社会发展持事不关己的态度。

从能力维度上看，党委领导能力、政府治理能力、社会组织协同能力、基层组织自治能力、公众参与能力能够基本满足城乡结合部社会治理的需求。就党委领导能力而言，党组织影响力一般，党员队伍凝聚力一般，自我学习能力一般，统领全局、组织协调能力一般。就政府治理能力而言，能够提供一定的公共产品、公共服务，能够提供一定的社会保障，自我管理能力一般，初步具有推动城乡结合部绿色发展能力。就社会组织协同能力而言，城乡结合部具有一定数量的社会组织、有较为成熟的龙头社会组织，能承担赋予的公共服务和参与社会治理的责任，社会组织与党政机关、公众、其他社会组织具有一定的信任度，社会组织自我管理能力一般。就基层组织自治能力而言，自治组织基本具备一定的共建共治共享能力，基层公民文化能够满足社会治理的需求，基层公共事务活动开展频率适中，自治组织具备一定的自我管理、自我服务、自我教育、自我发展、自我监督能力。就公众参与能力而言，公众具有参与社会治理的意识和基层民主选举、民主协商、民主决策、民主管理、民主监督的基本能力。

从过程维度上看，党委领导、政府治理、社会组织协同、公众参与、法治保障具有合法性与规范性，能够推进共建共享合作治理共同体的基本运行。就党委领导过程而言，基层党组织开展组织生活频率一般、基层党组织能保持基本运转、基层党组织廉洁率一般。就政府治理过程而言，基层政府权力清单和政务公开的及时率、全面率一般，行政审批与公共服务事项结办率一般，公众对公务人员的投诉解决率一般，公务人员存在一定的贪腐行为。就社会组织协同过程而言，社会组织登记率一般，社会组织类型具有一定的多样性，能够基本发挥表达社情民意的作用，社会组织能够承接一定数量的政府公共服务，社公共事务管理参与度一般。就公众参与过程而言，公众参与城乡结合部重大事项听证/咨询活动、基层民主选举活动、基层民主管理活动、基层民主监督活动和社会组织活动的次数一般。就法治保障过程而言，法治宣传教育活动数量一般，出台规范性文件合法率一般，执法主体、执法程序合法性一般，行政争议依法办结率一般，司法公正度、公信度一般，公众和社会组织合法权益能得到一定的保障，综合法治环境的满意率一般。

从结果维度上看，城乡结合部呈现中等程度的稳定和谐状态，社会基本公正，发展动力一般。就社会稳定而言，群体性事件、重大安全生产事故、重大环境污染事件、重大食（药）品安全事件等发生率较低，信访人口比例较低，居民失业率较低。就社会和谐而言，刑事犯罪发生率较低，非正常死亡人数占总人口比重较低，居（村）民邻里矛盾、纠纷发生率不高，干群关系相对融洽。就社会发展而言，居民恩格尔系数为40%—50%区间，第三产业发展的比重一般，环境质量综合指数一般，城市化水平一般。就社会公正而言，基本公共服务支出占财政总支出比重正常，居民收入存在一定差距，流动人口与当地居民在教育、医疗、社会保障等方面差距不大。

（四）Ⅳ级（轻微）风险的警兆和警情

当城乡结合部社会治理质量风险评估为"良好"时，对应的城乡结合部社会治理质量风险等级为Ⅳ级，存在轻微的社会治理质量风险。

1. Ⅳ级（轻微）风险的警兆

Ⅳ级（轻微）风险的警兆为城乡结合部社会治理质量评估得分为80—89分。

2. Ⅳ级（轻微）风险的警情

Ⅳ级风险等级的城乡结合部各项社会治理质量评估指标得分处于较高水平。

从公众维度来看，城乡结合部的公众安全感、信任感、公平感、认同感和幸福感较高。就公众安全感而言，公众认为自身所处的居住环境安全、人身安全、财产安全、劳动安全、食（药）品安全能得到有效的保障。就公众信任感而言，公众对基层自治组织、公务人员、邻里、对外来流动人口具有较高的信任感。就公众公平感而言，公众认为在利益分配、社会保障、教育医疗、基层政治参与、人际关系、收入上存在不公平现象较少。就公众认同感而言，对基层政府、公民身份、社会组织、社区文化、社会价值认同感较高。就公众幸福感而言，对城乡结合部归属感较高、对不同群体的接纳度较高、对自身社会价值的认同度较高、对城乡结合部发展持有乐观积极的态度。

从能力维度上看，党委领导能力、政府治理能力、社会组织协同能力、基层组织自治能力、公众参与能力能较好地满足城乡结合部社会治理需求。就党委领导能力而言，党组织影响力较高，党员队伍凝聚力较强，自我学习能力较强，统领全局、组织协调能力较强。就政府治理能力而言，能够提供较高质量的公共产品、公共服务，能够提供较为全面的社会保障，自我管理能力较高，带动经济绿色发展能力较强。就社会组织协同能力而言，具有相当数量的社会组织、成熟度较高，能承担赋予的公共服务和社会治理的责任，社会组织与党政机关、公众以及其他社会组织具有较高的信任度，社会组织自我管理能力较强。就基层组织自治能力而言，自治组织具备较强的参与共建共治共享能力，公民文化能够较好地满足社会治理需求，基层公共事务活动开展频繁，自治组织具备较高的自我管理、自我服务、自我教育、自我发展、自我监督能力。就公众参与能力而言，公众具有较强的社会治理意识和较高的参与"五个民主"的能力。

从过程维度上看，党委领导、政府治理、社会组织协同、公众参与、法治保障具有合法性与规范性，能够较好地推进共建共治共享的合作治理共同体运行。就党委领导过程而言，基层党组织生活开展频繁、基层党组织运转情况良好、党委领导班子廉洁率较高。就政府治理过程而言，基层政府权力清单和政务信息公开及时全面，行政审批与公共服务事项结办率较高，公众对公务人员投诉解决率较高，公务人员贪腐现象较少。就社会组织协同过程而言，社会组织登记率较高，类型具有多样性，社会组织能够积极发挥表达社情民意的作用，能承接较多数量的公共服务，社会公共事务管理参与度较高。就公众参与过程而言，公众参与基层重大事项听证/咨询活动、基层民主选举活动、基层民主管理活动、基层民主监督活动、社会组织活动次数较多，质量较高。就法治保障过程而言，法治宣传教育活动开展频繁，基层出台规范性文件具有较高的合法率，执法主体、执法程序合法性较高，行政争议依法办结率较高，司法公正度、公信度较高，公众和社会组织合法权益能得到有效保障，综合法治环境满意率较高。

从结果维度上看，城乡结合部呈现较高的和谐稳定状态，社会公正，发展动力较足。就社会稳定而言，群体性事件、重大安全生产事故、重大环境污染事件、重大食（药）品安全事件等发生率较低，信访人口比例较低，失业率较低。就社会和谐而言，刑事犯罪发生率很低，非正常死亡人数占总人口比重较低，居（村）民邻里矛盾纠纷发生率较低，干群关系融洽。就社会发展而言，绿色产业比重高，第三产业发展质量高，环境质量综合指数较高，城市化水平较高。就社会公正而言，基本公共服务支出占财政总支出比重正常，居民收入差距不大，流动人口与当地居民在教育、医疗、社会保障等方面的差距较小。

（五）Ⅴ级（可忽略）风险的警源、警兆和警情

当城乡结合部社会治理质量评估为"优秀"时，相应的城乡结合部社会治理质量风险等级为Ⅴ级，即可被忽略的社会治理质量风险。

处于这一风险等级中的城乡结合部的公众安全感、信任感、公平感、认同感和幸福感都非常高。党委领导能力、政府治理能力、社会组织协同能力、基层组织自治能力、公众参与能力能够高效能地满足城乡结合部社会治理需求。党委领导过程、政府治理过程、社会组织协同过程、公众参与过程、法治保障过程合法、高效，能够高效推进共建共治共享

合作治理共同体的有机运行。城乡结合部实现了高质量发展,呈现稳定、和谐、公正、可持续状态。

本节关于城乡结合部社会治理质量风险等级的划分基本上是按照城乡结合部社会治理质量评估结果而定。对不同等级质量风险的警兆、警情阐述以城乡结合部社会治理质量评估指标体系为基本依据。为便于操作,在对城乡结合部社会治理质量进行评估和质量风险等级评定过程中,课题组假定了不同等级的质量风险在各维度上的表现呈现平均状态。但在城乡结合部社会治理的具体实践中,可能会出现某个维度得分较低,从而拉低整体得分的情况,因而在设计城乡结合部社会治理质量风险预案时需要考虑该情形的存在。

第四节　城乡结合部社会治理质量风险预案设计

应急预案的起源可以追溯到 20 世纪 70 年代,一家英国化工厂大爆炸让英国卫生与安全委员会设立了重大危险咨询委员会,并提出制订应急预案。[①] 2003 年“SARS”事件发生后,我国应急管理被提上了政府治理议程。《关于加强基层应急管理工作的意见》《国家突发公共事件总体应急预案》《中华人民共和国突发事件应对法》《国务院关于全面加强应急管理工作的意见》《突发事件应急预案管理办法》《突发事件应急演练指南》等一系列法规文件的相继出台,标志着我国应急预案体系逐步得到完善。当前我国已建立起了“横向到边、纵向到底”的应急预案体系。这些应急预案提高了我国政府危机治理能力,在很大程度上预防和减少了群体性突发公共事件及其造成的损害,并在有效应对“汶川地震”“玉树地震”等突发事件中彰显了巨大的积极作用。

在城乡结合部社会治理中,当地基层党委政府、自治组织和社会组织按照“横向到边、纵向到底”的应急预案体系设计已或多或少构建了相应的突发事件应急预案。但这些预案多为单项预案或承接上级应急预案的配套方案,且城乡结合部复杂社会治理情态使得这些预案很难得到

---

① 张海波、童星:《中国应急预案体系的优化——基于公共政策的视角》,《上海行政学院学报》2012 年第 6 期。

高效运行。因而，有必要从城乡结合部社会治理质量视角出发，根据城乡结合部社会治理质量风险的不同等级以及不同警情，对现有预案进行整合与创新。城乡结合部社会治理质量风险预案就是根据城乡结合部社会治理质量风险等级及其风险治理响应程度划分并实施相应的预案。课题组从城乡结合部社会治理质量风险防治现状和方案操作性出发，把城乡结合部社会治理质量风险预案分为Ⅰ级预案、Ⅱ级预案和Ⅲ级预案。

一　城乡结合部社会治理质量风险Ⅰ级预案

当城乡结合部社会治理质量风险为Ⅰ级时，说明治理质量风险已非常严重，要及时启动Ⅰ级预案。相关部门需要明确预案实施流程，确定一级预案实施内容。

（一）启动

根据城乡结合部社会治理质量评估的相关数据分析，当城乡结合部社会治理质量风险为Ⅰ级时，城乡结合部社会治理质量风险防范委员会应相应地迅速启动Ⅰ级预案，并部署落实好一级预案的相关工作。

（二）预案内容

Ⅰ级预案内容主要包括及时启动问责机制、落实奖惩制度，社会治理质量重大风险问题分析，社会治理能力重塑，进一步完善信息通报制度四个部分。

1. 及时启动问责机制、落实奖惩制度

通过城乡结合部社会治理质量风险评估，发现城乡结合部社会治理质量存在着Ⅰ级治理质量风险，就必须及时启动问责程序。对引发城乡结合部社会治理质量重大风险问题的组织和个人依法追责，该记过的记过，该免职的免职，绝不姑息养奸。同时，对在城乡结合部社会治理质量风险防治中有突出贡献的组织和个人进行奖励，对有着较强应急管理能力的个人要在多方考察的基础上及时提拔重用。只有严肃认真启动问责机制，落实好奖惩制度，才能真正引导城乡结合部多元社会治理主体有着明确的法治意识、责任意识、底线意识，努力防范城乡结合部重大社会治理质量风险的发生与蔓延。

2. 治理质量重大风险问题分析

城乡结合部社会治理质量风险防治委员会组织开展城乡结合部重大

风险问题分析工作。

(1) 城乡结合部多元社会治理主体应就存在的治理质量重大风险问题各自进行自查自纠,分析自身存在的哪些问题是导致城乡结合部治理质量Ⅰ级风险产生的主要因素,并在深入分析原因的基础上,向城乡结合部社会治理质量风险防治委员会提交整改报告。

(2) 城乡结合部社会治理质量风险防治委员会邀请城乡结合部社会治理质量评估专家组根据各治理主体问题自查自纠结果开展磋商讨论,明确当前城乡结合部亟须化解的相关重大治理质量风险问题。

(3) 在研判重大治理质量风险的基础上,进一步明确化解风险的相关责任主体,进一步完善化解治理质量风险的Ⅰ级预案。

3. 社会治理能力重塑

城乡结合部社会治理质量Ⅰ级风险的存在意味着城乡结合部社会治理能力低下。要从根源上化解Ⅰ级治理质量风险就必须对城乡结合部进行社会治理能力重塑。

(1) 进一步明确多元治理主体的各自职责。城乡结合部社会治理是基层党委领导、政府负责下的多元社会主体合作共治活动或活动过程。为此,必须进一步明确城乡结合部各社会主体在社会治理中的角色与责任,充分发挥城乡结合部各社会主体在城乡结合部治理中的正向功能。要对城乡结合部各治理主体的具体职责进行重新梳理和确认,确保多元治理主体明确知晓自身在城乡结合部社会治理质量风险防范中的角色、功能与责任。

(2) 打造共建共治共享型城乡结合部社会治理共同体。虽说城乡结合部存在Ⅰ级社会治理质量风险有着多方面的原因,但一个非常重要的原因就在于城乡结合部缺乏基于信任的社会治理共同体。各种社会治理主体间缺乏信任就很难结成利益共同体,更无法成为治理共同体。为此,针对城乡结合部面临的重大社会治理质量风险,当务之急就是要按照"党委领导、政府负责、社会协同、公众参与、法治保障"五位一体的社会治理体制要求,想群众之所想,急群众之所急,尽快构建基于信任的共建共治共享型城乡结合部社会治理共同体。为此,要充分发挥基层党组织"推动发展、服务群众、凝聚人心、促进和谐的作用"①；积极推进城乡结合部依法行政、强化政府信息公开和服务意识，进一步提高服务效率；引导村（居）民委员会及时收集民意，健全村（居）民利益诉求；积极开展基层群众文化动，进一步密切城乡结合部本地居民与外来流动人口的沟通交流，不断增加城乡结合部居民对辖区的认同度与归属感。

（3）构建和运行城乡结合部社会治理风险防治机制。党的十九大指出，要"加强预防和化解社会矛盾机制建设，正确处理人民内部矛盾"②。遵循党的十九大精神，在明确城乡结合部各社会主体治理质量风险防治职责的基础上，必须尽快构建和完善城乡结合部社会治理质量风险预防和化解机制。这些机制主要包括，构建和完善多元治理主体参与决策机制、协商合作机制、利益共享机制、利益协调机制、对话沟通机制、纠纷化解机制、监督评估机制等，并使之有效运转。当前，要高度重视我国社会治理结构和利益格局的新发展、新变化、新问题，加快"形成科学有效的利益协调机制、诉求表达机制、矛盾调处机制、权益保障机制……搭建多种形式的沟通平台，把群众利益诉求纳入制度化、规范化、法治化的轨道"③。

4. 进一步完善信息通报制度

在城乡结合部社会治理质量风险防范过程中，及时准确通报质量风险信息是有效化解质量风险的重要前提。"行政机关应当建立健全政府信息发布协调机制"，"应急预案、预警信息及应对情况"应是政府信息公开的重要内容。④ 按照信息通报的传递方向，可以分为上行信息通报，平行信息通报以及下行信息通报三种。

（1）上行信息通报。上行信息通报是将城乡结合部社会治理质量风

---

① 胡锦涛：《坚定不移沿着中国特色社会主义道路前进　为全面建成小康社会而奋斗——在中国共产党第十八次全国代表大会上的报告》，人民出版社 2012 年版，第 53—54 页。

② 习近平：《决胜全面建成小康社会　夺取新时代中国特色社会主义伟大胜利——在中国共产党第十九次全国代表大会上的报告》，人民出版社 2017 年版，第 49 页。

③ 《中共中央关于构建社会主义和谐社会若干重大问题的决定》，人民出版社 2006 年版，第 27—28 页。

④ 《中华人民共和国政府信息公开条例》，人民出版社 2007 年版，第 5—7 页。

险信息上报至上级党组织和政府部门。信息通报内容包括:风险评估时间、风险评估等级、风险预计后果、可采取的应对措施、风险治理结果、需要上级组织协调和支援的事项,等等。尤其是对城乡结合部社会治理质量风险预判为 I 级质量风险时,必须在第一时间向上级党委政府汇报,并把问责结果和实施预案跟进汇报。

(2)平行信息通报。平行信息通报是将社会治理质量风险信息传递至城乡结合部的周边乡镇、农村等,以防止城乡结合部社会治理质量风险蔓延。平行信息通报内容主要包括:风险评估时间、风险评估等级、风险预计后果、需要周边乡镇、城乡结合部、农村等协同治理的信息事项,等等。

(3)下行信息通报。下行信息通报是将社会治理质量风险信息传递至城乡结合部多元治理主体,尤其是城乡结合部社会组织与公民大众。下行信息通报的主要内容包括:风险评估时间、风险评估等级、风险预案、问责结果、整改措施,等等。下行信息通报,一定要遵循"以公开为原则,不公开为例外"[①] 的政府信息公开原则,尽可能让城乡结合部多元治理主体在第一时间获得相关信息。如果相关部门不能及时公布城乡结合部社会治理质量风险的相关信息,那就会谣言四起,出现"真相还在穿鞋,谣言已跑遍地球"的严峻局面。对一些复杂信息还要遵循信息传递的规律,抓住时机,依据相关程序依法及时公布,以便澄清谣言,正确引导城乡结合部社会舆论。

二 城乡结合部社会治理质量 II 级风险预案

城乡结合部社会治理质量风险为 II 级、III 级、IV 级时,应及时启动 II 级风险预案。II 风险预案内容主要包括主要质量风险问题分析、社会治理能力提升、信息通报、风险治理协同和奖惩五个部分。

(一)启动

当城乡结合部社会治理质量风险为 II 级、III 级、IV 级时,城乡结合部社会治理质量风险防范委员会应当迅速启动 II 级风险预案。

[①] 《中华人民共和国政府信息公开条例》,人民出版社 2007 年版,第 19—20 页。

（二）预案内容

1. 主要治理质量风险问题分析

受党委政府委托，城乡结合部社会治理质量风险防范委员会具体负责城乡结合部主要质量风险问题分析工作。

（1）"城乡结合部社会治理质量评估课题组"向城乡结合部社会治理质量风险防治委员会汇报城乡结合部社会治理质量评估结果，分析城乡结合部主要社会治理质量风险。

（2）明确与城乡结合部社会治理主要质量风险直接相关的治理主体。

（3）要求城乡结合部治理质量风险相关治理主体对质量风险问题自查自纠。

（4）要求与城乡结合部社会治理主要质量风险直接相关的治理主体共同拟定风险应对方案和职责分工。

2. 社会治理能力提升

城乡结合部社会治理能力提升主要包括城乡结合部单个社会治理主体能力提升和城乡结合部共建共治共享型合作治理共同体治理能力提升两方面。

（1）城乡结合部单个社会治理主体能力提升。建设学习型党组织，通过对党纲党章以及先进党组织的学习，明确城乡结合部党组织能力要求与建设目标，提升党组织统领全局和组织发展能力。村（居）民委员会要做好人民群众利益代言人，提升自治能力；提升协调能力，积极发挥村（居）委员会向当地基层政府、街道办事处、相邻城乡结合部、农村寻求风险治理协同支持的能力；依法办事、廉洁自律、树立良好的形象。当地基层政府、街道办事处应进一步提升办事效率、加强廉政建设、提升服务能力；鼓励和支持城乡结合部社会组织建设与发展，扶持龙头社会组织；进一步提升城乡结合部公共产品、公共服务供给能力，及时反映不同群体的利益诉求。城乡结合部居民要积极关注城乡结合部社会治理状况，了解相关方针、政策，通过系列教育培训活动，进一步提升公众参与城乡结合部社会治理能力。在全面"打造共建共治共享的社会治理格局"的新时代，城乡结合部要高度重视"加强社会心理服务体系建设,培育自尊自信、理性平和、积极向上的社会心态"①。

(2) 城乡结合部共建共治共享型合作治理共同体治理能力提升。城乡结合部社会治理质量风险防治必须按照进一步构建和完善"五位一体"社会治理体制的要求,确定城乡结合部发展目标,通过目标引领各治理主体能量聚合,加快形成多元社会治理主体共建共治共享的合作治理共同体格局。要进一步健全多元主体的决策参与机制、协商合作机制、利益协调机制、纠纷化解机制、对话沟通机制、共享机制、监督评估机制,进一步推动多元治理主体间的有机衔接和良性互动,加快构建共建共治共享型合作治理共同体。城乡结合部多元合作社会治理共同体治理能力就是城乡结合部多元合作治理主体共建共治共享的能力。

在二级预案实施过程中,信息通报、风险治理协同和奖惩等流程与一级预案略同。

三　城乡结合部社会治理质量风险Ⅲ级预案

城乡结合部社会治理质量风险为Ⅴ级时,应启动Ⅲ级风险预案。由于Ⅴ治理质量风险是非常小的质量风险,所以城乡结合部社会治理质量Ⅴ风险预案主要在于对治理经验的总结与进一步提升治理能力。为此,城乡结合部Ⅴ级质量风险预案的主要内容包括城乡结合部社会治理防治经验总结、社会治理质量评估指标体系完善、社会治理质量风险预案优化、信息报送,等等。

(一) 启动

当城乡结合部社会治理质量风险为Ⅴ级时,城乡结合部社会治理质量风险防治委员会应启动Ⅲ级风险预案。

(二) 预案内容

Ⅲ级预案内容主要包括改进城乡结合部社会治理质量风险防范薄弱环节、总结城乡结合部社会治理质量风险防范经验、完善城乡结合部社会治理质量评估指标体系、优化城乡结合部社会治理质量风险预案,以及奖惩五个部分。

---

① 习近平:《决胜全面建成小康社会　夺取新时代中国特色社会主义伟大胜利——在中国共产党第十九次全国代表大会上的报告》,人民出版社 2017 年版,第 49 页。

1. 改进城乡结合部社会治理质量风险防范薄弱环节

根据城乡结合部社会治理质量风险评估结果，查找城乡结合部社会治理薄弱环节，并责成城乡结合部相关治理主体对治理薄弱环节进行改进与完善。

2. 总结城乡结合部社会治理质量风险防范经验

根据城乡结合部社会治理质量评估结果，总结当前城乡结合部社会治理质量风险防范经验，提炼城乡结合部社会治理创新机制、路径、模式以及风险应对经验等，为提升其他城乡结合部社会治理质量提供可参考范本，同时也为城乡结合部可持续治理奠定坚实的基础。

3. 完善城乡结合部社会治理质量评估指标体系

从战略发展的角度对城乡结合部社会治理提出更高的质量要求，同时对相应的城乡结合部社会治理质量评估指标进行优化，删减过时的评估指标，增添具有战略指导意义和发展指向性的指标，以更好地对城乡结合部社会治理质量进行追踪测评。

4. 优化城乡结合部社会治理质量风险预案

虽然城乡结合部社会治理 V 级质量风险在一定时间内不足为惧，但千里之堤毁于蚁穴，社会治理要防患于未然，对这些小的风险点也不能掉以轻心。根据完善后的城乡结合部社会治理质量评估指标体系对现有的城乡结合部社会治理质量风险预案进行优化调整，前瞻性地增添城乡结合部未来发展中可能存在的新风险，并针对潜在的新风险采取有效措施与前瞻性预案。

5. 奖惩

城乡结合部区域往往是利益冲突与社会矛盾的多发区、易发区。一些城乡结合部社会治理质量风险仅为 V 级弱小风险，就说明城乡结合部多元社会治理，尤其是城乡结合部党组织、行政组织、自治组织对城乡结合部进行了精细化治理，功不可没。为此，非常有必要对在城乡结合部社会治理质量风险防范中做出突出贡献的组织和个人进行表彰与奖励。

我国城乡结合部数量巨大，规模与特征各异，所处区域经济社会状况、人口构成、风俗习惯等也不尽相同。因而，各城乡结合部所面临的社会治理质量风险也不尽相同，也不可能有包治百病的应对预案。本章所制定的质量风险预案，迫切需要结合城乡结合部当地实际情况，并将社会治理质量风险应对举措明确到具体的负责人和完成的时间节点,再加之严格依法追责,才能保证质量风险预案真正起到有效化解城乡结合部社会治理质量风险的作用。同时,在风险预案的设计上要坚持"未经评估的预案是无效的预案","未经过演练的预案是低效的预案"的理念。① 城乡结合部社会治理质量风险预案的设计与实施,要充分彰显"使命导向"与"问题导向"的有机统一,切实从评估和演练两个方面检验预案的编制质量与实施效果,切实发挥社会治理质量风险预案有效应对和化解城乡结合部社会质量风险,加快推动城乡结合部高质量发展与社会和谐的作用。

---

① 钟开斌:《中国应急预案体系建设的四个基本问题》,《政治学研究》2012 年第 6 期。

结　　语

作为既不同于城市，又不同于农村的城乡混合区域，城乡结合部普遍存在着党组织涣散、利益冲突加剧、社会关系复杂、管理混乱、文化异质性大、潜在风险多等问题。这些问题已成为实现人民美好生活需要的"拦路虎"和"绊脚石"。城乡结合部的特殊位置与复杂情势决定着它在快速城市化进程中的利益冲突与社会矛盾更加尖锐复杂，潜在的不和谐因素诱发社会群体性事件的概率更大，一直是我国社会治理中的重点、难点与焦点区域。

城乡结合部本身也是城市化的产物，在一定程度上也对城市化有着重要的支撑作用。快速城市化的历史与现实证明，城乡结合部是中国特色城市化进程中一个无法绕过也无法回避的问题。如何有效治理城乡结合部，是党委政府和学术界一直致力解决却一直无法解决的老大难问题。当前，我国在城乡结合部社会治理实践中明显缺乏顶层设计，还没有从根本上走出"维稳"的怪圈，社会治理创新所面临的困境依然严峻。究竟如何有效治理城乡结合部，还依然在不断地探索与总结中。

在对城乡结合部潜在的不和谐因素进行分析总结的基础上，我们认为，应以公园城市为顶层设计理念，应以打造"共建共治共享社会治理共同体"为关键点，以社会治理质量评估为"抓手"，积极探索城乡结合部社会治理路径创新。

有效解决城乡结合部问题，必须把城乡结合部社会治理放在我国加快推进统筹城乡与城乡融合的大局中考虑。要从顶层设计上统筹规划城乡空间，防止再出现"摊大饼"式的城市膨胀。城市发展到了今天，要克服以"量"取胜的跨越式发展模式，而要更加注重城市发展的"质"。

我们认为，集生产、生活、生态于一体的现代公园城市是从整体上消融城乡结合部，实现城乡深度融合和高质量发展的顶层设计与总体方案。

解决城乡结合部社会治理的现实困境，必须从社会治理体制上将全民共建共治共享纳入整个社会治理格局，构建一个多元主体共治的社会合作治理共同体，这是破解城乡结合部社会治理困境的关键点。

在城乡结合部社会治理质量评估的基础上，对城乡结合部社会治理创新实践进行系统总结与深入研究，有助于提炼我国城乡结合部社会治理创新理论，丰富中国特色社会治理创新理论与社会主义和谐社会建设理论。在追踪城乡结合部社会治理创新实践中构建中国特色的城乡结合部社会治理质量评估指标体系，并在此基础上创新城乡结合部社会治理新路径，这对于有效化解城乡结合部社会风险、预警社会群体性事件，实现城乡结合部经济发展与社会和谐有机统一等方面有着重要的现实意义。

长期以来，城乡结合部社会治理创新乏力，一个非常重要的原因就在于没有树立以治理质量为目标的治理导向。城乡结合部社会治理创新活动就是要千方百计提升城乡结合部社会治理质量，不断提升城乡结合部人民群众的获得感、归属感与幸福感，不断满足城乡结合部人民日益增长的美好生活需要。因此，以城乡结合部社会治理质量评估为抓手，构建城乡结合部社会治理质量评估指标体系是创新城乡结合部社会治理路径的重要突破口。在打造城乡结合部多元合作治理共同体的基础之上，明确城乡结合部社会治理质量评估指标体系的主要维度与各级指标。通过城乡结合部社会治理质量评估指标体系的构建与运行，一方面能有效发展与完善城乡结合部合作治理共同体，增强城乡结合部社会治理能力，提升城乡结合部社会治理质量；另一方面也能为城乡结合部社会治理质量风险等级评估与预案设置提供坚实的基础。

完成城乡结合部社会治理质量评估并不意味着城乡结合部社会治理创新流程的结束，还需要对城乡结合部社会治理质量风险进行评估，并根据风险等级进行分类治理，才能进一步提升城乡结合部社会治理质量，进而全面推进城乡结合部高质量发展。首先，要构建和完善包括城乡结合部社会治理质量风险防范主体、社会治理质量风险防范预案、社会治理质量风险防范流程在内的城乡结合部社会治理质量风险防范体系。其次，要按照城乡结合部社会治理质量评估确定的"优秀""良好""中等""合格""较差"五个等级，相应地将城乡结合部社会治理质量风险划分为五个等级，即Ⅰ级（严重）、Ⅱ级（较重）、Ⅲ级（一般）、Ⅳ级（轻微）和Ⅴ级（可忽略）。再次，要从城乡结合部社会治理质量视角出发，根据城乡结合部社会治理质量风险的不同等级以及不同警情，对现有预案进行整合与创新。根据城乡结合部社会治理质量风险等级及其风险治理响应程度，课题组把城乡结合部社会治理质量风险预案分为Ⅰ级预案、Ⅱ级预案和Ⅲ级预案。

我国城乡结合部数量巨大，规模与特征各异，所处区域经济社会状况、人口构成、风俗习惯也不尽相同。因而，各城乡结合部所面临的社会治理质量风险也不尽相同，不可能有包治百病的应对预案。我们所制定的质量风险预案，迫切需要结合城乡结合部的实际情况，并将质量风险应对举措明确到相关责任主体和完成节点，严格依法追责。城乡结合部社会治理质量风险预案的设计与实施，要从评估和演练两个方面检验预案的编制质量与实施效果，切实以治理质量风险预案的有效应对与质量风险的科学化解为着力点，进一步促进城乡结合部社会和谐，加快推进城乡结合部高质量发展。

以公园城市为顶层设计，以共建共治共享为治理逻辑，以打造共建共治共享社会治理共同体为关键点，以社会治理质量评估为突破口，以社会治理质量风险防范为着力点，全面推进城乡结合部社会治理路径创新，这对于建设好美丽中国和深入推进国家治理体系和治理能力现代化都有着重要的理论和现实意义。

附　　录

国家社科基金项目 访问者编号：

样本编号：

城乡结合部社会管（治）理路径创新调查

朋友：您好！

　　我们是四川大学国家社科基金项目"城乡结合部社会管（治）理路径创新"项目组派出的调查员。为客观反映我国城乡结合部社会管（治）理现状，全面提升城乡结合部治理质量，实现城乡结合部经济发展与社会和谐稳定有机统一，四川大学公共管理学院特组织了本次问卷调查。

　　本问卷采用无记名方式进行填写，请不要有任何顾虑。希望您在百忙之中认真填答问卷，您的回答受到《统计法》的保护，我们将为您保密。

　　衷心感谢您的合作！

城乡结合部社会管（治）理路径创新课题项目调查组

年　　月　　日

调研人：＿＿＿＿＿＿＿

调研时间：＿＿＿＿＿＿＿

城乡结合部社会管（治）理路径创新问卷调查

A. 基本情况

A1. 您的年龄：

1. 20 岁以下

2. 21 岁—30 岁

3. 31 岁—40 岁

4. 41 岁—50 岁

5. 51 岁以上

A2. 您的性别：

1. 男

2. 女

A3. 您的文化程度：

1. 小学及以下

2. 初中

3. 高中、中专

4. 大专

5. 本科及以上

A4. 您的政治面貌：

1. 中共党员

2. 团员

3. 民主党派

4. 一般群众

A5. 您的就业类型：

1. 党政机关

2. 国有企业

3. 事业单位（教育、卫生）

4. 打工

5. 务农

6. 做小生意

7. 闲置在家

8. 其他

A6. 您的月收入约为：

1. 2000 元以下

2. 2001—3500 元

3. 3501—5000 元

4. 5000 元以上

A7. 您的户口类型是：

1. 本地农业户口

2. 本地城镇户口

3. 外地农业户口

4. 外地城镇户口

5. 无户口

B. 城乡结合部社会管（治）理现状

B1. 您对当地基本公共服务是否满意？

公共服务内容	满意	一般	不满意
1. 义务教育			
2. 基本医疗			
3. 社会保障			
4. 就业服务			
5. 保障性住房			
6. 基础设施（道路、花园、公共厕所等）			

B2. 您的生命财产安全在辖区内有保障吗？

1. 有保障

2. 一般

3. 没有保障

B3. 您身边的社会治安问题非常严重的有哪些？第一（　）第二
（　）第三（　）

1. 盗窃或抢劫

2. 赌博

3. 吸毒

4. 卖淫嫖娼

5. 打架或斗殴

6. 黑恶势力

B4. 您长期在外打工，是否会就近找一个临时性伴侣？

1. 会

2. 不会

B5. 辖区内存在哪些严重的环境污染问题？第一（　　）第二（　　）第三（　　）

1. 空气污染

2. 噪声污染

3. 水污染

4. 土壤污染

5. 固体垃圾污染

B6. 您认为辖区干部主要存在哪些方面的问题？第一（　　）第二（　　）第三（　　）

1. 以权谋私

2. 贪污受贿

3. 生活作风腐化（乱搞男女关系）

4. 玩忽职守

5. 摆架子

6. 不亲民

B7. 您身边的基层干部在工作中存在哪些主要问题？第一（　　）第二（　　）第三（　　）

1. 责任心不强，缺乏服务意识

2. 工作方法简单粗暴

3. 不关注百姓需求

4. 工作效率不高

5. 对关系户特殊照顾

B8. 您所在辖区主要存在哪些不和谐因素？

不和谐因素	存在/不存在（如果存在，请打√）
1. 社会保障不完善	
2. 土地管理混乱	
3. 文化冲突（生活观念、风俗习惯等）	
4. 社会管理混乱	
5. 缺乏规划	
6. 干群关系紧张	
7. 公共服务不到位	
8. 法律、法规不健全	

B9. 您在就业中迫切需要解决哪些问题？第一（ ）第二（ ）第三（ ）

1. 岗位供给

2. 业务技能

3. 就业指导

4. 法律援助

B10. 您家土地是否被征收（流转）？

1. 是

2. 否

B11. 辖区对土地的征收主要采取哪些方式？

1. 政府强制拆迁

2. 黑社会或社会闲杂人员组织拆迁

3. 模拟拆迁（根据群众意愿，决定拆与不拆，把拆的主动权、知情权、选择权交给群众，民意比例决定拆迁走向）

4. 不清楚

B12. 您获得安置补偿后，下一步打算如何生活？

1. 继续从事现在工作

2. 用安置款创业

3. 靠出租房子生活

4. 生活有保障，不工作

5. 还没打算

B13. 您长期在外打工，是否会就近找一个临时性伴侣？

1. 会

2. 不会

C. 城乡结合部社会管理路径创新

C1. 您认为城乡结合部密切党群、干群关系的方式主要有哪些？第一（　）第二（　）第三（　）

1. 学习、践行党的群众路线

2. 严格实行党务、村务公开

3. 重大问题群众听证

4. 干部工作群众评议

5. 组织内容丰富的文体活动

C2. 您认为辖区完善基本公共服务的办法有哪些？第一（　）第二（　）第三（　）

1. 实施城乡一体化的基本公共服务标准

2. 加大政府对基本公共服务的财政投入

3. 在城乡结合部设立专门的公共服务站（便民服务站、点）

4. 探索财政购买基本公共服务的方式方法

C3. 您认为辖区在进一步完善社会管理上有哪些路子？第一（　）第二（　）第三（　）

1. 形成党委领导、政府负责、公民参与、社会协同、法治保障的社会管理格局

2. 大力培育城乡结合部经济社会合作组织

3. 创新城乡结合部社会风险评估体制机制

4. 增强公民教育，提高辖区公民参政议政能力

5. 发展城乡结合部公共文化

C4. 土地流转后，辖区农业应该如何发展？第一（　）第二（　）第三（　）

1. 大力发展农民专业合作社

2. 培育现代农业生产基地

3. 大力发展乡村观光农业

4. 大力发展乡村旅游

C5. 您认为政府应当如何促进创业就业？第一（　）第二（　）第三（　）

1. 健全创业、就业、再就业激励政策

2. 规范劳动力市场

3. 拓宽创业、就业信息渠道

4. 对失地农民进行技能培训

5. 大力发展产业，推进产城一体化

6. 鼓励自主创业

C6. 您认为完善城乡结合部流动人口管理最有效的措施有哪些？第一（　）第二（　）第三（　）

1. 流动人口档案信息化管理

2. 设立流动人口协管服务站

3. 加强出租房的管理

4. 对流动人口进行就业指导培训

5. 流动人口待遇当地化

C7. 在参与村务或社区事务管理中，您认为哪些民主参与方式是重要的？第一（　）第二（　）第三（　）

1. 重大问题决策听证

2. 党务、政务公开

3. 直选村、居干部

4. 议事会代表群众进行决策监督

5. 网络参与（微博、政府网站）

C8. 您参加过或正在参与哪些社会组织？

组织名称	有/没有	参与/未参与	是否能够发挥效能
1. 村（居）民代表大会			
2. 村（居）民议事会			
3. 村（居）民监事会			
4. 村（居）民委员会			

组织名称	有/没有	参与/未参与	是否能够发挥效能
5. 业主委员会			
6. 农民专业合作社			
7. 其他社会组织			

C9. 您认为辖区内的社会组织能发挥哪些作用？第一（　）第二（　）第三（　）

1. 保障群众权益

2. 管理辖区事务

3. 调解纠纷

4. 影响辖区内重大决策

5. 反映民意

6. 监督村（居）两委的工作

C10. 在参与村务或社区事务管理中，您认为哪些民主参与方式是重要的？第一（　）第二（　）第三（　）

1. 重大问题决策听证

2. 党务、政务公开

3. 直选村、居干部

4. 议事会代表群众进行决策监督

5. 网络参与（微博、政府网站）

C11. 您认为应从哪些方面发展辖区社会组织？第一（　）第二（　）第三（　）

1. 政策激励

2. 依法管理

3. 加大孵化、培育的资金投入力度

4. 创新政府购买社会组织服务的方式方法

5. 加强社会组织之间的合作

C12. 您清楚模拟搬迁吗？

1. 清楚

2. 不太清楚

3. 没听说过

C13. 您若搬迁，您愿意接受模拟搬迁吗？

1. 愿意

2. 不愿意

C14. 您认为下面哪些措施可以有效化解社会矛盾？第一（　）第二（　）第三（　）

1. 重要事情举行听证

2. 依法管理、依法自治

3. 党务村务公开

4. 社会稳定风险评估

5. 模拟搬迁

C15. 您近年来对辖区最期待的事情是什么？第一（　）第二（　）第三（　）

1. 收入增加

2. 居住环境改善

3. 完善基础设施建设

4. 教育公平

5. 提高社会保障水平

6. 工作稳定

7. 加大反腐力度

C16. 您对城乡结合部的建设还有什么好的建议？

_____

_____

_____

问卷到此结束，感谢您参与此次调查！

参考文献

一 中文文献

（一）著作

［法］阿兰·佩雷菲特：《官僚主义的弊害》，孟鞠如等译，商务印书馆
　　1981年版。

［美］彼得·布劳：《社会生活中的交换与权力》，孙非、张黎勤译，华夏
　　出版社1987年版。

［美］保罗·A.萨巴蒂尔：《政策过程理论》，彭宗超等译，生活·读
　　书·新知三联书店2004年版。

［美］巴林顿·摩尔：《民主和专制的社会起源》，拓夫等译，华夏出版社
　　1987年版。

陈奇星：《行政监督论》，上海人民出版社2001年版。

陈斯喜：《中国基层群众自治制度》，中国民主法治出版社2009年版。

蔡秀玲：《中国城镇化进程中城乡结合部"准市民"包容性发展研究》，
　　经济科学出版社2017年版。

［英］达尔夫·达人道夫：《现代社会冲突》，林荣远译，中国社会科学出
　　版社2000年版。

［美］道格拉斯·C.诺斯：《经济史上的结构和变革》，厉以平译，商务
　　印书馆1992年版。

［美］道格拉斯·C.诺思：《经济史中的结构与变迁》，陈郁等译，上海
　　三联书店、上海人民出版社1994年版。

［美］道格拉斯·C.诺思：《制度、制度变迁与经济绩效》，刘守英译，
　　上海三联书店1994年版。

《邓小平文选》第1—3卷，人民出版社1994年版。

［美］杜赞奇：《文化、权力与国家》，王福明译，江苏人民出版社2003年版。

范逢春：《县级政府社会治理质量测度标准研究》，中国人民大学出版社2015年版。

［美］F. J. 古德诺：《政治与行政》，王元译，华夏出版社1987年版。

［美］弗里蒙特·E. 卡斯特等：《组织与管理》，傅严等译，中国社会科学出版社2000年版。

冯晓英、魏书华、陈孟平：《由城乡分治走向统筹共治——中国城乡结合部管理制度创新研究》，中国农业出版社2007年版。

［美］费正清等：《中国：传统与变革》，陈仲丹等译，江苏人民出版社1992年版。

谷更有：《唐宋国家与乡村社会》，中国社会科学出版社2006年版。

高新军：《美国地方政府治理》，西北大学出版社2007年版。

龚祥瑞：《比较宪法与行政法》，法律出版社1985年版。

［美］盖伊·彼得斯：《政府未来的治理模式》，吴爱民等译，中国人民大学出版社2001年版。

［德］哈贝马斯：《公共领域的结构转型》，曹卫东译，学林出版社1999年版。

［美］赫伯特·西蒙：《管理行为：管理组织决策过程的研究》，杨砾等译，北京经济学院出版社1988年版。

胡锦涛：《高举中国特色社会主义伟大旗帜　为夺取全面建设小康社会新胜利而奋斗——在中国共产党第十七次全国代表大会上的报告》，人民出版社2007年版。

胡锦涛：《坚定不移沿着中国特色社会主义道路前进　为全面建成小康社会而奋斗——在中国共产党第十八次全国代表大会上的报告》，人民出版社2012年版。

［美］汉密尔顿、杰伊、麦迪逊：《联邦党人文集》，程逢如等译，商务印书馆1980年版。

韩美群：《和谐文化论》，中国社会科学出版社2010年版。

［美］亨廷顿：《变革社会中的政治秩序》，李盛平译，华夏出版社1988

年版。

贺雪峰：《乡村治理的社会基础》，中国社会科学出版社 2003 年版。

［英］哈耶克：《自由秩序原理》（上），邓正来译，生活·读书·新知三联书店 1997 年版。

［美］加布里埃尔·A. 阿尔蒙德等：《公民文化：五国的政治态度和民主制》，徐湘林等译，华夏出版社 1989 年版。

［美］加布里埃尔·A. 阿尔蒙德、小鲍威尔：《比较政治学：体系、过程与政策》，曹沛霖等译，译文出版社 1987 年版。

［美］加里沃塞曼：《美国政治基础》，陆震伦等译，中国社会科学出版社 1994 年版。

［美］詹姆斯·M. 伯恩斯等：《民治政府：美国政府与政治》，吴爱明等译，中国人民大学出版社 2007 年版。

［美］吉尔伯特·罗兹曼：《中国的现代化》，国家社会科学基金"比较现代化"课题组译，沈宗美校，江苏人民出版社 1988 年版。

金观涛、刘青峰：《开放中的变迁：再论中国社会超稳定结构》，法律出版社 2011 年版。

［英］J. S. 密尔：《代议制政府》，汪瑄译，商务印书馆 1982 年版。

金太军：《村庄治理与权力结构》，广东人民出版社 2008 年版。

江泽民：《全面建设小康社会 开创中国特色社会主义新局面——在中国共产党第十六次全国代表大会上的讲话》，人民出版社 2002 年版。

［美］科恩：《论民主》，聂崇信、朱秀贤译，商务印书馆 1988 年版。

［美］科斯等：《财产权利与制度变迁——产权学派与新制度经济学派译文集》，上海三联书店、上海人民出版社 1994 年版。

［美］罗伯特·A. 达尔：《现代政治分析》，王沪宁等译，译文出版社 1987 年版。

［美］罗伯特·D. 帕特南：《使民主运转起来》，王列、赖海榕译，江西人民出版社 2001 年版。

［美］理查德·C. 博克斯：《公民治理：引领 21 世纪的美国社区》，孙柏瑛译，中国人民大学出版社 2005 年版。

卢福营：《当代浙江乡村治理研究》，科学出版社 2011 年版。

［英］洛克：《政府论》（上、下），瞿菊农、叶启芳译，商务印书馆 1964

年版。

吕康娟：《大城市与城乡结合部社会经济效益协同耦合研究》，经济科学出版社 2012 年版。

《列宁选集》第 1—2 卷，人民出版社 1995 年版。

罗荣渠：《现代化新论》，北京大学出版社 1993 年版。

［法］卢梭：《论人类不平等的起源和基础》，李常山译，商务印书馆 1962 年版。

［法］卢梭：《社会契约论》，何兆武译，商务印书馆 2003 年版。

［英］罗素：《权力论》，靳建国译，东方出版社 1988 年版。

林尚立：《当代中国政治形态研究》，天津人民出版社 2000 年版。

柳新元：《利益冲突与制度变迁》，武汉大学出版社 2002 年版。

林毓生：《中国传统的创造性转化》，生活·读书·新知三联书店 1988 年版。

刘泽华、张荣明等：《公私观念与中国社会》，中国人民大学出版社 2003 年版。

［法］孟德斯鸠：《论法的精神》，张雁深译，商务印书馆 1959 年版。

迈克尔·豪利特，M. 拉米什：《公共政策研究：政策循环与政策子系统》，庞诗等译，生活·读书·新知三联书店 2006 年版。

《马克思恩格斯选集》第 1—4 卷，人民出版社 1995 年版。

［德］马克斯·韦伯：《经济与社会》（上卷），林荣远译，商务印书馆 1997 年版。

《毛泽东选集》第 1—4 卷，人民出版社 1991 年版。

彭勃：《乡村治理：国家介入与体制选择》，中国社会出版社 2002 年版。

［法］皮埃尔·卡兰默：《破碎的民主》，庄晨燕译，生活·读书·新知三联书店 2005 年版。

潘小娟：《中国基层社会重构：社区治理研究》，中国法制出版社 2004 年版。

钱乘旦等：《世界现代化进程》，南京大学出版社 1997 年版。

任中平：《四川省基层民主政治建设的制度创新研究》，中国社会科学出版社 2010 年版。

孙柏瑛：《当代地方治理》，中国人民大学出版社 2004 年版。

孙立平：《博弈：断裂社会的利益冲突与和谐》，社会科学文献出版社 2006 年版。

［美］S. M. 李普塞特：《政治人：政治的社会基础》，张绍宗译，上海人民出版社 1997 年版。

萨孟武：《中国社会政治史》，台湾三民书局 1983 年版。

《十四大以来重要文献选编》（上），人民出版社 1996 年版。

［美］萨托利：《民主新论》，冯克利等译，东方出版社 1998 年版。

《十五大以来重要文献选编》（上册），人民出版社 2000 年版。

单勇：《城乡结合部的犯罪聚集规律与空间防控研究：基于地理信息系统的应用》，法律出版社 2017 年版。

史云贵：《中国基层社会治理机制创新研究》，天津人民出版社 2015 年版。

《孙中山选集》，人民出版社 1981 年版。

托克维尔：《论美国的民主》（下），董果良译，商务印书馆 1988 年版。

［美］特里·L. 库珀：《行政伦理学：实现行政责任的途径》，张秀琴译，中国人民大学出版社 2001 年版。

童星：《中国转型期的社会风险及其识别》，南京大学出版社 2007 年版。

王邦佐等：《居委会与社区治理：城市社区居民委员会组织研究》，上海人民出版社 2003 年版。

［美］吴量福：《运作、决策、信息与应急管理：美国地方政府管理实例研究》，天津人民出版社 2004 年版。

［美］文森·特奥斯特罗姆、罗伯特·比什、埃莉诺·奥斯特罗姆：《美国地方政府》，井敏等译，北京大学出版社 2004 年版。

王巍：《社区治理结构变迁中的国家与社会关系研究：以盐田区为研究个案》，中国社会科学出版社 2009 年版。

王伟光、郭宝平：《社会利益论》，人民出版社 1988 年版。

王亚南：《中国官僚政治研究》，中国社会科学出版社 1981 年版。

吴志华、翟桂萍、汪丹：《大都市社区治理研究——以上海为例》，复旦大学出版社 2008 年版。

习近平：《决胜全面建成小康社会　夺取新时代中国特色社会主义伟大胜利——在中国共产党第十九次全国代表大会上的报告》，人民出版社

2017 年版。

徐勇：《乡村治理与中国政治》，中国社会科学出版社 2003 年版。

徐勇：《现代国家、乡土社会与制度建构》，中国物资出版社 2009 年版。

许义平、李慧凤：《社区合作治理实证研究》，中国社会出版社 2009 年版。

[美] 约翰·克莱顿·托马斯：《公共决策中的公民参与：公共管理者的新技能与新策略》，孙柏瑛等译，中国人民大学出版社 2005 年版。

叶剑平：《中国城乡结合部地区土地利用困境：路径择决与机制设计》，中国经济出版社 2012 年版。

于建嵘：《岳村政治：转型期中国乡村政治结构的变迁》，商务出版社 2001 年版。

于建嵘：《抗争性政治：中国政治社会学基础问题》，人民出版社 2010 年版。

于建嵘：《底层立场》，上海三联书店 2011 年版。

[古希腊] 亚里士多德：《政治学》，吴寿彭译，商务印书馆 1965 年版。

姚永玲：《北京市城乡结合部管理研究》，中国人民大学出版社 2010 年版

余钟夫：《北京市城乡结合部问题研究》，北京出版社 2010 年版。

郑功成：《科学发展与共享和谐：民生视角下的和谐社会》，人民出版社 2006 年版。

《中国新农村建设：乡村治理与乡镇政府改革》，中国经济出版社 2006 年版。

《十四大以来重要文献选编》（中），人民出版社 1997 年版。

《中共中央关于构建社会主义和谐社会若干重大问题的决定》，人民出版社 2006 年版。

郑杭生：《转型中的中国社会和中国社会的转型》，首都师范大学出版社 1996 年版。

张霁雪：《城乡结合部的社会样态与空间实践》，中国社会科学出版社 2014 年版。

张康之：《走向合作的社会》，中国人民大学出版社 2015 年版。

[美] 詹姆斯·W. 费斯勒；唐纳德·F. 凯特尔：《行政过程的政治——公共行政学新论》陈振明等译，中国人民大学出版社 2002 年版。

［美］珍妮特·V. 登哈特、罗伯特·B. 登哈特：《新公共服务：服务，而不是掌舵》，丁煌译，中国人民大学出版社 2004 年版。

张宇燕：《经济发展与制度选择：对制度的经济分析》，中国人民大学出版社 1992 年版。

（二）期刊

陈辉：《基于社会稳定的城市基层治理研究》，《理论探讨》2009 年第 4 期。

陈捷：《共通性社会资本与特定性社会资本——社会资本与中国的城市基层治理》，《社会学研究》2009 年第 6 期。

陈捷：《社会信任与基层社区治理效应的因果机制》，《社会》2011 年第 6 期。

常建勇、李水金：《城乡结合部"封闭式社区化管理"的困境及治理途径研究》，《中国行政管理》2017 年第 8 期。

陈晶、张磊：《城乡结合部农村居民点演变机制与案例分析——新制度主义视角的研究》，《城市发展研究》2014 年第 9 期。

崔明明：《北京市城乡结合部城中村改造问题探究》，《农业经济》2012 年第 5 期。

陈朋：《虚拟社会背景下的上海社区治理创新》，《科学发展》2013 年第 2 期。

陈兆旺：《从社区治理到公民治理——中国城市社区治理的应然逻辑》，《行政与法》2013 年第 4 期。

董万好：《上海城乡结合部社会管理现状调查及财政政策建议》，《地方财政研究》2013 年第 8 期。

范小西：《当代西方基层社会治理新理论及对我国社区建设的启示》，《晋阳学科》2009 年第 3 期。

冯志伟、刘志松：《我国古代乡土权威的基层社会治理功能》，《天府新论》2012 年第 6 期。

桂华：《中国基层社会治理的正当性危机——基于若干案例的讨论》，《中共杭州市委党校学报》2011 年第 1 期。

甘信奎：《中国农村治理模式的历史演变及未来走向》，《江汉论坛》2007 年第 12 期。

胡宝荣、李强：《城乡结合部与就地城镇化：推进模式和治理机制》，《人文杂志》2014 年第 10 期。

黄宝荣、张慧智：《城乡结合部人—环境系统关系研究综述》，《生态学报》2012 年第 23 期。

黄宝荣、张慧智、王学志：《城市扩张对北京市城乡结合部自然和农业景观的影响——以昌平区三镇为例》，《生态学报》2014 年第 22 期。

黄海平：《城镇化道路上的夹层：城乡结合部"村改居"社区考察》，《华南农业大学学报（社会科学版）》2016 年第 6 期。

何水：《基层公论：基层社会治理的制度创新》，《管理现代化》2008 年第 4 期。

姜爱华、马静：《北京市城乡结合部社会保障的问题与对策研究》，《中国行政管理》2012 年第 8 期。

孔祥利：《城乡结合部政府治理转型的困境与突围——以北京市为重点观察对象》，《湖南社会科学》2012 年第 2 期。

刘安：《农村基层社会的治理创新——以南京市六合区"赵坝农民议会"为例》，《学习与探索》2010 年第 6 期。

李安增：《社会主义和谐社会视角下的中国基层政府治理》，《政治学研究》2008 年第 2 期。

李德虎：《城乡结合部转型社区治理中政府角色的困境与调适》，《内蒙古社会科学（汉文版）》2016 年第 5 期。

林建：《基层群众自治制度：社会主义民主政治理论与实践的新突破》，《科学社会主义》2010 年第 6 期。

刘杰：《城乡结合部"村落终结"的难题》，《人文杂志》2012 年第 1 期。

刘杰：《我国城市化进程中城乡结合部的功能定位分析》，《贵州社会科学》2013 年第 4 期。

李建超：《我国城乡结合部的政府风险与对策》，《江汉论坛》2008 年第 3 期。

刘杰、向德平：《城乡结合部社会管理的困境及其策略选择》，《学习与探索》2013 年第 10 期。

李明圣：《对城乡结合部地区的文化审视——以北京市丰台区为例》，《城市问题》2012 年第 5 期。

刘向峰、宋辉:《机制与路径:城乡结合部社会管理模式探究——以重庆市为例》,《广东农业科学》2013 年第 19 期。

罗筠:《城市暗角的空间生产与社会管理——基于 Y 市 W 城乡结合部地沟油生产的空间视角》,《中国行政管理》2012 年第 10 期。

刘玉、冯健:《城乡结合部农业地域功能研究》,《中国软科学》2016 年第 6 期。

刘玉、冯健:《城乡结合部外来人口空间分布与分异——以北京为例》,《城市发展研究》2017 年第 9 期。

刘玉、郑国楠:《中外城乡结合部发展比较研究》,《国际城市规划》2013 年第 4 期。

梅德平、苑笑怡、扶婷婷:《城乡结合部农村妇女非农就业影响因素研究——基于咸阳市秦都区的实证分析》,《人口与发展》2015 年第 6 期。

马静:《我国城乡结合部社会保障的问题与对策:基于公共服务均等化视角的分析》,《软科学》2012 年第 10 期。

马静:《我国城乡结合部公共服务供给的现实问题与财政对策——基于山东省的调研分析》,《财政研究》2013 年第 3 期。

马良:《社会工作专业服务与基层政府治理——以浙江省 NH 区为例的实证研究》,《江苏社会科学》2011 年第 1 期。

马卫红:《从控制到治理——社会转型与中国城市基层组织框架的变迁》,《华中科技大学学报》(社会科学版)2008 年第 5 期。

彭勃:《国家权力与城市空间:当代中国城市基层社会治理变革》,《社会科学》2006 年第 9 期。

庞娟、舒银燕:《城乡结合部社区构建新型政社关系的路径探析》,《求实》2014 年第 12 期。

彭芄:《创新城乡结合部社会治理模式——以北京市为例》,《中国党政干部论坛》2016 年第 8 期。

任丹凤:《共存机制下城市基层社会治理的共治与自治——以上海市为例》,《社会工作》2012 年第 2 期。

石浩朋、于开芹、冯永军:《基于景观结构的城乡结合部生态风险分析——以泰安市岱岳区为例》,《应用生态学报》2013 年第 3 期。

申剑敏：《"法外治理"：社区调解与中国基层社会的非正式控制》，《上海行政学院学报》2011 年第 5 期。

宋林飞：《中国社会风险预警系统的设计与运行》，《东南大学学报》1999 年第 2 期。

孙心亮：《城乡结合部问题的根源与发展策略的转变——以北京地区为例》，《经济地理》2012 年第 3 期。

史云贵：《当前我国城市社区治理中的问题与若干思考》，《上海行政学院学报》2013 年第 2 期。

史云贵、赵海燕：《我国城乡结合部的社会风险指标构建与群体性事件预警论析》，《社会科学研究》2012 年第 1 期。

陶栋艳、童昕、冯卡罗：《从"废品村"看城乡结合部的灰色空间生产》，《国际城市规划》2014 年第 5 期。

汤富平：《城乡结合部土地利用景观格局及生态保护度评价——以常州市新北区为例》，《水土保持研究》2013 年第 4 期。

唐绍洪：《在基层社会治理中实现社会秩序"动态稳定"的协商民主路径》，《社会主义研究》2009 年第 1 期。

田毅鹏：《城乡结合部农业转移人口的社会关联与市民化》，《人文杂志》2015 年第 1 期。

田毅鹏、齐苗苗：《城乡结合部非定居性移民的"社区感"与"故乡情结"》，《天津社会科学》2013 年第 2 期。

田毅鹏、齐苗苗：《城乡结合部"社会样态"的再探讨》，《山东社会科学》2014 年第 6 期。

田毅鹏、张帆：《城乡结合部"村落终结"体制性影响因素新探》，《社会科学战线》2016 年第 10 期。

王迪：《城市基层社会的数字化治理》，《湖北行政学院学报》2011 年第 2 期。

王娟：《城乡结合部失地农民社会融合的意愿分析》，《中共天津市委党校学报》2017 年第 1 期。

王娟、常征：《中国城乡结合部的问题及对策：以利益关系为视角》，《经济社会体制比较》2012 年第 3 期。

王璐、刘志远：《城乡结合部基层党建如何出新出彩》，《人民论坛》2017

年第 13 期。

王敏、陈四云：《多学科视野下城乡结合部景观的优化策略》，《城市问题》2015 年第 12 期。

吴廷烨、刘云刚、王丰龙：《城乡结合部流动人口聚居区的空间生产——以广州市瑞宝村为例》，《人文地理》2013 年第 6 期。

王卫：《宪政视野中的社会协同——基于我国城市基层治理问题研究》，《深圳大学学报》2010 年第 2 期。

吴晓燕：《农地流转与基层社会治理机制：成都例证》，《改革》2009 年第 12 期。

王益：《社会资本与基层民主治理——以泽国镇 2010 年民主恳谈会为例》，《浙江社会科学》2011 年第 4 期。

万银锋：《城乡结合部的"村官"腐败问题及其治理》，《中州学刊》2015 年第 8 期。

万银锋：《城乡结合部基层党建：特点、困境与路径》，《中州学刊》2016 年第 1 期。

万银锋：《城镇化进程中城乡结合部的社会治理转型与创新》，《中州学刊》2017 年第 11 期。

吴竹：《群体性事件预警指标体系研究》，《政法学刊》2007 年第 6 期。

王正攀、杨伟伟：《宗族势力对城乡结合部乡村治理的负面影响及对策——基于对 S 省 W 村的调研》，《重庆邮电大学学报》（社会科学版）2015 年第 6 期。

谢宝富：《中国城乡结合部地区政府管理体制创新初探——以北京市城乡结合部为例》，《政治学研究》2010 年第 1 期。

谢宝富：《城市化进程中流动人口随迁子女义务教育问题研究——以北京市城乡结合部城市化改造为例》，《北京社会科学》2013 年第 1 期。

谢宝富：《城市化进程中城乡结合部农村社区建设问题研究——以北京市城乡结合部农村社区为例》，《安徽师范大学学报》（人文社会科学版）2014 年第 1 期。

谢宝富：《城乡结合部改造中的流动人口问题研究——以北京市城乡结合部改造为例》，《北京社会科学》2014 年第 3 期。

肖卜文：《清代官批民调制度与基层社会治理》，《文史博览》2010 年第

11 期。

向德平等:《社区自治与基层社会治理模式的重构》,《甘肃社会科学》
2013 年第 2 期。

谢金林:《城市基层权力变迁与社区治理的发展——基于国家—社会关系
的视角》,《云南社会科学》2011 年第 4 期。

徐济益等:《城乡结合部被征地农民多维福利测度》,《经济体制改革》
2018 年第 3 期。

许熙巍、夏青、汤岳:《中英城乡结合部社区案例的经济与社会转型比
较——以诺丁汉比斯顿和漳州大径社区为例》,《国际城市规划》2014
年第 5 期。

肖湘雄、李倩:《基于社会网络分析的城乡结合部社会管理中政府协同运
行的关键要素识别——以湖南省湘潭市城乡结合部为例》,《湘潭大学
学报》(哲学社会科学版)2013 年第 5 期。

肖湘雄、李倩:《城乡结合部治理中社会协同保障机制研究——以湖南省
湘潭市城乡结合部为例》,《湘潭大学学报》(哲学社会科学版)2013
年第 5 期。

徐勇:《县政、乡派、村治:乡村治理的结构性转化》,《江苏社会科学》
2002 年第 2 期。

许义平:《从组织化到再组织化:宁波基层社会治理在变革》,《中国社会
组织》2013 年第 1 期。

邢忠、乔欣、叶林、闫水玉:《"绿图"导引下的城乡结合部绿色空间保
护——浅析美国城市绿图计划》,《国际城市规划》2014 年第 5 期。

杨博文:《和谐社会背景下的基层治理机制转变》,《西南石油大学学报》
(社科版)2010 年第 2 期。

易承志:《大城市城乡结合部公共服务资源是如何配置的?——以上海市
J 镇为例》,《中国农村观察》2015 年第 6 期。

杨桓:《社会空间视域下的城乡结合部社区治理创新》,《社会主义研究》
2019 年第 2 期。

于建嵘:《当前农民维权活动的一个解释框架》,《社会学研究》2004 年
第 2 期。

于莉、崔金海、袁小波:《城乡结合部"村改社区"基层管理体制的转制

研究》,《云南行政学院学报》2015 年第 6 期。

于水、帖明:《协同治理:推开城乡结合部生态环境治理的大门》,《环境保护》2012 年第 16 期。

叶笑云、许义平:《基层社会治理体系与社会管理创新——以宁波市为研究对象》,《中共浙江省委党校学报》2012 年第 5 期。

阎耀军:《中国社会稳定的计量及预警预控管理系统的构建》,《社会学研究》2004 年第 3 期。

张宝锋:《治理理论与社会基层的治道变革》,《理论探索》2006 年第 5 期。

翟芳:《论明清调解制度及其在基层社会治理中的作用》,《政治与法律》2010 年第 9 期。

周浩、雷国平、张红梅、苗智博:《土地利用空间关联下城乡结合部边界界定方法研究》,《中国土地科学》2016 年第 6 期。

张慧智、黄宝荣:《城乡结合部社区自然—社会—经济复合系统可持续发展策略》,《生态经济》2013 年第 9 期。

周晶晶、朱力:《城乡结合部失地农民安置房社区管理问题研究》,《东南学术》2015 年第 3 期。

周晶晶、朱力:《惯习与城乡结合部失地农民社区管理》,《湖南社会科学》2016 年第 4 期。

张霁雪:《城乡结合部外来人口的空间实践与城市融入》,《山东社会科学》2014 年第 6 期。

张霁雪:《城乡结合部"撤村建居"型社区的文化转型与再生产》,《社会科学战线》2014 年第 8 期。

张磊:《规划之外的规则——城乡结合部非正规开发权形成与转移机制案例研究》2018 年第 1 期。

朱力:《中国社会风险解析——群体性事件的社会冲突性质》,《学海》2009 年第 1 期。

张磊、张延吉:《城乡结合部农村居民违法建设与拆迁意愿分析——以北京市朝阳区为例》,《城市发展研究》2013 年第 3 期。

张书林:《城乡结合部的基层社会生态、党建生态与治理生态研究》,《探索》2016 年第 6 期。

张泽:《两岸基层社会治理模式比较》,《北华大学学报》(社会科学版)
2010 年第 5 期。

二 英文文献

Robert Agranoff, "Managing Collaborative Public Performance", *Public and Management Review*, Vol. 29, 2005.

J. A. Arevalo, "Critical Reflective Organizations: An Empirical Observation of Global Active Citizenship and Green Politics", *Journal of Business Ethics*, Vol. 96, 2010.

Barry, J. Doran, Peter, "Refining Green Political Economy: From Ecological Modernisation to Economic Security and Sufficiency", *Analyse & Kritik*, Vol. 26, 2012.

Berman Y., Phillips D., "Indicators of Social Quality and Social Exclusion at National and Community Level", *Social Indicators Research*, Vol. 50, 2000.

Bhuiyan S. H., "Social Capital and Community Development: An Analysis of Two Cases from India and Banglades", *Journal of Asian & African Studies*, Vol. 46, 2011.

Burkett P., "Marxism and Ecological Economics: Toward a Red and Green Political Economy", *Brill Academic Pub*, Vol. 58, 2006.

Candidate B. G. B., "From Limits to Growth to Degrowth Within French Green Politics", *Environmental Politics*, Vol. 16, 2007.

Chris Ansell, Alison Gash, "Collaborative Governance in Theory and Practice", *Journal of Public Administration Research and Theory*, Vol. 18, 2007.

Comfort L. K., Waugh W. L., Cigler B. A., "Emergency Management Research and Practice in Public Administration: Emergence, Evolution, Expansion, and Future Directions", *Public Administration Review*, Vol. 72, 2012.

Cooke P., "Green Governance and Green Clusters: Regional & National Policies for the Climate Change Challenge of Central & Eastern Europe", *Journal of*

Open Innovation: *Technology*, *Market*, *and Complexity*, Vol. 1, 2015.

Deborah G. Martin, "Nonprofit Foundations and Grassroots Organizing: Reshaping Urban Governance", *The Professional Geographer*, Vol. 56.

Derrick Purdue, "Neighborhood Governance: Leadership, Trust and Social Capital", *Urban Studies*, Vol. 38, 2001.

Docherty B., Geus M. D. "Democracy and Green Political Thought", *Political Studies*, Vol. 5, 1997.

Doern G. B., "From Sectoral to Macro Green Governance: The Canadian Department of the Environment as an Aspiring Central Agency", *Governance*, Vol. 6, 2005.

Eckersley R., "Green Politics and the New Class: Selfishness or Virtue?", *Political Studies*, Vol. 37, 2006.

Eikeland, Per Ove, "US Environmental NGOs: New Strategies for New Environmental Problems", *The Journal of Social*, *Political*, *and Economic Studies*, Vol. 19, 1994.

Elliott C., "Book Review: Gender and Green Governance", *Studies in Indian Politics*, Vol. 1, 2013.

Estes R. J., "World Social Vulnerability: 1968—1978", *Social Development Issues*, Vol. 8, 1984.

Galindo G., Batta R., "Review of Recent Developments in OR/MS Research in Disaster Operations Management", *European Journal of Operational Research*, Vol. 230, 2013.

Gordon D., "Editorial: Indicators of Social Quality", *European Journal of Social Quality*, Vol. 5, 2005.

Hay P. R., Haward M. G., "Comparative Green Politics: Beyond the European Context?", *Political Studies*, Vol. 36, 2006.

Hunold C., Dryzek J. S., "Green Political Theory and the State: Context is Everything", *Global Environmental Politics*, Vol. 2, 2002.

Schwariz Jonathan, "Environmental NGOs in China: Roles and Limits", *Pacific Affairs*, Vol. 77, 2004.

Kalpana Sharma, "Gender and Green Governance: The Political Economy of

Women's Presence within and beyond Community Forestry", *Journal of Development Studies*, Vol. 48, 2010.

Kapucu N. , Arslan T. , "Collaborative Emergency Management and National Emergency Management Network", *Disaster Prevention & Management*, Vol. 19, 2010.

Kate Ervine, "The Greying of Green Governance: Power Politics and the Global Environment Facility", *Capitalism Nature Socialism*, Vol. 18, 2007.

Michael McGuire, "Collaborative Public Management: Assessing What We Know and How We Know It", *Public Administration Review*, Vol. 66, 2006.

Meyer J. M. , *The Promise of Green Politics: Environmentalism and the Public Sphere*, Durham, NC: Duke University Press, 1999.

Minarchek R. D. , "Gender and Green Governance: The Political Economy of Women's Presence Within and Beyond Community Forestry", *Journal of Women Politics & Policy*, Vol. 36, 2015.

Gábor Nagy, "The Liberal and The Green Political Groups in The European Parliament", *Review of Political Science*, Vol. 4, 2004.

Nicholas Deakin, "Religion, State and Third Sector in England", *Journal of Political Ideologies*, Vol. 15, 2010.

OBrien K. J. , "Implementing Political Reform in China's Villages", *Australian Journal of Chinese Affairs*, Vol. 32, 1994.

Phillips D, Berman Y. , "Social Quality and Ethnos Communities: Concepts and Indicators", *Community Development Journal*, Vol. 38, 2003.

Andrews R. , "Exploring the Impact of Community and Organizational Social Capital on Government Performance: Evidence from England", *Political Research Quarterly*, Vol. 6, 2011.

Russell K. C. , Harris C. , "Dimensions of Community Autonomy in Timber Towns in the Inland Northwest", *Society & Natural Resources*, Vol. 14, 2001.

Silvia S. J. , "The Fall and Rise of Unemployment in Germany: Is the Red-Green Government Responsible?", *German Politics*, Vol. 11, 2002.

Shaw V. N. , Shaw V. N. , "China Under Reform Social Problems in Rural Areas", *China Report*, Vol. 42, 2006.

Smith G. , "Taking Deliberation Seriously: Green Politics and Institutional Design", *Environmental Politics*, Vol. 10, 2001.

Steve Waddell , L. David Brown, "Fostering Intersectoral Partnering: A Guide to Promoting Cooperation Among Government, Business, and Civil Society Actors", *IDR Reports*, Vol. 13, 1997.

Sullivan H, "Modernisation, Democratisation and Community Governance", *Local Government Studies*, Vol. 27, 2001.

Timothy Doyle, Adam Simpson, "Traversing More Than Speed Bumps: Green Politics Under Authoritarian Regimes in Burma and Iran", *Environmental Politics*, Vol. 15, 2006, .

Timothy Doyle, Brian Doherty, "Green Public Spheres and The Green Governance State: The Politics of Emancipation and Ecological Conditionality", *Environmental Politics*, Vol. 15, 2006.

Tokar B. , "Deep Ecology and The Future of Green Political Thought", *Ecologist*, Vol. 18, 1988.

Walker A. , "The Amsterdam Declaration on the Social Quality of Europe" , *European Journal of Social Work*, Vol. 1, 1998.

Weston B. H. , Bollier D. , "Green Governance: Ecological Survival, Human Rights, and the Law of the Commons", *American Journal of International Law*, Vol. 108, 2014.

William Maloney, Graham Smith, "Social Capital and Urban Governance: Adding a More Contextualized 'Top-Down' Perspective", *Political Studies*, Vol. 48, 2000.

后　记

我从小生于农村，长于农村，祖上三代皆目不识丁。我对农村、农业和农民一直都有着十分深厚的感情。小时候家乡的山水田园至今记忆犹新，常在梦中萦绕，却又不得不为回不去的故乡而伤悲。随着20世纪90年代以来我国城市化的快速推进，我的家乡很快也成了濒临城市的城乡结合部，我自然也成了一个"不城不乡"的"城乡结合部人"。"城乡结合部人"在城里人看来是乡下人，就是为城里人提供农副产品和廉价服务的城郊人；在纯粹的农民看来，又是失去土地，却没有工作的"打工仔"。"城乡结合部人"并没有因为在空间距离上更接近"城里人"而有什么幸福感，失地、污染等问题一度让我们一筹莫展。"城乡结合部人"一般都会梦想有朝一日成为城里人，但对自己的家园仍有一种难言割舍的情愫。他（她）往往都会在拥抱城市化与厮守乡土田园中进行矛盾的择决。更重要的是，很多城市化中的城乡结合部，无论如何已经无法回到传统的田园牧歌状态。"宅基地"往往是他（她）守住传统家园，捍卫自己利益的最后一道防线。后来，我先后通过硕士、博士的考试选拔，离开了让我"爱恨交加"的城乡结合部。今天，我的城乡结合部家乡已成为"高楼大厦与低矮村落并存"的典型"城中村"。一幕幕的血泪奋斗史在诸如我家乡一样的城乡结合部仍不停地上演着。永远无法忘却的乡愁，一幕幕不堪回首的城乡结合部图景，让我内心不得不涌动着一种研究城乡结合部社会治理的冲动与使命，驱使着自己为建设美丽乡村，加快城乡融合，推进美丽中国建设贡献出一份自己的绵薄之力。

"岁月不居，时节如流"。天命之年，忽焉已至。在文稿即将出版之际，感慨颇多。现在呈现在读者面前的这本小册子是著者2013年度国家社科基金资助项目"城乡结合部社会治理路径创新"的结项成果。在这里，首先要感谢国家社科规划办和相关评审专家，让我有机会获得国家社科基金立项资助是本书得以问世的重要前提。因外派挂职等诸多原因，著者一直到2019年5月才完成结项。从立项到结项出版，岁月已不经意地走过了六个年头。这期间著者已由一个中年学者开始步入了老年学者的行列，不觉已白发满头，几多心酸涌上心头。

六年来，我和我的研究团队，一直密切追踪着我国城乡结合部社会治理创新的理论与实践。披星戴月地调研与访谈，夜以继日地挑灯夜战，在收获中体会着苦辣酸甜。在这里，我要真诚感谢我的课题研究团队成员。他（她）们是四川大学公共管学院的刘晓燕老师、中国民航飞行学院空中乘务学院的冉连老师，以及四川大学公共管理学院公共管理专业博士研究生孟群、刘晓君等同学。本书由著者总体设计、布局谋篇，并集中撰写了绪论、第一章、第二、第三章。孟群博士参与了本书第四章的撰写；冉连老师参与了第五章的撰写，刘晓燕老师参与了第六章的撰写。最后由著者统稿、校对、润色。四川大学公共管理学院2010—2016级行政管理、中外政治制度的部分研究生也参与了本课题的问卷调查、深入访谈和数据统计分析工作。

感谢四川省社科联规划办黄兵主任对本课题的关心和支持。感谢四川大学社会科学研究处原处长姚乐野教授、四川大学公共管理学院原院长姜晓萍教授、公共管理学院原党委书记徐开来教授等领导和行政管理系相关教师给予该项目莫大支持，为课题顺利结项提供了诸多便利。感谢我于2013—2015年在江苏徐州挂职期间给我挂职实践与项目调研给予大力支持的原江苏省徐州市委杨时云副书记、原江苏省徐州市邳州市委王强书记、陈静市长等市、县（区）、镇（街办）、村（居）的各级领导干部。来自四川、江苏、北京、江西、安徽、河北、山东、湖北等40多个城乡结合部的镇（街办）、村（居）干部和1800多名城乡结合部居民接受了我们的问卷调查和深入访谈。没有他（她）们的支持和配合，我们无法获取城乡结合部第一手数据，更无法对城乡结合部社会治理困境有着科学的认识和深入的思考。

本书的部分内容已作为课题阶段性成果在《社会科学研究》《四川大学学报》《社会科学》《人民论坛》等杂志上公开发表，感谢石本惠、陈果、曹玉华、李申等责任编辑的辛勤付出。在这里，我要特别感谢中国社会科学出版社的王琪编辑，她为本书稿的编辑、校对、出版付出了大量的心血。最后，还要感谢我的妻子赵海燕女士和两个懂事的儿子。他（她）们的理解与支持是我最终完成项目并让研究成果成书的重要条件。

　　本书的研究成果是建立在学界同仁对城乡结合部社会治理长期研究基础上的，书中引用和借鉴了学界前辈和同仁们的相关研究成果。本书实际上是在学界同仁对城乡结合部长期研究基础上所做出的一点新探索而已。由于著者学识浅陋，书中肯定还会存在一些缺点错误，恳请诸位专家、学者和各位读者批评指正！

史云贵述上

2019 年 5 月 31 日